17 JANV. 1870 [Fonds

AF233461

CATALOGUE

D'UNE NOMBREUSE COLLECTION

D'ESTAMPES

ANCIENNES ET MODERNES

DES DIVERSES ÉCOLES

DONT LA VENTE AUX ENCHÈRES PUBLIQUES AURA LIEU

HOTEL DES COMMISSAIRES-PRISEURS

RUE DROUOT, 5, SALLE N° 4

AU PREMIER ÉTAGE

Le Lundi 17 Janvier 1870 et les douze jours suivants

A UNE HEURE PRÉCISE

Par le ministère de **M⁰ BOULOUZE**, Commissaire-Priseur,
rue du Cardinal-Fesch, 24,

Assisté de **M. CLÉMENT**, Mᵈ d'Estampes de la Bibliothèque Impériale,
rue des Saints-Pères, 3.

EXPOSITIONS PUBLIQUES

Les Dimanches 16 et 23 Janvier 1870, de une heure à cinq heures

PARIS — 1870

CONDITIONS DE LA VENTE

Elle sera faite au comptant.

Les Acquéreurs paieront, en sus des adjudications, CINQ POUR CENT applicables aux frais.

L'ordre du catalogue sera suivi.

Il sera vendu environ trois cent-vingt numéros chaque jour.

CE CATALOGUE SE DISTRIBUE :

à Paris.............	Chez MM. BOULOUZE, r. du Cardinal-Fesch, 24.
—	— CLEMENT, rue des Saints-Pères, 3.
à Dresde...........	— E. ARNOLD, Marchand d'Estampes.
à Francfort s.-Mein .	— PRESTEL, Marchand d'Estampes.
à Leipsick..........	— DRUGULIN, Marchand d'Estampes.
—	— WEIGEL, Marchand d'Estampes.
à Londres..........	— COLNAGHI et Cie, March. d'Estampes.
—	— HOLLOWAY, Marchand d'Estampes.
—	— GRAVES, Marchand d'Estampes.
à Munich...........	— MONTMORILLON (J. Maillinger).
à Stuttgart.........	— GUTEKUNST, Marchand d'Estampes.
à Vienne...........	— Alex. POSONYI, Marchand d'Estampes.
—	— ARTARIA et Cie, Marchands d'Estampes.

DÉSIGNATION

DES

ESTAMPES

ADAM (Pierre)

1 — La Maladie de Las Casas, d'après Hersent.
Très-belle épreuve.

AELST (N. Van).

2 — Henri II, roi de France; statue équestre.
Très-belle épreuve.

ALBERTI (Gaspard)

3 — Le Mariage de Psyché et l'Amour, d'après F. Zuccarus. Grande composition gravée en deux planches.
Très-belle épreuve.

ALDEGRAVER (Henri)

4 — L'Histoire de Loth, 1555. Suite de quatre estampes (B. 14-17).
Très-belles épreuves; elles ont de la marge.

5 — Le Jugement de Salomon, 1555 (B. 29).
Très-belle épreuve; elle est signée au verso : P. Mariette, 1670

ALDEGRAVER (Henri)

6 — Suzanne surprise au bain par les deux vieillards, 1555 (B. 30).
Belle épreuve.

7 — Judith, 1528 (B. 34).
Très-belle épreuve.

8 — La Vierge assise, 1553 (B. 52).
Très-belle épreuve.

9 — Le Père sévère, 1553 (B. 72).
Superbe épreuve.

10 — La même estampe.
Très-belle épreuve.

11 — Hercule étouffant Anthée, — Hercule perçant de ses flèches le centaure Nessus (B. 88-93).
Deux pièces. Belles épreuves.

12 — Hercule et Anthée, 1529 (B. 96).
Très-belle épreuve.

13 — Thisbé, 1553 (B. 102).
Belle épreuve.

14 — La même estampe.
Très-belle épreuve.

15 — Le Souvenir de la mort (B. 134).
Très-belle copie.

16 — Bernard Knipperdolling, 1536 (B. 183). Copie par J. Muller.
Belle épreuve.

17 — Portrait de Martin Luther, 1540 (B. 184).
Très-belle copie.

ALLAIS (Jean-Alexandre)

18 — La Joconde et la Belle Ferronnière, d'après L. De Vinci. Deux pièces faisant pendant.
Belles épreuves.

ALLAIS (J.-A.) et GÉRAUT

19 — La leçon de Henri IV. — Henri IV, Sully et Gabrielle. Deux pièces faisant pendant, d'après Fragonard.
Très-belles épreuves.

20 — La Leçon de Henri IV.
Très-belle épreuve avant la lettre, sur chine.

ALLAIS et GARNIER

21 — Van Dyck peignant son premier tableau, d'après Ducis. — Raphaël et La Fornarine, d'après Picot. Deux pièces.
Belles épreuves avant la lettre.

ALLART (Ch.), excudit

22 — Procession de la Châsse de sainte Geneviève à Paris. Pièce très-curieuse avec la description en français et en hollandais.
Superbe épreuve. Rare.

ALMELOVEEN (Jean)

23 — Portraits du Pape Clément X et de Gibert Voet. Sur la même feuille (B. 37).
Très-belle épreuve ; elle a de la marge.

ALTDORFER (ALBERT)

24 — Saint Sébastien (B. 23).
Très-belle épreuve.

25 — Mercure sautant dans la mer (B. 29).
Très-belle épreuve.

26 — L'Homme armé de toutes pièces (B. 50).
Très-belle épreuve.

27 — Le petit Porte-enseigne (B. 52).
Très-belle épreuve.

28 — Portrait de M. Luther (B. 61).
Très-belle épreuve.

29 — Le Sacrifice d'Abraham (B. 41). Des pièces gravées sur bois.
Très-belle épreuve.

30 — Jahel et Sisara (B. 43).
Belle épreuve.

31 — L'Annonciation (B. 44).
Très-belle épreuve.

32 — L'Adoration des Bergers (B. 45).
Très-belle épreuve.

ALTDORFER (Attribué à)

33 — Vue d'une Église, de chaque côté des armes, sou-
tenues par deux Anges; en haut la statue de la
Vierge. Estampe gravée en deux feuilles, sur bois.

AMMAN (JOSSE)

34 — Les Chasses (B. 8). Suite de huit estampes dont
nous n'avons que trois.
Très-belles épreuves.

AMMAN (Josse)

36 — Coligny (Gaspard de), amiral de France (B. 17).
Très-belle épreuve.

37 — La même estampe.
Belle épreuve.

38 — Portrait de Jean Sachs, poëte saxon (B. 19).
Très-belle épreuve. Rare.

ANDERLONI (Pietro)

39 — Héliodore chassé du Temple. — Attila saisi d'effroi à l'apparition des Apôtres saint Pierre et saint Paul. Deux pièces faisant pendant, d'après Raphaël.
Très-belles épreuves.

40 — Le Jugement de Salomon, d'après Raphaël.
Superbe épreuve avant la bordure et les noms d'auteurs. Les deux lignes d'inscription latine qui sont sur la bordure sont tracées. Elle est en feuille.

41 — La même estampe.
Très-belle épreuve avant les noms d'auteurs. La bordure n'est gravée que dans le bas du sujet ; elle a toute sa marge et porte la signature du graveur.

42 — La même estampe.
Très-belle épreuve avant la bordure et les noms d'auteurs, mais avec l'inscription latine gravée ; elle est en feuille.

43 — La Vierge et l'Enfant Jésus, d'après Raphaël. — La Vierge au Coussin vert, d'après A. Solari, par Meulemeester. Deux pièces.
Très-belles épreuves.

ANDREA (Zoan)

44 — L'enlèvement d'Amymone, d'après Durer (B. 10).
Très-belle épreuve.

ANDREA (ZOAN

45 — Trois Amours debout (B. 13).
Très-belle épreuve.

46 — Pièces allégoriques (B. 16-17).
Très-belles épreuves avec de la marge.

47 — La Danse des quatre femmes (B. 18).
Belle épreuve.

48 — Panneaux arabesques, entremêlés de figures
(B. 21, 25, 26, 28 et 29). Cinq pièces.
Très-belles épreuves.

ANONYMES (Graveurs modernes)

49 — Portrait de Don Pedro, empereur du Brésil, en
pied, avec le manteau impérial.
Très-belle épreuve avant toutes lettres, sur papier de chine.

50 — Sujet tiré de la vie de Napoléon.
Très-belle épreuve avant toutes lettres.

51 — La Vierge sur les nues, entourée d'Anges.
Très-belle épreuve avant toutes lettres.

52 — Charles Edouard, prince de Galles.
Très-belle épreuve.

ANONYMES (Graveurs anciens)

53 — Albert de Mayence, vu de profil. Copie en contre-
partie de l'estampe de Durer; imprimé en clair-
obscur.

54 — Elisabeth, reine d'Angleterre, en buste et en
grand costume.
Très-belle épreuve.

ANONYMES (Graveurs anciens)

55 — Portrait de Ninon de l'Enclos, petit portrait dans un ovale, entouré d'une guirlande de fleurs.
Très-belle épreuve.

56 — Louis XIII, roi de France.
Belle épreuve.

57 — Lorraine (Charles de), duc de Mayenne, lieutenant général de l'Etat pendant la Ligue.
Très-belle épreuve.

58 — Lorraine (Henri de), duc de Guise, surnommé le Balafré. Petit portrait entouré d'ornements.
Très-belle épreuve.

59 — Bourbon (Charles, cardinal de), archevêque de Rouen.
Très-belle épreuve.

60 — Launey (Hector de) des Loges. Charmant petit portrait.
Très-belle épreuve.

61 — Caffart (Jean) d'Arras, fameux banquier à Anvers.
Très-belle épreuve.

62 — Montmorency (Henri II, du nom duc de), maréchal de France et Gouverneur du Languedoc.
Belle épreuve.

63 — Marot (Clément), poëte célèbre, couronné de lauriers.
Très-belle épreuve.

64 — Le même portrait.

65 — Bayard (Pierre du Terrail, dit le chevalier), en cuirasse et tenant une lance.
Très-belle épreuve.

ANONYMFS (Graveurs anciens)

66 — Biron (Charles de Gontaut, duc de), dans un ovale entouré d'une légende. Dans le bas la scène de son arrestation et de son exécution.
   Très-belle épreuve.

67 — Le portrait du seigneur Neuwenahr Moers, homme de guerre en cuirasse avec ses armes.
   Très-belle épreuve.

68 — Portraits de Calvin, Thomas Muncer, prédicateur à Duringen. Deux pièces. Au tour de chacune une légende reproduisant les principaux traits de leur vie.

ANSELIN (Jean-Louis)

69 — Molière lisant son Tartufe, chez Ninon de l'Enclos, d'après Monsiau.
   Très-belle épreuve avant toutes lettres.

70 — La même estampe.
   Très-belle épreuve avant la lettre (lettres tracées).

ARDELL (J.-M.)

71 — Moïse exposé sur le Nil, d'après Van Dyck.
   Très-belle épreuve.

72 — Assomption de la Vierge, d'après Murillo.
   Très-belle épreuve.

73 — Saint Jérôme dans le désert, d'après Ribera.
   Très-belle épreuve avant toutes lettres.

74 — Saint François de Paule, d'après Murillo.
   Très-belle épreuve avant toutes lettres.

ARDELL (J.-M.)

75 — Le Temps coupant les aîles de l'Amour, d'après
Van Dyck.
Très-belle épreuve.

76 — Lord John et lord Bernard Stuart, sur la même
feuille, d'après Van Dyck.
Très-belle épreuve.

77 — Intérieur hollandais, d'après Rembrandt.
Superbe épreuve avant toutes lettres.

78 — Southampton (Rachel, comtesse de), d'après Van
Dyck.
Très-belle épreuve

DASSONVILLE

80 — La Chanteuse et les deux Buveurs, pièce non décrite par R. Dumesnil.
Très-belle épreuve.

AUDOIN et GUÉRIN

81 — Jupiter et Antiope. — L'Amour désarmé. Deux
pièces, d'après le Corrège.
Belles épreuves.

AUDRAN (B.)

82 — Beringhen (Henri de), premier écuyer du roi,
d'après Nanteuil.
Très-belle épreuve.

83 — Colbert (Jean-Baptiste), ministre d'Etat, d'après
Le Febvre.
Belle épreuve.

AUDRAN (J.)

84 — Galathée, d'après C. Maratti.

Superbe épreuve avant toutes lettres. Rare.

AUDRAN (G.)

85 — Saint Jérôme tenté dans le désert, d'après le Dominiquin.

Superbe épreuve avant toutes lettres.

86 — La Peste d'Ægine, d'après Mignard.

Très-belle épreuve du 2ᵉ état.

AVRIL (J.-J.)

87 — Naufrage, d'après Vernet.

Superbe épreuve avant la lettre.

BACKHUISEN (L.)

88 — Différentes marines et vues de l'Y, près d'Amsterdam. Suite de dix estampes avec le portrait gravé en manière noire (B. 1, 10).

Superbes épreuves ; elles ont toute leur marge. Rares de cette condition.

BADALOCCHIO (Sixte)

89 — Les Peintures du dôme de Parme, d'après le Corrège (B. 27 - 32). Suite de six estampes dont nous n'avons que trois.

BAILLU (P. DE)

90 — Le Couronnement d'épines, d'après Diepenbecke.
Superbe et très-rare épreuve avant la lettre.

91 — Adoration de la Croix, d'après P. Van Lint.
Très-belle épreuve.

92 — Charles Ier, roi d'Angleterre, d'après Van Dyck.
Belle épreuve.

BALDINI (BACCIO)

93 — Le Prophète Elie (B. 8).
Très-belle épreuve d'une estampe que Bartsch indique comme copie.

94 — La Sibylle d'Erithée (B. 29).
Superbe épreuve.

95 — La Sibylle Tiburtine (B. 34).
Très-belle épreuve.

96 — Vignette pour l'édition du Dante (1er chant). (B. 37).
Superbe épreuve.

97 — Autre vignette pour la même édition, 11e chant (B. 38).
Superbe épreuve avec le texte du livre.

98 — L'Enfer (B. 59).
Superbe épreuve.

99 — Le Triomphe de la chasteté (Pass. 74).
Très-belle épreuve; très-rare.

BALECHOU (JEAN-JOSEPH)

100 — Sainte Geneviève, d'après Carle Vanloo.
Très-belle épreuve avant toutes lettres, les armes et avant le changement fait au jupon.

BALECHOU (Jean-Joseph)

101 — La même estampe.
Très-belle épreuve avec la lettre, mais avant les raies sur la lettre et avant que le jupon soit rallongé.

102 —. La même estampe.
Très belle épreuve avant les raies, mais avec le jupon rallongé.

102 *bis* — La même estampe.
Très-belle épreuve avec les raies.

103 — La Tempête, d'après Joseph Vernet.
Superbe épreuve avec la faute au mot Compagnie, écrit Compagine, à droite de la quatrième ligne du titre et avant l'adresse de Buldet.

104 — La même estampe.
Superbe épreuve du même état que la précédente; au verso se trouve imprimé une épreuve également du même état.

105 — Le Calme, d'après J. Vernet.
Superbe épreuve avant toutes lettres; au verso se trouve imprimée une épreuve avec la lettre.

106 — Le Calme, d'après Joseph Vernet.
Très-belle épreuve.

107 — La même estampe.
Très-belle épreuve.

108 — Brühl (Henri, comte de), ministre du roi de Pologne, d'après L. de Silvestre.
Très-belle épreuve.

109 — Grillot (P. Gabriel), d'après Autreau.
Très-belle épreuve.

110 — Portrait de l'abbé Grillot.
Très-belle épreuve avant la lettre et les armes.

111 — Jullienne (Jean de), d'après de Troy.
Très-belle épreuve.

BALECHOU (JEAN-JOSEPH)

112 — Orange (Guillaume - Charles - Henri - Frison,
prince d'), d'après Aved.
Très-belle épreuve.

113 — Soanen (Jean de), évêque de Senez, d'après Raoux.
Très-belle épreuve.

BALECHOU et DAULLÉ

114 — Auguste III, roi de Pologne, d'après Rigaud. —
Marie-Josèphe, reine de Pologne, d'après L. Silvestre.
Deux portraits faisant pendant.
Superbes épreuves.

115 — Les mêmes estampes.
Belles épreuves.

BANZO

116 — Les Stances peintes par Raphaël au Vatican. Suite
de douze estampes, plus un titre avec le portrait de
Raphaël.
Belles épreuves.

BARBARY (J. DE), dit le maître au Caducée

116 bis — Judith (B. 1).
Très-belle épreuve.

117 — Le Sauveur (B. 3).
Belle épreuve.

118 — La sainte Famille (B. 4).
Superbe épreuve.

119 — La même estampe.
Très-belle épreuve.

BARBARY (J. DE), dit le maître au Caducée

120 — Sacrifice de Priape (B. 19).
Superbe épreuve; très-rare.

121 — Triomphe d'hommes nus contre des Satyres. Grande estampe gravée sur bois en trois planches; il nous manque la pièce formant la partie gauche du sujet (Pass. 32).
Très-belle épreuve. Rare.

122 — Combat entre des hommes et des Satyres. Pièce gravée sur bois (Pass. 31).
Estampe très-rare.

123 — Vue perspective de la ville de Venise en l'an 1500. Grande estampe en six feuilles, gravée sur bois (P. 33).
Très-belle épreuve du 2ᵉ état avec la date enlevée. Rare.

124 — La Fortune distribuant ses dons. Grande estampe en deux feuilles gravée sur bois, pièce attribuée.

BAROCHE (F.)

125 — L'Annonciation (B. 1).
Très-belle épreuve.

126 — La Vierge assise (B. 2).
Très-belle épreuve.

127 — Saint François en extase (B. 3).
Belle épreuve.

BARON (B.)

128 — Charles Iᵉʳ, roi d'Angleterre, accompagné du duc d'Epernon, d'après Van Dyck.
Très-belle épreuve.

BARON (B.)

129 — George, prince de Galles, portrait équestre. d'après Adolphe.
Très-belle épreuve.

130 — Jean, comte de Nassau et sa famille, d'après Van Dyck.
Très-belle épreuve.

BARRE (Père et Fils)

131 — Portrait de Louis-Philippe, dans un médaillon, entouré d'attributs, d'après Chenavard.
Très-belle épreuve.

BARTHE (G. DE LA) d'après

132 — Vues des environs de Moscou. Douze pièces,
Très-belles épreuves.

BARTOLOZZI (FRANÇOIS)

133 — Martin Van Juchen, d'après Schouman.
Très-belle épreuve avant toutes lettres et avant beaucoup de travaux, plus le même portrait avec la lettre. 2 pièces.

134 — Marie-Christine, sœur de Marie-Antoinette, archiduchesse d'Autriche, gouvernante générale des Pays-Bas, d'après Roslin.
Très-belle épreuve.

135 — Lord Thurlow, d'après Reynolds. — Lord Loughborough, d'après Caput. Deux pièces.
Très-belles épreuves.

BARTSCH (A.)

136 — Attaque de la forteresse d'Oczakow par les troupes
russes, d'après Casanova.
Très-belle épreuve.

BARRY (Henri)

137 — Simon Simonides, d'après J. de Bane.
Superbe épreuve.

138 — Ruardus Tappez, théologien.
Superbe épreuve. Rare

BAZAN

139 — Colbert (Mme de), sous la figure de Pomone, d'après
Netscher. — La même composition gravée en ma-
nière noire. Deux pièces.
Très-belles épreuves.

BAUDOIN (d'après)

140 — Le Coucher de la mariée, gravé à l'eau-forte par
Moreau et terminé au burin par Simonneau.
Très-belle épreuve avant la lettre.

141 — La même estampe.
Très-belle épreuve.

142 — La Toilette, par Ponce.
Très-belle épreuve.

143 — La Déclaration.
Très-belle épreuve avant toutes lettres.

144 — Le Fruit de l'amour secret, par Voyez jeune.
Très-belle épreuve avant toutes lettres, avec toute sa marge.

BAUDOIN (S.-R.)

145 — Gontaut (L. A. de), duc de Biron, maréchal de
France.
Très-belle épreuve.

BAUER (W.)

146 — Halte de militaires. — Le Troupeau composé de
béliers, boucs, chèvres, etc., par V. Noordt, d'aprés P.
de Laer. Deux pièces.
Belles épreuves.

BAUSE (J.-F.)

147 — Gustave Adolphe, roi de Suède, d'après Fitler.
Très-belle épreuve.

BEATRIZET (N.)

148 — Le Jugement universel, d'après Michel-Ange.
Grande estampe gravée en onze morceaux (B. 37).
Très-belle épreuve.

BEAUFRÈRE (P.)

149 — Louis XIV, roi de France, Charmant petit portrait
dans un ovale.
Très-belle épreuve. Rare.

BEAUGRAND (Ach.)

150 — Saint Augustin et sa mère sainte Monique, d'après
Ary-Scheffer.
Très-belle épreuve.

BEAUVARLET (JACQUES-FIRMIN)

151 — L'histoire d'Esther, d'après de Troy. Suite de sept estampes.
Très-belles épreuves avant toutes lettres.

151 *bis* — L'Arrestation d'Aman.
Très-belle épreuve avant la lettre.

151 *ter* — L'Évanouissement d'Esther.
Très-belle épreuve avant la lettre.

152 — Les Chevaliers Danois, séduits par les nymphes d'Armide.
Très-belle épreuve avant toutes lettres.

153 — Les Couseuses.
Superbe épreuve avant toutes lettres.

154 — Le Mariage de Psyché et l'Amour, d'après Boucher.
Belle épreuve.

155 — Les Enfants du comte d'Artois, d'après Drouais.
Très-belle épreuve.

156 — La même estampe.
Très-belle épreuve.

157 — La jeune Sœur, d'après Schenau.
Belle épreuve avant la lettre.

BEHAM (BARTHÉLEMY)

158 — Judith (B. 3).
Superbe épreuve.

159 — L'Avare (B. 38).
Très-belle épreuve.

160

BEHAM (Hans-Sebald)

160 — Adam et Eve, 1543 (B. 6). Le serpent a une tête de mort.
> Très-belle épreuve.

161 — Adam et Eve chassés du Paradis, 1543)B. 7).
> Magnifique épreuve.

162 — La même estampe.
> Très-belle épreuve.

163 — Moïse et Aaron, 1526 (B. 8).
> Belle épreuve.

164 — Judith (B. 10).
> Belle épreuve.

165 — Le Sauveur, 1546 (B. 30).
> Superbe épreuve.

166 — Saint Pierre et saint Paul (B. 37), saint Philippe et saint Jacques le majeur (B. 38), saint André et saint Thomas (B. 39).
> Trois pièces. Très-belles épreuves.

167 — Saint Sebald, 1521 (B. 65).
> Très-belle épreuve.

168 — La même estampe.
> Très-belle épreuve.

169 — Cimon nourri par sa fille, 1544 (B. 75).
> Très-belle épreuve.

170 — La même estampe.
> Très-belle épreuve.

171 — Didon, 1519 (B. 80).
> Belle épreuve.

172 — Trajan (B. 82).
> Très-belle épreuve.

BEHAM (Hans-Sebald)

173 — La même estampe.
Superbe épreuve.

174 — Le Jugement de Pâris, 1546 (B. 89).
Très-belle épreuve.

175 — Les Travaux d'Hercule. Suite de douze estampes
(B. 96,107).
Superbes épreuves.

176 — Léda, 1548 (B. 112).
Très-belle épreuve.

177 — L'Astrologie (B. 127).
Très-belle épreuve.

178 — La Religion chrétienne victorieuse (B. 128).
Très-belle épreuve.

179 — La même estampe.
Très-belle épreuve.

180 — La Connaissance de Dieu et les sept vertus chrétiennes. Suite de huit estampes (B. 129,136).
Très-belles épreuves.

181 — La Patience, 1540 (B. 138).
Superbe épreuve avant divers travaux dans les nuages.

182 — La même estampe.
Très-belle épreuve.

183 — Le Triomphe (B. 143).
Très-belle épreuve.

184 — La Mélancolie, 1539 (B. 144).
Très-belle épreuve.

185 — L'Impossible, 1549 (B. 145).
Superbe épreuve du 1er état.

186 — La Mort se saisissant d'une femme nue et debout,
1546 (B. 150).
Très-belle épreuve.

BEHAM (Hans-Sebald)

187 — Le Banquet (B. 164).
Très-belle épreuve.

188 — Le Paysan à la fourche (B. 188).
Superbe épreuve.

189 — Les Trois soldats et le chien (B. 196).
Très-belle épreuve.

190 — L'Enseigne, le Tambour et le Fifre (B. 198).
Superbe épreuve du 1er état avant l'inscription et avant la tablette qui entoure le chiffre et l'année. Rare.

191 — Le Porte-enseigne et le Tambour, 1544 (B. 199).
Très-belle épreuve.

192 — Le Bouffon et les baigneuses, 1541 (B. 214).
Très-belle épreuve du 1er état.

193 — La Femme couchée, vue par le dos (B. 215).
Très-belle épreuve du 3e état, avant les travaux dans le ciel.

194 — Génie tenant un écusson d'armes, 1535 (B. 258).
Très-belle épreuve,

195 — La Force représentée par une femme assise sur un lion, 1524 et le monogramme du maître. Pièce inconnue à Bartsch.
Très-belle épreuve.

196 — Pièces tirées de la passion de Jésus-Christ, vierges, etc. Sept pièces gravées sur bois.
Très-belles épreuves.

BEIN (J.)

197 — Sainte Apolline, d'après Raphaël.
Très-belle épreuve avant la lettre.

198 — La même estampe.
Belle épreuve.

BEISSON (F.-J.-E.)

198 *bis* — La Vierge de Foligno, d'après Raphaël.
Très-belle épreuve avant la lettre.

199 — Portrait de Mirabeau, d'après Bose.
Belle épreuve.

BELLE (Etienne de la)

200 — Vue et perspective du Pont-Neuf de Paris (J. 112).
Superbe épreuve avant la girouette placée sur le clocher de Sain-
Germain-l'Auxerrois.

201 — La même estampe.
Très-belle épreuve du même état que la précédente.

BENART (S.)

201 — Le Christ descendu de la croix, d'après Ph. de
Champaigne. Morin, *excudit*.
Très-belle épreuve.

BERAIN (C.)

202 — Son œuvre, contenant arabesques, intérieurs
d'appartements, cheminées, pendules, chapiteaux,
catafalques, plans de jardin, etc., etc.
Cet exemplaire est un des plus complets connus; il contient
137 planches, imprimées sur 130 feuilles. Il est en feuilles.

203 — Le même ouvrage, contenant 130 planches sur
124 feuilles. Relié en vélin.

BERETTA (G.)

204 — La Madeleine dans le désert, d'après le Corrège.
Superbe épreuve avant toutes lettres, sur papier de Chine, et avec
toute sa marge.

BERGHEM (NICOLAS)

205 — La Vache qui s'abreuve (B. 1).
Très-belle épreuve avec l'adresse de Schenck.

206 — La Vache qui pisse (B. 2).
Belle épreuve.

207 — Les trois Vaches au repos (B. 3).
Très-rare et superbe épreuve du 1er état, avant le nom du maître, et avant les travaux à la pointe sèche sur les nuages et la montagne. Collection Vallardi.

208 — La même estampe.
Très-belle épreuve du 1er état.

209 — La même estampe.
Belle contre-épreuve du 1er état.

210 — Le Joueur de cornemuse. Pièce connue sous le nom du Diamant (B. 4).
Très-belle épreuve avant le nom du maître.

211 — Les cinq Sujets d'animaux, en hauteur. Suite de cinq estampes (B. 8-12).
Superbes épreuves avec l'adresse de F. de Witt sur la première feuille.

212 — Sujets d'animaux, en largeur (B. 13-16). Suite de quatre estampes. Le n° 15 est double. Cinq pièces.
Belles épreuves.

213 — L'Ane (B. 16).
Superbe épreuve du 1er état, avant le numéro et avant l'inscription; elle a de la marge.

214 — Le Cahier à la femme, en six feuilles. Suite de six estampes (B. 29-34).
Superbes épreuves du 1er état à l'eau-forte pure, avant la lettre et avant les numéros. Rares.

215 — Le Cahier à l'homme, en six feuilles. Suite de six estampes (B. 35-40).
Superbes épreuves du même état que la suite précédente. Rare.

BERGHEM (Nicolas)

216 — Le Cahier à la femme, en huit feuilles (B. 41-48).
Suite de huit estampes.

Superbes épreuves avant la lettre et les numéros. Très-rares de
cette beauté. Elles ont de la marge.

BERNIGEROTH (J.-M.)

217 — Frédéric Auguste, roi de Pologne, d'après
A. Pesne.

Très-belle épreuve.

BERTIN

218 — La Prêtresse de Vesta, d'après Raoux (c'est le
portrait de Mme Boucher).

Très-belle épreuve.

BERVIC (Charles-Clément)

219 — Saint Jean prêchant dans le désert, d'après
Raphaël.

Très-belle épreuve d'artiste, avec les noms d'auteurs à la pointe

220 — L'Enlèvement de Déjanire, d'après le Guide. —
L'Éducation d'Achille, d'après Regnault. Deux pièces
faisant pendant.

Très-belles épreuves.

221 — Laocoon et ses enfants enveloppés par deux ser-
pents, d'après un groupe antique.

Superbe épreuve d'artiste; le nom de Bervic est tracé à la
pointe dans le milieu de la marge du bas..

222 — La Demande acceptée, d'après Lépicié.

Superbe épreuve.

BERVIC (CHARLES-CLÉMENE)

223 — Portrait de Louis XVI en manteau royal, d'après Callet.

Magnifique épreuve avant toutes lettres et avant les bordures du haut et du bas ; elle a de la marge. De la plus grande rareté.

224 — Louis XVI en pied et en manteau royal, d'après Callet.

Superbe épreuve avant toutes lettres. Elle porte la signature du graveur et a toute sa marge.

225 — Le même portrait.

Très-belle épreuve avant la lettre, portant la signature du graveur.

226 — Massalski (Ignace, Jacob, prince) évêque de Vilna, d'après Kymli.

Très-belle épreuve.

227 Meilhan (Gabriel Senac de), intendant du Hainaut, d'après Duplessis.

Très-belle épreuve.

228 — Le même portrait.

Très-belle épreuve.

BETTELINI (PIÉTRO)

229 — Angelo Poliziano, d'après Pietra Ermini.

Belle épreuve avant la lettre (lettres tracées).

BIONDI (V.)

230 — Beatrice Cenci, d'après G. Reni.

Très-belle épreuve avant la lettre, sur papier de Chine.

231 — La Madeleine couchée dans le désert, d'après le Corrège.

Épreuve avant toutes lettres.

BIONDI et MORGHEN

232 — La Vierge de douleurs, d'après Sasso-Ferrato.
Superbe épreuve avant toutes lettres.

233 — La même estampe.
Très-belle épreuve avant la lettre.

BIOT (G.)

234 — La Madona della Scala, d'après le Corrège.
Très-belle épreuve avant la lettre, sur papier de Chine.

BISCAINO (B.)

235 — Le petit Sauveur (B. 14). — Sainte Famille (B. 25).
Deux pièces.
Très-belles épreuves.

BLANCHARD (le Père)

236 — Sainte Juste, d'après Murillo.
Très-belle épreuve avant la lettre.

237 — La même estampe.
Très-belle épreuve.

BLANCHARD (le Fils)

238 — Le Repos en Égypte, d'après Bouchot.
Très-belle épreuve avant toutes lettres et avant la bordure, sur
papier de Chine.

239 — Le Repos en Égypte, d'après Bouchot.
Très-belle épreuve avant toutes lettres, sur papier de Chine.

BLANCHARD (le Fils)

240 — La même estampe.
Très-belle épreuve avant la lettre, sur papier de Chine.

241 — La même estampe.
Très-belle épreuve.

242 — Le Congrès de Paris, d'après Dubuffe.
Très-belle épreuve sur chine.

243 — Louis-Philippe d'Orléans, duc de Chartres, depuis
Louis-Philippe Ier, roi des Français, d'après Cogniet.
Très-belle épreuve sur papier de Chine.

BLECKER (G.)

244 — L'Ange promettant un fils à Abraham (B. 1).
Très-belle épreuve.

245 — Le Chariot à quatre roues (B. 10).
Très-belle épreuve.

246 — La même estampe.
Très-belle épreuve.

BLOEMAERT (C.)

247 — La sainte Famille, dite la Vierge-aux-Lunettes,
d'après A. Carrache.
Très-belle épreuve avant l'adresse de Jo. Jacobus de Rubeis
formis ad Templum S. M. de Pace, à la suite du mot « licentia ».

248 — R. D. M. Martinus.
Très-belle épreuve.

BLOTELINGH (A.)

249 — Godefridus Bidloo, médecin, d'après G. Lairesse.
Très-belle épreuve.

BLOTELINGH (A.)

250 — Portrait de Constanter, d'après Netscher.
Très-belle épreuve.

251 — Govaert Flinck, d'après Zill.
Superbe épreuve.

252 — Eybert Mecsz Kortenaer, amiral de Hollande,
d'après Vander Helst.
Superbe épreuve du 1ᵉʳ état, avant les mots « et excudit », à la
suite du mot « sculpsit »,

253 — Eybert Mecsz Kortenaer. amiral de Hollande,
d'après Vander Helst.
Très-belle épreuve.

254 — Le Fils de Casimir, roi de Pologne, d'après P.
Nason.
Très-belle épreuve.

255 — Le même portrait.
Très-belle épreuve.

BLOTELINGH, HOLSTEYN et LEUW

256 — Gerardus Joan Vossius. — Jacobus Vander Bur-
chius. — Hadrianus Pauvw. — J. Matenesse. —
Joseph Scaliger, etc. Six pièces.
Très-belles épreuves.

BLOT (M.)

257 — La Vierge aux Candélabres, d'après Raphaël.
Très-belle épreuve avant la lettre (lettres tracées).

258 — Les Bergers d'Arcadie, d'après Nicolas Poussin.
Très-belle épreuve avec une belle marge.

BOEL (P.)

259 — La Chasse au sanglier (B. 7).
Très-belle épreuve.

260 — La même estampe.
Très-belle épreuve.

BOIS (E. DU)

260 *bis* — La Vierge avec l'Enfant Jésus, assise sur un croissant.
Très-belle épreuve.

BOISSIEU (J.-J. DE)

261 — Les Pères du désert (R. 3).
Très-belle épreuve.

262 — Promenade du Souverain Pontife Pie VII sur la Saône (R. 5).
Très-belle épreuve.

263 — Les Moines au chœur, chantant l'office (R. 6).
Superbe épreuve sur papier de Chine.

264 — Les Joueurs de boules (R. 10).
Belle épreuve sur papier de Chine.

265 — Intérieur de ferme (R. 12).
Très-belle épreuve.

266 — Intérieur de ferme (R. 13).
Très-belle épreuve.

267 — Intérieur de ferme (R. 13).
Superbe épreuve du 1er état, à l'eau-forte.

268 — Le Maître d'école réprimandant un enfant debout devant lui (R. 14).
Superbe épreuve.

BOISSIEU (J.-J. DE)

269 — Vieux Mendiant assis (R. 17). — Quatre études,
demi-figures et têtes (R. 107). — Homme les mains
croisées, d'après Teniers (R. 127). Trois pièces.
Belles épreuves.

270 — Vieillard assis faisant lire un enfant (R. 18).
Très-belle épreuve avec le double point après le monogramme du
maître.

271 — Les petits Charlatans (R. 22).
Très-belle épreuve.

272 — Les petits Tonneliers dans un caveau (R. 23).
Très-belle épreuve avant la petite croix dans la marge, à droite.

273 — Vue du Passage de Garillano, en Italie (R. 31).
Très-belle épreuve.

274 — Vue du Temple du soleil de l'arc de Titus, et
fragment du Palais des empereurs (R. 32).
Très-belle épreuve.

275 — La même estampe.
Très-belle épreuve.

276 — Vue d'Aquapendante, sur la route de Sienne, à
Rome (R. 33).
Très-belle épreuve où le mot « dédié » et la lettre A sont appa-
rents et l'angle du haut mal formé.

277 — Vue du Temple de Vesta et des vestiges d'anciens
aqueducs (R. 34).
Très-belle épreuve.

278 — Vue du Temple de Vesta et des vestiges d'anciens
aqueducs (R. 34).
Très-belle épreuve sur chine.

279 — Vue du Sépulcre de Cecilia Metella, à Capo di
Bove (R. 35).
Très-belle épreuve avec les marques de l'étau au bas de la
gauche.

BOISSIEU (J.-J. DE)

280 — Vue du Sépulcre de Cecilia Metella, à Capo di Bove.

Très-belle épreuve.

281 — Vue du Pont Lucano, sur la route de Rome à Tivoli (R. 36).

Belle épreuve sur chine.

282 — Vue du Pont de Lucano, sur la route de Rome à Tivoli (R. 36).

Très-belle épreuve avant l'astérique, après les initiales du maître.

283 — Vue de Sainte-Andéole, en Lyonnais (R. 41).

Superbe épreuve.

284 — Vue du Château de Madrid, près Paris (R. 44).

Très-belle épreuve.

285 — La grande Forêt (R. 55).

Très-belle épreuve.

286 — Des Hommes au bord d'une rivière, d'où ils viennent de tirer un noyé (R. 57).

Très-belle épreuve.

287 — La Cascade (R. 62).

Très-belle épreuve sur papier de Chine.

288 — La Digue (R. 66).

Très-belle épreuve.

289 — Pâtre à pied et Femme à cheval, précédés de quatre bœufs ou vaches traversant une campagne (R. 70).

Très-belle épreuve.

290 — Entrée d'une forêt, (R. 71).

Très-belle épreuve.

291 — Vue d'une Campagne pendant l'hiver (R. 73).

Très-belle épreuve.

BOISSIEU (J.-J. DE)

292 — Les petites Laveuses (R. 82). — Paysage traversé par une rivière (R. 83). Deux pièces.
Très-belles épreuves.

293 — Vieillard à front chauve (R. 103).
Très-belle épreuve.

294 — Chatte assise, devant elle un petit chat couché (R. 118).
Superbe épreuve.

295 — Vue de port : à la gauche du devant, des masses d'arbres ; près de là, une pierre avec armoirie (R. 126).
Très-belle épreuve. Rare.

296 — Chasseur son fusil sur l'épaule (R. 129).
Très-belle épreuve.

297 — La Digue rompue, d'après A. Craesbeke (R. 134).
Très-belle épreuve.

298 — Le Moulin à eau, d'après Ruysdael (R. 135).
Très-belle épreuve.

299 — Le Moulin de Ruysdael (R. 136).
Superbe épreuve.

300 — Pays coupé par un chemin où un homme se repose (R. 137).
Très-belle épreuve avant l'astérique, après les initiales du maître.

301 — Le Repos des faucheurs (R. 139).
Très-belle épreuve.

302 — Les grands Charlatans, d'après K. du Jardin (R. 140).
Superbe épreuve avant les angles raccordés, avant le ciel terminé et avant l'astérique, après 1772.

BOL (FERDINAND)

303 — Le Sacrifice d'Abraham (B. 1).
Magnifique épreuve du 1ᵉʳ état, avant le nom du maître et avant beaucoup de travaux. Très-rare dans cet état.

304 — Saint Jérôme dans une caverne (B. 3). Cl. 3.
Très-belle épreuve avec de la marge.

305 — La Femme à la poire (B. 14). Cl. 16.
Très-belle épreuve.

BOLDRINI (N.), graveur sur bois

306 — Dalila livrant Samson aux Philistins, d'après Titien.
Très-belle épreuve.

307 — L'Adoration des bergers, d'après Titien.
Très-belle épreuve.

308 — Saint Jérôme, d'après Titien.
Belle épreuve.

309 — Paysage dans lequel se voit une femme qui trait une vache, d'après Titien.
Très-belle épreuve.

BOLSWERT (S.-A.)

310 — Le Couronnement d'épines, d'après Van Dyck.
Superbe épreuve avant les contre-tailles au vêtement et à la jambe gauche du deuxième soldat qui est debout, à droite; elle a une belle marge. Très-rare dans une aussi belle condition.

311 — Le Christ à l'éponge, d'après Van Dyck.
Très-belle épreuve.

312 — Le Christ mort sur les genoux de la sainte Vierge, d'après Van Dyck.
Superbe et très-rare épreuve du 1ᵉʳ état, avec l'adresse de Martin Vanden-Enden.

BOLSWERT (S.-A.)

313 — Pan jouant de la flûte, d'après Jordaens.
Très-belle épreuve du 1ᵉʳ état, avant l'adresse de Bloteling.

314 — La même estampe.
Très-belle épreuve du même état que la précédente; plus une épreuve avec l'adresse. Deux pièces.

315 — Jupiter et la chèvre Amalthée, d'après Jordaens.
Superbe épreuve du 1ᵉʳ état avant l'adresse de Bloteling.

316 — La même estampe.
Belle épreuve.

317 — Mercure et Argus, d'après Jordaens.
Très-belle épreuve.

318 — La même estampe.
Belle épreuve.

319 — Jesus-Christ descendu de la croix, d'après Diepenbecke.
Très-belle épreuve.

320 — Urbain VIII, assis sous un dais, et entouré de figures allégoriques, d'après Diepenbecke. Grande estampe gravée en deux planches pour une thèse.
Superbe épreuve.

321 — Estampe représentant une tempête, d'après Van Artvelt. (Basan 27, 21 des diff. suites).
Très-belle épreuve avant la lettre. Barc.

BONASONE (Jules)

322 — La Création d'Eve, d'après Michel-Ange (B. 1).
Superbe épreuve.

323 — La même estampe.
Très belle épreuve.

BONASONE (Jules)

324 — La Vierge assise dans le ciel, sur des nues (B. 62).
Très-belle épreuve.

325 — Le Jugement dernier, d'après Michel-Ange (B 80).

326 — Scipion blessé dans le combat donné près du Tessin contre Annibal (B. 81).
Très-belle épreuve.

327 — Sainte Famille, d'après Jules Romain (B. 68).
Très-belle épreuve.

328 — La même estampe.
Bonne épreuve.

329 — Silène monté sur un âne, deux Satyrs amenant au roi Midas Silène, qui s'était égaré (B. 88, 89). Deux pièces.
Très-belles épreuves.

330 — Neptune, sous la forme d'un cheval, jouissant de la nymphe Phillare (B. 108).
Très-belle épreuve.

331 — Europe enlevée par Jupiter changé en taureau, d'après Raphaël (B. 109).
Superbe épreuve, plus la contre-épreuve de la même pièce.

332 — Pâris jugeant les trois déesses (B. 112).
Très-belle épreuve.

333 — L'histoire de Junon (B. 113, 134). Suite de vingt-deux pièces dont nous n'avons que dix-neuf.
Belles épreuves.

334 — Buste de Junon, vue de face (B. 136).
Très-belle épreuve.

335 — Léda ayant près d'elle Jupiter changé en cygne (B. 140).
Superbe épreuve.

336 — Portrait du cardinal Bembo (B. 344).
Superbe épreuve.

BONASONE (Jules)

337 — Portrait de Michel-Ange Buonarotti (B. 345).
Superbe épreuve.

338 — La même estampe.
Très-belle épreuve.

339 — Portrait de Nicolas Ardinghello, cardinal (B. 348).
Superbe épreuve. Très-rare.

BONASONE (Attribué à)

340 — Portrait d'Erasme, d'après Holbein, dans un entourage ornementé.
Très-belle épreuve. Très-rare.

BONNET (L.-M.)

341 — Louis XV, roi de France, d'après M. Vanloo.
Belle épreuve.

BONINGTON (R.-P.)

342 — Vue de Bologne.
Très-belle épreuve de la seule eau-forte du maître, sur papier de Chine.

BORESOM (A.-V.)

343 — Le Bœuf au licou (B. 1). — Les deux Vaches (B 2).
Deux pièces.
Très-belles épreuves.

BOSQ (J.)

344 — Les Adieux au monde, d'après Mme Haudebourg-Lescot.
Très-belle épreuve avant la lettre, sur papier de Chine, plus la même estampe; épreuve avec la lettre. Deux pièces.

BOSSE (Abraham)

345 — Le Départ de l'Enfant prodigue (D. 34).
Superbe épreuve avec l'adresse de Leblond, ainsi que les suivantes.

346 — Lazare à la porte du mauvais riche (D. 40).
Très-belle épreuve.

347 — La même estampe.
Très-belle épreuve.

348 — Les 2e, 5e et 6e pièces de la suite des Vierges sages
et folles (D. 44-47-48). Trois pièces.
Belles épreuves.

349 — Les OEuvres de miséricorde. Suite de sept pièces,
dont nous n'avons que six (D. 50-56).
Superbes épreuves.

350 — Quatre Pièces doubles de la suite précédente.
Très-belles épreuves.

351 — L'Automne (D. 1055). — Le Goût (D. 1074). Deux
pièces.
Belles épreuves.

352 — Les mêmes estampes.
Belles épreuves.

353 — Les Quatre âges de l'homme. Suite de quatre
pièces (D. 1078-1081).
Très-belles épreuves.

354 — Vignettes pour illustrer l'Ariane de Mr Désmarets.
(D. 1115-1132). Suite de dix-huit estampes, dont nous
n'avons que douze.
Belles épreuves.

355 — Disposition de la Séance, tenue à Fontainebleau, à
la création de Mrs les chevaliers, faite le 14 mai 1633
(D. 1209).
Belle épreuve.

BOSSE (Abraham)

356 — Cérémonie observée au contrat de mariage de Uladislas IV, roi de Pologne, et de Louise de Gonzague (D. 1223).
Belle épreuve.

357 — La Joye de la France (D. 1226).
Superbe épreuve.

358 — Le Pape Urbain VIII bénit deux religieux de l'ordre de Saint-Augustin (1229). Grande thèse.
Superbe épreuve.

359 — L'Infirmerie de l'hôpital de la Charité à Paris (D. 1266).
Superbe épreuve avec toute sa marge.

360 — La Galerie du Palais (D. 1267).
La bordure est coupée.

361 — La Perspective horizontale du jardin royal des Plantes médicinales, établi à Paris par Louis-le-Juste, roi de France et de Navarre. 1641.
Grande pièce rare.

362 — Le Contrat. — La Mariée reconduite chez elle (D. 1274-1275). Deux pièces.
Très-belles épreuves.

363 — Les mêmes estampes.
Belles épreuves.

364 — Le Sculpteur, le Graveur et l'Imprimeur (D. 1886-87 et 88). Trois pièces.
Très-belles épreuves.

365 — La Noblesse française à l'Église. Suite de treize estampes, dont nous n'avons que dix. (D. 1319-1331).
Très-belles épreuves.

366 — Une Femme debout tenant dans sa main gauche un éventail (D. 1357).
Très-belle épreuve.

BOSSE (Abraham)

367 — Les Métiers (D. 1391-1397). Suite de sept pièces, dont nous n'avons que cinq.
Très-belles épreuves.

368 — ~~Trois~~ Pièces doubles de la suite précédente.

369 — Les Femmes à table en l'absence de leurs maris (D. 1399).
Très-belle épreuve.

370 — Costumes d'hommes, d'après Saint-Igny. Seize pièces.
Belles épreuves.

371 — Différents Costumes d'hommes et de femmes, tirés de différentes suites. Onze pièces.
Très-belles épreuves.

372 — Pallas. — La Vertu. — L'Ange gardien. Trois pièces.
Très-belles épreuves.

373 — Portrait de Michel Larcher.
Très-belle épreuve.

BOTH (Jean)

374 — Le Chariot attelé de bœufs (B. 2).
Magnifique épreuve du 1er état, avant la lettre. De la plus grande rareté.

375 — La même estampe.
Très-belle épreuve avec l'adresse de Matham.

376 — Le grand Arbre (B. 3).
Très-belle épreuve avec l'adresse de Matham.

377 — La même estampe. Même état que la précédente.

378 — Les deux Mulets (B. 4).
Très-belle épreuve avec l'adresse de Matham.

BOTH (Jean

379 — La même estampe. Même éta que la précédente.

380 — Le Muletier (B. 6).
Superbe épreuve avant le nom du maître et le numéro. Elle a de la marge.

381 — Les deux Vaches au bord de l'eau (B. 8).
Superbe épreuve avant le nom du maître et avant le numéro.

382 — La même estampe.
Très-belle épreuve du même état.

383 — Les cinq Sens (B. 11-15).
Superbes épreuves du 2e état, avant l'adresse de F. de Witt, et avant que les numéros soient répétés dans la marge à droite.

BOOTH (Th.)

384 — Monument funèbre élevé en l'honneur d'Elisabeth, reine d'Angleterre.
Très-belle épreuve.

BOTICELLI (Sandro)

385 — David et Goliath debout. Au fond, la vue d'une ville fortifiée avec des spectateurs. Haut. 190 m. Larg. 136 m.
Très-belle pièce non décrite, de la plus grande rareté.

BOUCHER (François)

386 — Livre d'Études, d'après Bloemaert. Suite de douze estampes, dont nous n'avons que neuf. (P. de B. 170-181).
Très-belles épreuves.

BOUCHER (d'après)

387 — Vénus sortant du bain. — Vénus désarmant l'Amour. Deux pièces gravées en couleur, par Janinet.
Très-belles épreuves.

BOULANGER (Jean)

388 — Le Christ descendu de la croix, d'après S. Bourdon.
Très-belle épreuve avant la lettre.

BOUILLARD (Jacques)

389 — La sainte Famille (pièce connue sous le nom du Rabotteur), d'après A. Carrache.
Très-belle épreuve avant la lettre (lettres grises); le titre anglais.

BOUDON, COLLIGNON et COYPEL

390 — Democrite. — Saintes Familles. — Trois Compositions. — Portrait de P. Testa. Six pièces.
Très-belles épreuves.

BOUTTATS (d'après)

391 — Marie - Anne - Victoire de Bavière, Dauphine de France.
Très-belle épreuve.

BOVI (M.)

392 — Arrestation du roi à Varennes. — Séparation du roi d'avec sa famille. — La Famille royale au temple. — Procès de Marie-Antoinette. Quatre pièces d'après Pellegrini.
Très-belles épreuves. Rares.

BOYVIN (René)

393 — La chaste Suzanne, d'après maître Roux (R. D. 3).
— Les trois Parques filant la vie des hommes (R. D.
31). — Muse (R. D. 66). — Les Amours de Jupiter et
de Calisto (R. D. 73). Quatre pièces.
Belles épreuves.

394 — La sainte Famille, d'après Raphaël (R. D. 9).
Belle épreuve.

395 — L'Appareil d'un sacrifice, d'après maître Roux
(R. D. 15).
Superbe épreuve.

396 — L'Ignorance vaincue, d'après maître Roux (R.
D. 16).
Belle épreuve.

397 — Histoire de Jason et de la conquête de la Toison-
d'or (R. D. 39-64). Suite de vingt-six pièces (le
n° 10 manque).
Très-belles épreuves du 1ᵉʳ tirage.

398 Danse de Dryades, d'après maître Roux (R. D. 74).
Très-belle épreuve du 1ᵉʳ état.

BRAMANTE (Attribué à)

399 — Monument d'architecture. Au milieu du haut
cette inscription : *Bramanti architecti opus.*
Très-belle épreuve. Très-rare.

BREBIETTE (P.)

400 — Bacchanales, sujets religieux et autres. Trente-
trois pièces.
Très-belles épreuves.

BRESSE (Jean-Antoine)

401 — Jésus-Christ ressuscité (B. 3).
Belle épreuve.

402 — La Présentation de la Vierge au Temple (B. 4).
Très-belle épreuve.

403 — Saint Pierre (B. 6).
Pièce rare.

404 — Hercule assommant le serpent de Lerne, d'aprés Mantegna (B. 12).
Très-belle épreuve. Rare.

405 — La Danse des enfants (B. 19).
Belle épreuve.

BROSAMER (Hans)

406 — Le Jugement de Pâris (B. 11).
Belle épreuve.

407 — Portrait de l'abbé de Fulde (B. 23).
Très-belle épreuve.

BROWNE (J.) et MIDDIMAN

408 — Apollon et la Sibylle, d'après S. Rosa. — L'Amusement des bergers, d'après Berghem. Deux grands paysages en largeur.
Très-belles épreuves avant la lettre.

BRY (Th. de)

409 — Le Triomphe du Christ.
Très-belle épreuve.

BYE (MARC DE)

410 — Différentes Chèvres et Boucs (B. 1-8). Diverses Vaches et Bœufs (B. 9-16). Les Chasses (B. 57-60). Différents Ours (B. 61-75). En tout 36 pièces.
Belles épreuves.

BYRNE (W.)

411 — Mort du capitaine Cook, d'après J. Welber.
Très-belle épreuve.

BYRNE et LOWY

412 — Le Matin, la Danse des bergers. Deux paysages, d'après Cl. Lorrain.
Très-belles épreuves.

CABEL, GESSNER, ZEEMAN

413 — Paysages ornés de figures, Marines, etc. 35 pièces.
Belles épreuves.

CALAMATTA (L.)

414 — Le Vœu de Louis XIII, d'après Ingres.
Très-rare épreuve avant toute lettre et avec le pied d'un des anges tenant l'inscription, blanc. Elle est sur papier de Chine.

415 — La même estampe.
Très-belle épreuve avant toutes lettres ; elle est signée du graveur.

416 — Françoise de Rimini, d'après Ary Scheffer.
Très-belle épreuve.

417 — Portrait de M. Guizot, d'après P. Delaroche.
Très-belle épreuve avant toutes lettres, sur papier de Chine. Rare.

CALAMATTA (L.

418 — Le même portrait.
Très-belle épreuve sur papier de Chine.

419 — Portrait de M. Martin, d'après Ingres.
Très-belle épreuve, portant la signature du graveur.

420 — Portrait du duc d'Orléans, d'après Ingres.
Très-belle épreuve avant la lettre, sur papier de Chine.

CALETTI (J.), dit le Crémonèse

421 — David portant la tête de Goliath (B. 2).
Belle épreuve.

422 — David portant la tête de Goliath (B. 3).
Très-belle épreuve.

CALLOT (Jacques)

423 — Son portrait, par M. Lasne.
Très-belle épreuve.

424 — Le Passage de la mer Rouge (Meaume 1).
Superbe épreuve du 1er état avant le haut de la vague tronquée.

425 — La même estampe.
Très-belle épreuve.

426 — Le Massacre des innocents, 1re planche (5).
Superbe épreuve du 1er état, avant toutes lettres.

427 — Le Massacre des innocents, 2me planche (6).
Très-belle épreuve. Elle a de la marge.

428 — La Passion de Notre-Seigneur. Suite de douze estampes (19-30).
Très-belles épreuves du 1er état.

COLLOT (JACQUES)

429 — Les Mystères de la Passion de Notre-Seigneur. Suite de six estampes (31-36).

Superbes épreuves du 1er état avant la lettre et avec deux planches sur la même feuille. Rare.

430 — Les quatre Banquets. Suite de quatre estampes (48-51).

Superbes épreuves du 1er état.

431 — La Parabole de l'enfant prodigue. Suite de onze estampes (53-63).

Très-belles épreuves avant les numéros.

432 — La sainte famille à table. Morceau connu sous le nom de Benedicite (65).

Très-belle épreuve.

433 — La même estampe.

Belle épreuve.

434 — La Vie de la Sainte Vierge. Suite de quatorze estampes (76-89).

Superbes épreuves du 1er état, avant les numéros. Elles ont de belles marges.

435 — Différents Sujets. Suite de neuf estampes non chiffrées (90-99).

Très-belles épreuves.

436 — La même suite.

Très-belles épreuves.

437 — Le Triomphe de la Vierge (M. 100).

Très-belle épreuve du 1er état.

438 — Saint Jean dans l'île de Pathmos (102).

Très-belle épreuve du 2e état. Rare.

439 — Le Sauveur, la sainte Vierge, les douze Apôtres et saint Paul, l'Apôtre des Nations, en pied. Suite de seize estampes.

Superbes épreuves avant les numéros.

CALLOT (Jacques)

440 — La même suite.

Très-belles épreuves. Même état que la suite précédente.

441 — Le Martyre de saint Laurent (136).

Très-belle épreuve.

442 — Le Martyre de saint Sébastien (137).

Très-belle épreuve du 1er état.

443 — La même estampe.

Belle épreuve du 2e état, plus la copie. Deux pièces.

444 — La Tentation de saint Antoine (M. 139).

Superbe et très-rare épreuve du 2e état, avant les rosettes dans les armes. Très-rare à trouver dans une aussi belle condition.

445 — La même estampe.

Très-belle épreuve du même état que la précédente.

446 — La même estampe.

Belle épreuve.

447 — Saint Nicolas ou saint Séverin (140).

Très-belle épreuve du 2e état.

448 — Les Pénitents et Pénitentes. Suite de six estampes (147-152).

Très-belles épreuves. Le titre manque.

449 — Les Martyrs du Japon (155).

Superbe épreuve du 1er état.

450 — Les Péchés capitaux. Suite de sept estampes (157-163).

Superbes épreuves avant les numéros.

451 — La même suite.

Belles épreuves.

452 — Titre des miracles et grâces de Notre-Dame-de-Bon Secours-les-Nancy (197).

Très-belle épreuve.

4

CALLOT (Jacques)

453 — Estampes décorant le livre intitulé : Vie de la mère de Dieu représentée par emblesmes. Suite de vingt-sept estampes (207-233).
Très-belles épreuves.

454 — Lux claustri ou la Lumière du cloistre. Suite de vingt-sept estampes (234-260).
Très-belles épreuves.

455 — Tragédie de Soliman. Suite de six estampes (434-439).
Très-belles épreuves. Le titre manque.

456 — Entrée de MM. de Couvonge et de Chalabre (491).
Très-belle épreuve.

457 — Le Combat à la barrière. Suite de dix estampes (492-503).
Superbes épreuves.

458 — Louis XIII, roi de France (M. 507).
Très-belle épreuve.

459 — Le Siége de Bréda (M. 540).
Très-belle épreuve.

460 — Siége de La Rochelle (M. 511). — Bordures du même siége (M. 512-521).
Superbes épreuves du 1er état. Rare à trouver complet.

461 — Débarquement de troupes (533).
Superbe épreuve du 1er état.

462 — Les petites Misères de la guerre. Suite de sept estampes (557-573).
Superbes épreuves.

463 — Les grandes Misères de la guerre. Suite de dix-huit estampes (564-581).
Magnifiques épreuves du 2e état, avec le nom de Sylvestre. Elles ont presque toutes leurs marges.

CALLOT (JACQUES)

464 — La même suite.
Superbes épreuves du même état que la précédente.

465 — La même suite.
Très-belles épreuves.

466 — Catafalque de l'empereur Mathias (597).
Très-belle épreuve du 2e état.

467 — La grande Thèse dite enigmatique ou symbolique (M. 615).
Superbe épreuve du 1er état. Rare.

468 — Le grand Rocher (616).
Très-belle épreuve.

469 — La Carrière ou la rue Neuve-de-Nancy (621).
Belle épreuve.

470 — Parterre ou jardin de Nancy (M. 622).
Superbe épreuve du 1er état.

471 — Parterre ou jardin de Nancy (622).
Belle épreuve du 1er état, plus la copie. Deux pièces.

472 — Le Jeu de boules (623).
Très-belle épreuve du 2e état, plus la copie. Deux pièces.

473 — La grande Foire de Florence, 1re planche (M. 624).
Superbe épreuve.

474 — La même composition, gravée une seconde fois à Nancy (M. 625).
Très-belle épreuve du 1er état.

475 — Les trois Pantalons (627-629).
Très-belles épreuves.

476 — Joûtes de Florence. — Première fête dite la Guerre d'amour. Suite de trois pièces non chiffrées (633-635)
Très-belle épreuve du 1er état.

CALLOT (JACQUES)

477 — **Joûtes de Florence. — Seconde fête dite joûte à cheval (636-640).**
Très-belles épreuves.

478 — **Balli ou Cucurucu. Suite de vingt-quatre pièces (641-664).**
Superbes épreuves du 1er état. Elles ont de la marge.

479 — **Les Supplices (665).**
Superbe et très-rare épreuve où la statue de la Vierge est très-distincte.

480 — **La même estampe.**
Très-belle épreuve.

481 — **Les Boémiens. Suite de quatre estampes (667-670).**
Très-belles épreuves. Plus les copies des mêmes pièces. Huit pièces.

482 — **La Noblesse. Suite de douze pièces (673-684).**
Superbes épreuves du 1er état. Elles ont de la marge.

483 — **La même suite.**
Très-belles épreuves du 1er état.

484 — **Les Gueux ou Mendiants. Suite de vingt-cinq estampes (685, 709).**
Très-belles épreuves du 1er état. Elles ont de la marge. Deux pièces manquent pour que la suite soit complète.

485 — **La grande Chasse (711).**
Très-belle épreuve. Les fonds sont très-apparents.

486 — **La même estampe.**
Très-belle épreuve du même état.

487 — **La petite Vue de Paris (712).**
Superbe épreuve du 2e état.

488 — **La même estampe.**
Très-belle épreuve du 2e état.

CALLOT (Jacques)

489 — La même estampe.
Belle épreuve du 4e état.

490 — Les deux grandes Vues de Paris (713-714).
Superbes épreuves du 2e état.

491 — La même suite.
Belles épreuves.

492 — La Pandore (729).
Très-belle épreuve du 2e état.

493 — Les Bossus ou Gobbi. Suite de vingt-une pièces dont nous n'avons que seize (747-767).
Très-belles épreuves du 1er état.

494 — Les Caprices. Suite de cinquante estampes de la suite publiée à Nancy (768-867).
Très-belles épreuves avant les numéros.

CAMPAGNOLA (Dominique)

495 — L'Assomption (B. 4).
Pièce de la plus grande rareté.

496 — Les Bergers musiciens (B. 9).
Superbe épreuve.

497 — La Bataille (B. 19).
Très-belle épreuve.

498 — L'Amour endormi sur un rinceau de fruits ; deux têtes de lions dans les coins du haut. Morceau inconnu à Bartsch (Pass. 22).
Très-belle épreuve.

CAMPANELLA (Ang.)

499 — Suite d'Estampes, d'après les peintures antiques, découvertes à la Villa Antonin-le-Pieux, sur le mont Aquilin, à Rome. Huit pièces.
Très-belles épreuves.

CANALE (GIOSEPPÈ)

500 — Marie-Antoinette, princesse royale de Pologne,
d'après elle-même.
Très-belle épreuve. Elle a de la marge.

501 — Le même portrait.
Belle épreuve.

CANALETTO (A.)

502 — Diverses vues de Venise, quatorze pièces. Plusieurs sont avant les lettres alphabétiques placées au bas de la planche à droite.
Très-belles épreuves.

CANTARINI (S.), dit le Pesarese

503 — Repos en Egypte (B. 2). — Repos en Egypte (5).
— Saint Jérôme, plusieurs saintes Familles. — La Mise au tombeau, par les Carraches. Dix pièces.
Belles épreuves.

504 — Le grand saint Antoine de Padoue (B. 25).
Superbe épreuve du 1er état avant la lettre.

505 — Saint Benoît délivrant un possédé, d'après L. Carrache (B. 27).
Très-belle épreuve.

CARAGLIO (J.)

506 — Portrait de l'Arétin, d'après Titien (B. 64).
Superbe épreuve.

CARDON

507 — La Sainte Famille, d'après Vander Werf.
Très-belle épreuve.

CARON (Toussaint)

508 — Marguerite sortant de l'Église, d'après Ary Scheffer.

Très-belle épreuve avant la lettre, portant le n° 18.

CARON (Ad.)

509 — Portrait de Mme la duchesse du Berry, avec ses enfants, d'après F. Gérard.

Très-belle épreuve.

CARON et BOSQ

510 — Le Lévite d'Ephraïm. — L'Horoscope de Sixte-Quint, etc., etc. Quatre pièces.

Très-belles épreuves.

CARRACHE (Annibal)

511 — Le Couronnement d'épines (B. 3).

Superbe épreuve.

512 — La même estampe.

Très-belle épreuve.

513 — Le Christ de Caprarole (B. 4).

Superbe épreuve du 1er état, ayant le nom du maître et l'adresse de Van Aelst. Très-rare.

514 — La même estampe.

Très-belle épreuve avec le nom et l'adresse.

515 — La Vierge à l'hirondelle (B. 8).

Très-belle épreuve.

516 — Jupiter et Antiope (B. 17).

Très-belle épreuve.

GARRACHE (Annibal)

517 — La Soucoupe (B. 18).
Très-belle épreuve.

518 — Les trois Rois (B. 1 des pièces faussement attri-
buées).
Très-belle épreuve avant le nom de Carrache et l'adresse de
Sadeler dans la marge du bas.

519 — La Vierge au corbeau blanc (B. 4 des pièces faussement attribuées).
Très-belle épreuve.

CARRACHE (Augustin)

520 — La sainte Vierge, d'après J. Ligozzi (B. 34).
Très-belle épreuve.

521 — La sainte Famille (B. 43).
Superbe épreuve.

522 — La même estampe.
Très-belle épreuve.

523 — Saint François en extase, d'après F. Vanni
(B. 67).
Très-belle épreuve.

524 — Saint Jérôme (B. 75).
Très-belle épreuve.

525 — Le Mariage de sainte Catherine, d'après Paul
Véronèse (B. 97).
Très-belle épreuve.

526 — Un Satyre regardant une femme endormie
(B. 112).
Très-belle épreuve.

527 — Mercure et les grâces. — Mars renvoyé par Minerve (B. 117, 118). Deux pièces, d'après le Tintoret.
Très-belles épreuves.

CARRACHE (AUGUSTIN)

528 — Les mêmes estampes.
Très-belles épreuves.

529 — Orphée retirant Eurydice des enfers (B. 123).
Très-belle épreuve.

530 — Andromède attachée à un rocher (B. 125).
Superbe épreuve.

531 — La même estampe.
Très-belle épreuve.

532 — Vénus accompagnée des Amours, portée sur la mer par des Dauphins (B. 129).
Superbe épreuve.

533 — La même estampe.
Très-belle épreuve.

534 — Un Satyre considérant les beautés d'une nymphe endormie (B. 131).
Superbe épreuve.

535 — Un Satyre fouettant une nymphe (B. 133).
Très-belle épreuve.

536 — Titien Vecelli (B. 154).
Très-rare et magnifique épreuve du 1er état, avant l'inscription :
Titiani Vecelli pictoris celeberrimi ac famosissimi vera effigies,
dans le haut de la gravure.

537 — La même estampe.
Très-belle épreuve.

538 — La même estampe.
Belle épreuve.

539 — Les Armes du cardinal Franciotti (B. 171).
Très-belle épreuve. Rare.

540 — La Vierge avec l'Enfant Jésus et saint Jean. Pièce non décrite.
Très-belle épreuve.

CARRACHE (Louis)

541 — La Sainte Vierge aux Anges (B. 2).
Très-belle épreuve. Collection Revil et de Lassalle.

CARS (L.)

542 — Bourdon (Sébastien), d'après Rigaud.
Très-belle épreuve avant toutes lettres.

543 — Le même portrait.
Très-belle épreuve.

544 — Rabutin (Michel-Roger de Bussy), évêque de Lu-
çon.
Très-belle épreuve.

545 — Rohan (Armand Gaston de), d'après Rigaud.
Très-belle épreuve.

546 — Marie Leczinska, reine de France, d'après Vanloo.
Plus le même personnage, par Petit. Deux pièces.
Belles épreuves.

CASA (Nicola della)

547 — Le Jugement dernier, d'après Michel-Ange.
Grande estampe en douze morceaux, non assemblés.
Très-belle épreuve.

CATHELIN (J.)

548 — Ferrey (Joseph-Marie), ministre d'Etat, d'après
Roslin le Suédois.
Très-belle épreuve.

549 — Louis XV, en pied et en grand costume.
Très-belle épreuve avant toutes lettres.

CAYLUS (Anne-Claude-Philippe), comte de

550 — Sujets de fantaisie, caricatures d'après Gillot.
15 pièces. Costumes et croquis divers, d'après
Watteau. 8 pièces.
Très-belles épreuves.

CECCHINI (F.)

551 — L'Adoration des bergers. — L'Ascension. — Les
six Sages. — Les six Prophètes. — Les six Héros et
Législateurs. Suite de cinq estampes, d'après des
fresques du Pérugin.
Très-belles épreuves. La première est avant toutes lettres et à
l'état d'eau forte.

CHAPELLE (G. de la)

552 — Recueil de divers Portraits des principales dames
de la Porte du Grand Turc. Suite de douze estampes.
Très-belles épreuves.

CHAPRON (N.)

553 — Les Loges de Raphaël au Vatican. Suite de cin-
quante-deux estampes.
Superbes épreuves avant l'adresse de Mariette sur le premier
morceau. Elles sont en volume et ont de grandes marges.

CHAPUY

554 — La Coiffure représentant une femme entourée
d'Amours qui préparent les objets servant à sa coiffure.
Très-belle épreuve.

CHARDIN (D'après)

555 — Le Château de Cartes, par Lépicié.
Très-belle épreuve.

556 — Le Négligé, ou la Toilette du matin, par Le Bas.
Très-belle épreuve.

557 — L'Econome, par Le Bas.
Très-belle épreuve.

558 — La même estampe.
Très-belle épreuve.

559 — La Serinette, par L. Cars.
Très-belle épreuve.

CHARLIER (D'après)

560 — Le Sommeil de Vénus, gravé en couleur par Janinet.
Très-belle épreuve.

561 — Vénus en réflexion. — Vénus désarmant l'Amour.
Deux pièces de forme ronde, gravées en couleur par
Janinet.
Très-belles épreuves.

CHATILLON (G.)

562 — Endymion, d'après Girodet.
Belle épreuve avant toutes lettres.

563 — La même estampe.
Très-belle épreuve avant la lettre. Lettres tracées.

CHENAY (Paul)

563 — Portrait de Marie de Médicis, d'après Rubens. —
Rubens, d'après lui-même. Deux pièces.
Très-belles épreuves.

CHEREAU (FRÁNÇOIS)

566 — Fleury (André Hercule de), cardinal, d'après Rigaud.
Très-belle épreuxe avec de la marge.

567 — Fleury (André Hercule de), d'après Rigaud; le cardinal de Polignac, par Horthemels, d'après A. S. Belle. Deux pièces.
Belles épreuves.

568 — Gondrin (Louis-Antoine de Pardaillan de), maréchal de France, d'après Rigaud. — Le même portrait, gravé par Tardieu. Deux pièces.
Très-belles épreuves.

569 — Marie Leczinska, reine de France, d'après Vanloo.
Très-belle épreuve.

570 — Le même portrait.
Très-belle épreuve.

571 — Pernot (Andoche), abbé de Citeaux, d'après Rigaud.
Très-belle épreuve.

CHEVILLET (J.)

572 — La Bonne Amitié, d'après Schenau et l'Amour maternel, d'après Peters. 2 pièces.
Très-belles épreuves.

573 — Le bon Exemple. — Mademoiselle sa sœur. Deux pièces, d'après Heillman.
Très-belles épreuves.

574 — Jordan (Jean-Louis), d'après Falbe.
Très-belle épreuve.

CIPRIANI (G.)

575 — Violante, fille de P. Vecchia, d'après P. Bordone.
Très-belle épreuve.

CLAAS (A.)

576 — Vénus (B. 28).
Très-belle épreuve.

577 — La Vignette au Triton (B. 45).
Très-belle épreuve.

CLAESSENS (L.-A.)

578 — La Descente de croix, d'après Rubens.
Superbe épreuve avant toute lettre.

579 — La Descente de croix, d'après Rubens.
Très-belle épreuve avant la lettre. Lettres grises.

580 — La Femme hydropique, d'après G. Dow.
Superbe épreuve avant toutes lettres.

581 — La même estampe.
Très-belle épreuve avant la lettre. Lettres tracées, sur papier Chine.

582 — La Ronde de nuit, d'après Rembrandt.
Superbe épreuve avant toutes lettres. Seulement les noms d'auteur tracés à la pointe. Collection Verstolk.

CLAIRS OBSCURS (Pièces gravées en)
(Bartsch, vol. 12)

583 — La Vierge, saint Sébastien et un saint évêque, d'après le Barroche, par H. de Carpi (B. 3, 711, 26).
Belle épreuve.

CLAIRS OBSCURS (Pièces gravées en)
(Bartsch, vol. 12)

584 — Le Triomphe de Jésus-Christ, d'après le Titien, par Andreani (B. S.-V. 9). Grande estampe composée de huit feuilles et dont nous n'avons que quatre.
Belles épreuves.

585 — La Sibylle Tiburtine et Auguste, d'après le Parmesan, par A. de Trente (B. V. 7).
Très-belle épreuve.

586 — Sibylles, d'après le Guide. Cinq pièces gravées par Coriolan (B. S. V.). 3
Belles épreuves.

587 — Clélie, d'après Maturino, par N. de Vicence (B. VI, 5).
Très-belle épreuve.

588 — Diogène. d'après le Parmesan, par H. de Carpi (B. VI, 10).
Belle épreuve.

589 — Ajax, d'après Polydore, par N. de Vicence (B. VI, 9).
Belle épreuve.

590 — Jeux d'Amours, d'après Raphaël, par le maître, N. D. B. (B. VII, 5).
Superbe épreuve.

591 — Hercule étouffant Anthée, d'après Raphaël, par H. de Carpi (B. S. VII, 14).
Belle épreuve.

592 — Le Joueur de luth, d'après le Parmesan, par A. de Trente (B. X, 3). Deux épreuves imprimées à deux teintes différentes.
Belles épreuves.

593 — L'Homme assis, vu par le dos, d'après le Parmesan, par A. de Trente (B. X, 13).
Belle épreuve.

CLAROT (J.)

594 — Christine, princesse Lichnowsky, d'après Graci.
Portrait gravé en manière noire.
Très-belle épreuve.

CLAUSSIN (Joseph de)

595 — Son Œuvre en 232 pièces, d'après Rembrandt,
Berghem, Boissieu, P. Potter et autres. Beaucoup de
pièces sont doubles et en différents états.
Superbes épreuves.

CLEMENS, MULLER et SCHARP

596 — Mort du général Montgomery, à l'attaque de
Québec. — Premier combat entre les anglais et Amé-
ricains. — La sortie de la garnison de Gibraltar.
Suite de trois estampes, d'après les tableaux de J.
Trumbull.
Très-belles épreuves avant la lettre. Lettres tracées.

597 — Les mêmes estampes.
Belles épreuves.

CLOUWET, BARY et GALLE (C.)

598 — Jean de Mey. — Wilhelmus Grotius. — Juste
Lipse. Trois pièces.
Très-belles épreuves.

COCK (H.)

599 — Portraits des six poëtes : G. Calvacantes, Dante, Gio
Boceci, Franc, Petrarca, Angelo Politiano, Marsilius
Ficinus, sur la même feuille.
Superbe épreuve. Rare.

COCHIN (C.-N.)

600 — La Coquette, d'après Lancret.
Deux épreuves de différents états.

COINY (J.)

601 — La Création d'Eve, d'après Michel-Ange.
Superbe épreuve avant toutes léttres, sur papier de Chine.

602 — La même estampe.
Belle épreuve avant la lettre, lettres grises.

COLLAERT (A.)

603 — Le Sauveur du monde.
Très-belle épreuve,

COLLIN (Richard)

604 — Portrait de Murillo.
Très-belle épreuve.

COLIN

605 — Stanislas Ier, roi de Pologne, duc de Lorraine.
Très-belle épreuve

CORR (E.)

606 — Le Christ en croix, d'après Van Dyck.
Très-belle épreuve avant toutes lettres.

CORBUTT (Charles)

607 — Jean-Jacques-Rousseau, d'après Ramsay.
Très-belle épreuve.

CORNEILLE (Cl.)

608 — Le Massacre des innocents (B. 4).
Très-belle épreuve. Collection Esdaile.

CORT (C.)

609 — Le Martyre de saint Étienne.
Très-belle épreuve.

COUSIN

610 — L'Immaculée conception, d'après Murillo.
Très-belle épreuve avant la lettre.

COUSINS (Samuel)

611 — La Famille royale d'Angleterre, d'après Winter-halter.
Très-belle épreuve avant la lettre, sur papier de Chine.

612 — Portrait de lady Gower, en pied, assise, d'après Lawrence.
Très-belle épreuve avant la lettre.

COUSINS et DOO

613 — Lord Eldon, chancelier d'Angleterre, W. Croker. Deux portraits, d'après Lawrence.
Très-belles épreuves avant la lettre, sur Chine.

COYPEL (d'après)

614 — Bachus et Ariane. Grande composition en largeur.
Superbe épreuve avant toutes lettres.

COZZA (FRANÇOIS)

615 — Le Sommeil de l'enfant divin (B. 1).
Très-belle épreuve. Rare.

616 — La même estampe.
Très-belle épreuve.

CRANACH (L.)

617 — Saint Jérôme (B. 63). Des pièces gravées sur bois.
Superbe épreuve.

618 Charles V, en pied (B. 128).
Superbe épreuve.

619 — Martin Luther, en pied (B. 147).
Belle épreuve.

620 — Portrait de Martin Luther B. 150).
Très-belle épreuve.

621 — Les Réformateurs Luther et Huss exerçant la fonction de la communion envers plusieurs princes de la maison de Saxe (B. 152).
Belle épreuve.

622 — Portrait du duc de Saxe, sur bois, imprimé en camaïeu. Pièce non décrite par Bartsch.
Très-belle épreuve. Rare.

CRESPY (D.)

623 — Chaubert (Jean-Baptiste), abbé de Sainte-Geneviève, d'après Tortebat.
Très-belle epreuve.

624 — Louis XV et Marie Leczinska. Deux portraits faisant pendant, d'après Vanloo.
Très-belles épreuves.

CUNEGO (D.)

625 — Frédéric II, roi de Prusse, d'après Cuningham.
Très-belle épreuve.

DALEN (C. Van)

626 — Pierre Arétin. — Jean Boccace. — Georges Barbarelli, dit le Gorgion. — Sébastien del Piombo. Quatre portraits d'après Titien.
Très-belles épreuves avant la lettre.

627 — René Descartes.
Superbe épreuve du 1er état, avec l'adresse de Banheinning.

628 — Le même portrait.
Belle épreuve avec l'adresse de Allart.

629 — Deleboé (Franciscus Silvius).
Superbe épreuve.

630 — Rudolphus Petri, d'après Van Nieulandt.
Très-belle épreuve.

DAMAN, *exc.*

631 — La Valière (Mlle Marie de).
Très-belle épreuve. Rare.

DANIELL (W.)

632 — Eon (Charles-Geneviève-Louise-Auguste-André-Timothée, chevalier d'). Portrait très-curieux publié à Londres en 1793.
Très-belle épreuve.

DANIEL (H.)

.633 — Charles Ier, à cheval, coiffé d'un chapeau à plumes.
Belle épreuve.

DARET (P.)

634 — Saint Pierre délivré de sa prison, d'après le Dominiquin.
Très-belle épreuve avant la lettre.

DAULLÉ (Jean)

635 — Anastasie, landgrave de Hesse-Hombourg, née princesse Troubetskoy, d'après Roslin.
Très-belle épreuve.

636 — Charles Stuart, fils aîné du prétendant.
Très-belle épreuve avant la lettre; elle a toute sa marge.

637 — Coignard (J.-B.), imprimeur, d'après Voirieau.
Très-belle épreuve.

638 — Favart (Mme), dans le rôle de Bastienne, d'après Vanloo.
Très-belle épreuve.

639 — Hyacinthe Rigaud, peignant le portrait de sa femme, d'après lui-même.
Très-belle épreuve.

640 — Saint-Simon (Claude de), évêque de Metz, d'après Rigaud.
Très-belle épreuve.

DAVID

641 — Portrait de Richelieu en pied, tenant de sa main gauche une boule surmontée d'une couronne. Plus, le même portrait gravé en contre-partie.
Rares.

DAVID

642 — L'Église Saint-Ouen, de Rouen, vue de différents côtés, plan du jardin, etc. Suite de cinq pièces.
Très-belles épreuves. Très-rares.

DEBUCOURT (Ph.-Louis)

643 — Retour des Champs, d'après Ch. Vernet. — L'hiver ou le Mari, petit portrait de femme.
Quatre pièces en couleur.

644 — La Main et la Rose. Deux pièces imprimées en couleur.
Très-belles épreuves.

645 — Annette et Lubin.
Très-belle épreuve imprimée en couleur.

646 — La Liberté.

647 — La Danse des chiens, d'après Vernet.
Très-belle épreuve.

DELAISTRE (L.)

648 — Métabus, roi des Volsques, consacrant sa fille à Diane, d'après Léon Cogniet.
Très-belle épreuve avant la lettre, sur papier de Chine.

DELAUNE (Etienne)

649 — Henri II, roi de France (R. D. 340).
Très-belle épreuve.

650 — Sujets mythologiques, de forme ronde. Quatre pièces.
Très-belles épreuves.

DELAUNAY

651 — Oultremont (C.-N.-A., comte d'), évêque de Liége.
Très-belle épreuve avant toutes lettres.

652 — Portrait de Froy, d'après Aved.
Belle épreuve avant la lettre.

DELFFE (W.-J.)

653 — Ernest, prince et comte de Mansfeld, d'après Mierevelt.
Très-belle épreuve.

654 — Axel Oxenstiern, ministre de Suède, d'après Mierevelt.
Très-belle épreuve.

655 — Christophe, prince Radzivil, d'aprés Mierevelt.
Très-belle épreuve.

656 — Le même portrait.
Très-belle épreuve.

657 — Henri, comté de Turzi, d'après Mierevelt.
Très-belle épreuve.

DESCLAUX

658 — Les Moissonneurs et les Pêcheurs, d'après Léopold Robert. Deux pièces faisant pendant.
Très-belles épreuves avant la lettre.

DESMADRYL (N.)

659 — La sainte Famille, d'après Raphaël.
Très-belle épreuve avant la lettre.

660 — Alexandra Féodorovna, impératrice de Russie, d'après Mme Robertson.
Très-belle épreuve.

DESNOYERS (Louis-Auguste-Boucher), baron

661 — Les Vertus théologales. Suite de trois estampes, d'après Raphaël.
Très-belles épreuves.

662 — La Visitation, d'après Raphaël.
Superbe épreuve avant la lettre (lettres tracées). Elle a toute sa marge.

663 — La Vierge à la chaise, d'après Raphaël.
Très-belle épreuve avant la lettre. (Lettres grises.)

664 — La même estampe.
Très-belle épreuve sur papier de Chine et avec le cachet de Desnoyers.

665 — La même estampe sur papier blanc.
Très-belle épreuve.

666 — La Vierge au poisson, d'après Raphaël.
Superbe épreuve avant la lettre. (Lettres tracées.) Elle a toute sa marge.

667 — La Vierge dite la belle Jardinière, d'après le tableau de Raphaël au musée du Louvre.
Épreuve de la plus grande beauté, avant toutes lettres et avec toute sa marge. Très-rare.

668 — La même estampe.
Très-belle épreuve avec toute sa marge.

669 — La Vierge de la maison d'Albe, d'après Raphaël.
Très-belle épreuve.

670 — La Vierge au linge, d'après Raphaël.
Superbe épreuve avant la lettre (lettres tracées). Elle porte la signature du graveur et a toute sa marge.

671 — La Vierge du palais Tempi, d'après Raphaël.
Très-belle épreuve sur papier de Chine, avant la lettre (lettres tracées). Elle a toute sa marge.

672 — La Vierge au donataire dite de Foligno, d'après Raphaël.
Très-belle épreuve avec le cachet à deux têtes.

DESNOYERS (Louis-Auguste-Boucher) baron

673 — Sainte Catherine d'Alexandrie, d'après Raphaël.
Très-belle épreuve avant la lettre (lettres tracées). Elle a toute sa marge.

674 — Sainte Catherine d'Alexandrie, d'après Raphaël.
Très-belle épreuve sur papier de Chine.

675 — Les Muses et les Piérides, d'après Perino del Vaga.
Superbe épreuve avant la lettre (lettres tracées). Elle a toute sa marge et est sur papier de Chine.

676 — Les Muses et les Piérides, d'après Perino del Vaga.
Très-belle épreuve.

677 — Phèdre et Hippolyte, d'après Guérin.
Très-belle épreuve avant la lettre (lettres tracées). Elle a toute sa marge.

678 — Bélisaire, d'après Gérard.
Très-belle épreuve avec le cachet à deux têtes; elle a toute sa marge.

679 — La même estampe.
Très-belle épreuve.

680 — Portrait de Napoléon, en manteau impérial. d'après F. Gérard.
Très-belle épreuve avec l'aigle.

681 — Charles-Maurice de Talleyrand-Périgord, d'après F. Gérard.
Très-belle épreuve.

DE SON (N.)

682 — L'excelent Frontispice de l'église de l'abaye de Sainct-Nicaise de Rheims.
Superbe épreuve, avant l'adresse.

683 — Le somptueux Frontispice de l'église Notre-Dame de Rheims.
Superbe épreuve, avant l'adresse.

DIEPENBEKE (A.)

684 — L'Anier.
Très-belle épreuve de la seule eau-forte du maître.

DIETRICH (Ch.-W.-Er.)

685 — Paysage dans le goût de Salvator Rosa.
Très-belle épreuve avant le numéro; elle a toute sa marge.

686 — La Cascade, ou vue du Temple de la Sibylle, à Tivoli.
Superbe épreuve avant la retouche et le numéro.

687 — Paysage orné de ruines; un troupeau de bestiaux le traverse.
Très-belle épreuve.

DIEN (O.-M.-F.)

688 — La Vierge au linge, d'après Raphaël.
Très-belle épreuve avant toutes lettres.

689 — Le Mariage de la Vierge, d'après Raphaël.
Superbe épreuve avant toutes lettres.

690 — La sainte Famille, d'après Raphaël.
Superbe épreuve avant toutes lettres, sur papier de Chine.

691 — La même estampe.
Très-belle épreuve avec le nom du graveur à la pointe.

692 — La Vierge au poisson; d'après Raphaël.
Très-belle épreuve avant toutes lettres.

693 — Portrait de M. Gatteaux, graveur de médailles, d'après Ingres.
Très-belle épreuve sur papier de Chine.

694 — Portrait de Michel-Ange.
Superbe épreuve d'artiste, sur papier de Chine.

DOBSON (W.)

695 — Son Portrait gravé à l'eau-forte.
Superbe épreuve. Rare.

DOLENDO (B.), 1600

696 — Pyrame et Thisbé. Pièce gravée dans le goût de Lucas de Leyde.
Très-belle épreuve.

697 — La même estampe.
Belle épreuve.

698 — La Paysanne, qui avait insulté le poëte Virgile, est punie de son indiscrétion.
Belle épreuve.

DOLENDO (Z.)

699 — Saint Jean prêchant.
Bonne épreuve.

DOO (G.-J.)

700 — Ecce Homo, d'après le Corrège.
Très-belle épreuve d'artiste avant toutes lettres. Seulement les noms d'auteurs tracés à la pointe. Elle est sur papier de Chine.

DREVET (Claude)

701 — Vintimille (Charles-Gaspard-Guillaume de), archevêque de Paris, d'après Rigaud (16).
Superbe épreuve du 1er état, avant les tailles faites à la bordure gauche, près du milieu des cordons à glands.

DREVET (Ceaude)

702 — Berdin (Pierre-Vincent), trésorier général de la chancellerie, d'après Rigaud (20).
Très-belle épreuve.

DREVET (Pierre)

703 — Beauveau (René de), archevêque de Narbonne, d'après Rigaud (18).
Superbe épreuve.

704 — Bethune (Hippolitus de), d'après Rigaud (22).
Très-belle épreuve.

705 — Boileau Despréaux, tenant une plume d'après Rigaud (26).
Très-belle épreuve.

706 — Condé (Louis de Bourbon, prince de), d'après Gobert (41).
Très-belle épreuve.

707 Conti (François-Louis de Bourbon, prince de), d'après Rigaud.
Très-belle épreuve.

708 — Dangeau (Philippe de Courcillon, marquis de), d'après Rigaud (45).
Épreuve avant la lettre.

709 — Desjardins (Marianne-Marie-Cadesne, femme de d'après Rigaud (48).
Trè-belle épreuve avant toutes lettres.

710 — Le même portrait.
Très belle épreuve avec la lettre.

711 — Dombes (Louis-Auguste, prince de), d'après de Troy (49).
Très-belle épreuve.

712 — Philippe V, roi d'Espagne, d'après Rigaud (51).
Superbe épreuve.

DREVET (Pierre)

713 — La même estampe.
Superbe épreuve.

714 — Fleury (André-Hercule de), cardinal, d'après
Rigaud (56).
Très-belle épreuve.

715 — Forest (Jean), peintre, d'après Largillière (57).
Superbe et rare épreuve avant toutes lettres ; elle a de la
marge.

716 — Le même portrait.
Superbe épreuve du même état que le précédent.

717 — Louis XIV, roi de France, représenté debout en
manteau royal, d'après Rigaud (60).
Magnifique épreuve du premier état, avant que la boucle de cheveux touchant le sourcil de l'œil gauche ait été supprimée, avant
l'augmentation du mollet de la jambe droite et avant beaucoup de
travaux ; elle a de la marge.
Très-rare.

718 — La même estampe.
Très-belle épreuve.

719 — La même estampe.
Superbe épreuve avec de la marge.

720 — Louis, dauphin de France, d'après Rigaud (62).
Très-belle épreuve.

721 — Girardon (François), sculpteur, d'ap. Vivien (65).
Très-belle épreuve.

722 — Guldenleu (Christian de), comte de Samsoye,
d'après Rigaud (67).
Très-belle épreuve.

723 — Hideux (Louis), curé de Saint-Innocent, d'après
Delescrenière (69). — Paillot (Pierre), historiographe,
d'après Revel (95). Deux pièces.
Belles épreuves.

DREVET (Pierre)

724 — Issaly (Jean), conseiller et secrétaire du roi, d'ap. Largillière (70). — Ville (Messire Arnold de), d'après Santerre (116). Deux pièces.
Très-belles éprerves.

726 — Lambert (Messire Nicolas), d'après Largillière (74).
Superbe épreuve ; elle a de la marge.

727 — Mitantier (J.-M.), d'après Largillière (88).
Très-belle épreuve.

728 — Nemours (Marie, duchesse dé), d'ap. Rigaud (91).
Belle épreuve.

729 — Rigaud (Hyacinthe), tenant un porte-crayon, d'après lui-même (102).
Superbe épreuve du 2ᵉ état, avant la lettre.

730 — Le même portrait.
Superbe épreuve du 2ᵉ état, avant la lettre.

731 — Serre (Maria), mère de H. Rigaud (104).
Très-belle épreuve.

732 — Le même portrait.
Très-belle épreuve.

733 — Titon (Maximilien), d'après Rigaud (109).
Très-belle épreuve.

734 — Toulouse (Louis-Alexandre de Bourbon, comte de), tenant un bâton de commandement, d'après Rigaud (110).
Très-belle épreuve.

735 — Le même personnage, en cuirasse, le bras étendu et la main nue, d'après Rigaud (111).
Très-belle épreuve.

736 — Louis-Hector, duc de Villars, maréchal de France, d'après Rigaud.
Magnifique épreuve du 1ᵉʳ état, avec neuf lignes de titre.

DREVET (Pierre)

737 — Le même portrait.
Très-belle épreuve.

738 Vrillière (Lud. Phelipeaux de la), d'après Gobert (117).
Très-belle épreuve.

739 — Wurtemberg (Christine-Caroline, margrave de Brandebourg, duchesse de).
Très-belle épreuve.

DREVET (P.-Im.)

740 — Adam et Ève chassés du Paradis. — Le Sacrifice d'Abraham. Deux pièces, d'après Coypel.
Très-belles épreuves.

741 — Bernard Samuel, d'après Rigaud (18).
Très-belle épreuve du 1er état, avant les mots : Conseiller d'État.

742 — La même estampe.
Épreuve du 2e état.

743 — Bossuet (Jacques-Benigne), évêque de Meaux, en pied, d'après Rigaud (19).
Superbe épreuve avant les points.

744 — Le même portrait.
Très-belle épreuve du même état.

745 — Cisternay du Fay (Charles-Jérôme de), capitaine aux gardes françaises, d'après Rigaud (21).
Superbe épreuve avant toutes lettres. Rare.

746 — Le même portrait.
Très-belle épreuve.

747 — Colte (Robert de), d'après Rigaud (23).
Superbe épreuve, avec le mot architecte.

748 — Dubois (Guillaume), cardinal-archevêque, d'après Rigaud (26).
Superbe épreuve; elle a de la marge.

DREVET (P.-Im.)

749 — Lecouvreur (Adrienne), dans le rôle de Cornélie, d'après Coypel (31).
Très-belle épreuve avec de la marge.

750 — Le même portrait.
Très-belle épreuve.

751 — Lillienstedt (Johann-Paul de), d'après Schild (32).
Très-belle épreuve.

752 — Loo (le père Arnould de), d'après Jouvenet (33).
Très-belle épreuve avec de la marge.

753 — Neuville de Villeroy (François de), archevêque de Lyon, d'après Santerre (36).
Très-belle épreuve.

755 — Rohan (Armand-Gaston de), cardinal, d'après Rigaud (41).
Très-belle épreuve du 1er état, avant le collier de la croix du Saint-Esprit; elle a de la marge.

756 — Tressan (M. de), archevêque de Rouen (L. B. 44). La même composition gravée en plus petit (45). Deux pièces.
Très-belles épreuves.

DROUAIS (D'après)

757 — Les Enfants du roi de Sardaigne, par Melini.
Très-belle épreuve.

DUCERCEAU (J.-A.)

758 — Pièce détachée de l'histoire de Psyché.
Très-belle épreuve.

DUCQ (JEAN LE)

759 — Différents chiens. Suite de huit estampes (B. 1, 8).
Superbes épreuves. Extrémement rares.

760 — Trois pièces de la suite précédente (B. 3, 5 et 6).
Superbes épreuves.

761 — La Chienne allaitant son petit. Pièce inconnue à Bartsch (W. 11).
Superbe épreuve.

762 — La même estampe.
Très-belle épreuve.

DUFLOS (CL.)

763 — Portrait de Marie-Antoinette, en pied et en grand costume, d'après Touzé.
Très-belle épreuve avant la lettre.

DUJARDIN (KAREL)

764 — Frontispice de son œuvre (B. 1).
Superbe épreuve d'un 1er état non décrit, avant grand nombre de travaux dans le bas du sujet.

765 — La même estampe.
Très-belle épreuve avant le numéro.

766 — Les Mulets (B. 2).
Très-belle épreuve du 1er état, avant le numéro.

767 — La même estampe.
Très-belle épreuve du même état que la précédente.

768 — La Vache et le Veau (B. 3).
Superbe épreuve du 1er état, avant le numéro.

769 — La même estampe.
Très-belle épreuve du même état que la précédente.

770 — La même estampe.
Très-belle épreuve avant le numéro.

DUJARDIN (Karel)

771 — Les deux Chevaux (B. 4).
Superbe épreuve du 1er état avant le numéro.

772 — La même estampe.
Très-belle épreuve du 1er état; elle a une petite marge.

773 — Les Chiens (B. 5).
Superbe épreuve du tout premier état, non décrit, avant le numéro et avant que la morsure de l'étau, près de la calebasse, ait été effacé; le trait carré n'est pas raccordé.

774 — La Chèvre et les deux Moutons (B. 7).
Très-belle épreuve du 1er état, avant le numéro.

775 — Les trois Cochons couchés devant l'étable (B. 8).
Superbe épreuve du 1er état, avant le numéro.

776 — La même estampe.
Très-belle épreuve du 1er état, avant le numéro.

777 — Le Bourg à la montagne (B. 9).
Très-belle épreuve du 1er état, avant le numéro.

778 — Les deux Hommes et la Pierre dans l'eau (B. 10).
Très-belle épreuve du 1er état, avant le numéro.

779 — L'Homme qui se chausse (B. 11).
Très-belle épreuve du 1er état, avant le numéro.

780 — Le Temple en ruines (B. 12).
Superbe épreuve du 1er état, avant le numéro.

781 — La même estampe.
Très-belle épreuve du 1er état.

782 — Les trois Cochons près de la haie (B. 16).
Très-belle épreuve du 1er état, avant le numéro.

783 — La Paysanne dans l'eau (B. 27).
Très-belle épreuve du 1er état, avant le numéro.

784 — Le Mulet aux clochettes (B. 29).
Très-belle épreuve du 1er état, avant le numéro.

785 — Le Bœuf debout et le Veau couché (B. 30).
Superbe épreuve du 1er état, avant le numéro.

DUJARDIN (Karel)

786 — Le Troupeau de moutons et de chèvres (B. 33).
Très-belle épreuve avant le numéro.

787 — Le Savoyard (B. 51).
Très-belle épreuve du 1er état, avant le numéro.

788 — Portrait de Vos, poëte hollandais (B. 52).
Superbe épreuve.

789 — Frontispice (B. 1). — Les Mulets (B. 2). — La Vache et le Veau (3). — Les quatre Moutons (14). — Le Bœuf debout et le Veau couché (30). — Les Arbres à racine découverte (17). — L'Homme accompagné de son chien (21). Sept pièces.
Belles épreuves avec les numéros.

790 — Les quatre Moutons (14). — La Bergère parlant à son chien (31). — L'Ane entre deux moutons (32). Trois pièces.
Très-belles épreuves.

DUPIN (P.)

791 — Le Passe-temps agréable. — La Jeunesse indifférente. Deux pièces, d'après la Hire.
Très-belles épreuves.

792 — Voltaire couronné par Mlle Clairon, d'après Desrais.
Très-belle épreuve.

DUPLESSIS

793 — Le Triomphe de Voltaire. Grande composition en largeur.
Belle épreuve.

DUPONT (Mr Henriquel)

794 — L'Entrée de Henri IV à Paris, d'après Gérard.
Très-belle épreuve avant toutes lettres, sur papier de Chine.

795 — La même estampe.
Très-belle épreuve avant la lettre.

796 — Lord Strafford, d'après Paul Delaroche.
Très-belle épreuve avant toutes lettres, sur papier de Chine; toute marge.

797 — La même estampe.
Très-belle épreuve.

798 — La Vierge et l'Enfant Jésus, d'après un dessin de Raphael.
Très-belle épreuve avant la lettre, sur papier de Chine; elle a toute sa marge.

799 — Le Christ descendu de la croix, d'après Paul Delaroche.
Superbe épreuve avant toutes lettres; seulement les noms d'auteurs tracés. Elle est en feuille et sur papier de Chine.

800 — Une Dame et sa fille, d'après Van Dyck.
Très-belle épreuve avant la lettre.

801 — La même estampe.
Très-belle épreuve.

802 — Portrait de Bertin, d'après Ingres.
Superbe épreuve avant toutes lettres; elle est signée du graveur.

803 — Portrait d'Alexandre Brongniart, directeur de la Manufacture royale de Sèvres.
Très-belle épreuve.

804 — Portrait de Mme Feuillet.
Très-belle épreuve sur papier de Chine.

805 — Portrait de Henri IV, jeune, en buste, d'après un dessin de la collection de M. Hennin.
Superbe épreuve avant toutes lettres et avant la bordure. Elle est sur papier de Chine.

DUPONT (Mr HENRIQUEL)

806 — Le même portrait.
Très-belle épreuve avant la lettre, sur papier de Chine.

807 — Hussein-Pacha, général en chef de l'armée du Danube, d'après Champmartin.
Très-belle épreuve.

808 — Portrait du marquis de Pastoret, d'après Paul Delaroche.
Très-belle épreuve avant la lettre, sur papier de Chine.

810 — Portrait de Louis-Philippe, en pied, d'après Gérard.
Très-belle épreuve avant toutes lettres, seulement le nom du graveur tracé à la pointe. Elle est sur papier de Chine et porte la signature du graveur.

811 — Le même portrait.
Très-belle épreuve avant la lettre, sur papier de Chine.

812 — Le même portrait.
Très-belle épreuve.

813 — Portrait de Molière, d'après Ingres.
Très-belle épreuve.

814 — Portraits de Montaigne, Coiny, graveur, plus les portraits du Poussin et de Chérubini gravés sur bois, d'après Ingres. Quatre pièces.
Très-belles épreuves.

815 — Portrait de Normand père, graveur.
Très-belle épreuve avant la lettre, sur papier de Chine.

816 — Portrait de A. Tardieu, graveur, d'après Ingres.
Belle épreuve.

817 — Portrait de Carle Vernet, d'après Paul Delaroche.
Belle épreuve.

DUPUIS (C.)

818 — La princesse Sobieski, d'après Trinisani.
Belle épreuve.

DURAND (A.-B.)

819 — Déclaration de l'Indépendance des États-Unis, d'après John Trumbull.
Très-belle épreuve.

DURER (ALBERT)

820 — Son portrait, gravé par Melchior Lorch (B. 10).
Superbe épreuve. Rare.

821 — Adam et Eve (B. 1).
Magnifique épreuve.

822 — La même estampe.
Très-belle épreuve.

823 — La Nativité (B. 2).
Très-belle épreuve.

824 — La Passion de Jésus-Christ (B. 18). Suite de seize estampes.
Superbes épreuves d'une même égalité de tirage. Elles ont une petite marge.

825 — La même suite.
Très-belles épreuves.

826 — Les n⁰ˢ 3, 6, 9, 10, 11, 17 de la suite précédente. Six pièces.
Très-belles épreuves.

827 — Jésus-Christ en prière au jardin des Oliviers (B. 19).
Très-belle épreuve tirée avant que la planche ait été endommagée par des taches de rouille.

828 — La même estampe.

829 — L'Homme de douleur aux bras étendus (B. 20).
Superbe épreuve.

830 — La Face de Jésus-Christ (B. 26).
Très-belle épreuve.

DURER (ALBERT)

831 — La même estampe.
Belle épreuve.

832 — L'Enfant prodigue (B. 28).
Très-belle épreuve.

833 — Sainte Anne et la jeune Vierge (B. 29).
Très-belle épreuve.

834 — La Vierge à la couronne d'étoiles et au sceptre
(B. 32).
Très-belle épreuve.

835 — La Vierge aux cheveux courts liés avec une ban-
delette (B. 33).
Très-belle épreuve; elle a une petite marge.

836 — La Vierge donnant le sein à l'Enfant Jésus (B. 36).
Très-belle épreuve.

837 — La même estampe.
Belle épreuve.

838 — La Vierge couronnée par un ange (B. 37).
Très-belle épreuve.

839 — La Vierge avec l'Enfant Jésus emmailloté (B. 38).
Très-belle épreuve.

840 — La Vierge assise au pied d'une muraille (B. 40).
Superbe épreuve.

841 — La même estampe.
Superbe épreuve portant au verso la signature de P. Mariette,
1661.

842 — La Vierge à la poire (B. 41).
Superbe épreuve.

843 — La même estampe.
Très-belle épreuve.

844 La sainte Famille au papillon (B. 44).
Superbe épreuve.

DURER (ALBERT)

845 — Saint Christophe (B. 52).
Très-belle épreuve.

846 — Saint Georges à pied (B. 53).
Superbe épreuve.

847 — Saint Sébastien (B. 56).
Très-belle épreuve.

848 — Saint Eustache ou saint Hubert (B. 57).
Superbe épreuve.

849 — La même estampe.
Très-belle épreuve.

850 — Saint Jérôme dans sa cellule (B. 60).
Très-belle épreuve.

851 — Saint Jérôme en pénitence (B. 61).
Superbe épreuve.

852 — La même estampe.
Très-belle épreuve.

853 — Sainte Geneviève (B. 63).
Superbe épreuve avec une petite marge.

854 — La Sorcière (B. 67).
Superbe épreuve.

855 — La même estampe.
Très-belle épreuve.

856 — La Famille du satyre (B. 69).
Superbe épreuve.

857 — La même estampe.
Très-belle épreuve.

858 — L'Enlèvement d'Amymone (B. 71).
Très-belle épreuve.

859 — L'Enlèvement d'Amymone (B. 71). — L'Effet de
la jalousie (B. 73). Deux pièces.
Belles épreuves.

DURER (ALBERT)

860 — L'Effet de la jalousie (B. 73).
Superbe épreuve.

861 — La même estampe.
Très-belle épreuve.

862 — La Mélancolie (B. 74).
Épreuve de la plus grande beauté, avec une belle marge.

863 — La Mélancolie (B. 74).
Superbe épreuve.

864 — La même estampe.
Très-belle épreuve.

865 — Le Groupe des quatre femmes nues (B. 75).
Superbe épreuve.

866 — La même estampe.
Très-belle épreuve.

867 — La grande Fortune (B. 77).
Superbe épreuve.

868 — La même estampe.
Superbe épreuve.

869 — La Justice (B. 79).
Très-belle épreuve.

870 — Le Groupe des quatre Femmes nues (B. 75). — Le Paysan de marché (B. 89). — Le Violent (B. 92).
Trois pièces.
Belles épreuves.

871 — La Dame à cheval (B. 82).
Très-belle épreuve.

872 — L'Hôtesse et le Cuisinier (B. 84).
Très-belle épreuve. (Collection Arozarena.)

873 — L'Oriental et sa Femme (B. 85).
Très-belle épreuve.

DURER (ALBERT)

874 — La même estampe.
Belle épreuve.

873 — L'Assemblée des gens de guerre (B. 88).
Superbe épreuve.

876 — La même estampe.
Très-belle épreuve.

877 — La même estampe.
Belle épreuve.

878 — Le Paysan du marché (B. 89).
Superbe épreuve.

879 — La même estampe.
Belle épreuve.

880 — Le Branle (B. 90).
Très-belle épreuve. Rare à trouver belle.

881 — Les Offres d'amour (B. 93).
Très-belle épreuve.

882 — Le Pourceau monstrueux (B. 94).
Belle épreuve.

883 — Le grand Cheval (B. 97).
Superbe épreuve.

884 — La même estampe.
Très-belle épreuve.

885 — Le Cheval de la mort (B. 98).
Magnifique épreuve.

886 — La même estampe.
Bonne épreuve.

887 — Les Armoiries au coq (B. 100).
Superbe épreuve.

888 — La même estampe.
Très-belle épreuve.

DURER (ALBERT)

889 — Les Armoiries à la tête de mort (B. 101).
Superbe épreuve.

890 — La même estampe.
Très-belle épreuve.

891 — Albert de Mayence, vu de face (B. 102).
Belle épreuve avec le texte au verso. Rare.

892 — Philippe Mélanchton (B. 105).
Très-belle épreuve.

893 — Philippe Mélanchton (B. 105). — Frédéric, électeur de Saxe (B. 104). Deux pièces.
Belles épreuves.

894 — Bilibald Pirkheimer (B. 106).
Très-belle épreuve.

895 — Erasme, de Rotterdam (B. 107).
Très-belle épreuve.

896 — Son Œuvre, reproduit par la photographie, par
MM. Bisson frères, avec texte par M. E. Galichon.
Paris, Clement, 1861, 1 vol. in-fol. demi-rel. maro-
quin rouge.

PIÈCES GRAVÉES SUR BOIS

897 — Caïn tuant Abel (B. 1).
Superbe épreuve. Très-rare.

898 — Jésus-Christ célébrant la cène (B. 53).
Très-belle épreuve, plus la copie de la même estampe. Deux
pièces.

899 — Le Supplice des dix mille martyrs (B. 117).
Très-belle épreuve.

900 — Le Rhinocéros (B. 136).
Très-belle épreuve tirée en clair-obscur, très-rare.

901 — Dessin de broderie (B. 141).
Très-belle épreuve.

902 — Dessin de broderie. Estampe de forme ronde (B. 143).
Très-belle épreuve avant le monogramme du maître.

903 — La même estampe.
Très-belle épreuve avec le monogramme.

905 — Armoiries de Jean Stab ; les mêmes gravées une seconde fois. — Armoiries de Laurent Staiber (B. 165, 166, 169). Trois pièces.
Épreuves de l'édition de Vienne, 1781.

906 — Une Femme tenant les armoiries de Scheurl et de Tucher.
Superbe épreuve. Rare.

907 — Pièces tirées de la vie de la Vierge, de la grande Passion, de l'Apocalypse, etc. Vingt-quatre pièces.
Belles épreuves.

DURER (Attribué à)

908 — Adam et Eve. Eve donne une pomme à Adam de la main gauche, et de la droite en reçoit une du serpent ; ils sont de chaque côté de l'arbre de vie.
Très-belle épreuve d'une gravure sur bois.

DURER (ALBERT). D'après

909 — La sainte Trinité.
Très-belle épreuve.

DUVET (JEAN), surnommé le Maître à la Licorne

910 — Un Roi se sauvant avec sa suite, pour échapper à une licorne qui a déjà tué plusieurs personnes. (B. 40).
Très-belle épreuve.

911 — La même estampe.
Très-belle épreuve.

912 — Une Licorne conduite en triomphe par un roi et une reine (B. 41).
Très-belle épreuve.

913 — Poison et Contre-Poison (B. 44). Cette estampe est attribuée, pour le dessin, à Léonard de Vinci, et, pour la gravure, à Cesare da Sesto (Voir l'article de M. Galichon. *Gazette des Beaux-Arts*, t. XVIII, page 550.
Très-belle épreuve.

914 — La même estampe.
Très-belle épreuve.

915 — Le Jugement de Salomon. Composition tirée du tableau de Raphaël, représentant Elymas frappé de cécité. Estampe inconnue à Bartsch (Pass. 64). Cette estampe donnée par Passavant à J. Duvet, nous paraît plutôt être de l'École italienne.
Très-belle épreuve. Extrêmement rare.

DYCK (ANTOINE VAN)

916 — Le Christ au roseau.
Très-belle épreuve du 1er état, avant les mots *Et fecit aqua forti*, après le nom de Van-Dyck, et aussi avant le mot *Regis*, après ceux de *cum privilegia*.

917 — La même estampe.
Magnifique épreuve dont on ne peut constater l'état, étant rognée au trait carré.

DYCK (Antoine Van)

918 — Le Titien et sa maîtresse.
Très-belle épreuve avant les mots : *Titian inbentor cum privilegio Regis*, et avant l'adresse de *A. Bon-Enfant.*

919 — Breughel (Jean, dit de Velours) (1).
Superbe et très-rare épreuve du 3ᵉ état, avec les lettres G. H.

920 — Le même portrait.
Très-belle et ancienne épreuve.

921 — Breughel (Pierre) (2).
Très-belle et ancienne épreuve.

922 — Le même portrait.
Très-belle épreuve.

923 — Van Dyck (Antoine) (4).
Très-belle épreuve du 3ᵉ état.

924 — Franck (François) (6).
Très-belle épreuve du 3ᵉ état.

925 — Le même portrait.
Belle ancienne épreuve.

926 — Momper (Josse de) (8).
Très-belle épreuve.

927 — Oort ou Noort (Adam Van) (10).
Très-belle épreuve.

928 — Pontius ou Du Pont (Paul) (11).
Ancienne et belle épreuve.

929 — Snellinx (Jean) (12).
Ancienne et belle épreuve.

930 — Le même portrait.

931 — Snyders (François) (14).
Superbe épreuve de la planche terminée par J. Neefs ; avec les lettres G. H. Rare.

932 — Le même portrait.
Belle épreuve.

933 — Suttermans (Juste) (16).
Superbe et très-rare épreuve du 3ᵉ état, avec les lettres G. H.

DYCK (Antoine Van)

934 — Le même portrait.
Belle et ancienne épreuve.

935 — Vorsterman (Lucas) (18).
Superbe épreuve du 4ᵉ état, avec les lettres G. H. Rare.

936 — Vos (Guillaume de) (19).
Ancienne et belle épreuve.

937 — Vos (Paul de) (20).
Très-belle et rare épreuve du 2ᵉ état.

938 — Le même portrait.
Épreuve du 5ᵉ état.

PORTRAITS D'APRÈS VAN DYCK

GRAVÉS POUR L'ÉDITEUR MARTIN VANDEN ENDEN

BOLSWERT (S.)

940 — Barbe (Jean-Baptiste) (3).
Superbe épreuve du 1ᵉʳ état, avant le nom du graveur.

941 — Le même portrait.
Très-belle épreuve du 2ᵉ état.

943 — Pepyn (Martin) (6).
Superbe épreuve du 1ᵉʳ état, avant le nom du graveur.

944 — Urancx (Sébastien) (7).
Superbe épreuve du 1ᵉʳ état, avant le nom du graveur.

945 — Le même portrait.
Très-belle épreuve du 3ᵉ état, avec les lettres G H.

DELF (GUILLAUME)

946 — Mierevelt (Michel) (9).
Très-belle épreuve du 1ᵉʳ état.

GALLE (CORNEILLE), le vieux

947 — Wolfart (Artus) (10).
Belle et ancienne épreuve.

HONDIUS (G.)

948 — Hondius (Guillaume) (13).
Magnifique épreuve avant toutes lettres.

JODE (P. DE), dit le vieux

950 — Halmalius (Paul) (16).
Superbe épreuve du 1ᵉʳ état, avant le nom du graveur.

951 — Jordaens (J) (17).
Très-belle épreuve du 2ᵉ état.

953 — Nole (André Colyns de) (18).
Très-belle épreuve du 2ᵉ état.

954 — Le même portrait.
Superbe épreuve avec l'adresse de G. H.

955 — Pœlenburg (Corneille) (19).
Très-belle épreuve avec les lettres G. H.

956 — Culdenus (Diodore) (23).
Belle épreuve du 2ᵉ état.

957 — Le même portrait.
Belle et ancienne épreuve.

958 — Urphé (Geneviève d') (25).
Superbe épreuve du 1ᵉʳ état.

LAUWERS (NICOLAS)

959 — Blancatcio (frère Lelio) (26).
Très-belle épreuve du 1er état.

PONTIUS (PAUL)

960 — Balen (Henri Van) (27).
Belle et ancienne épreuve.

961 — Breuck (Jacques de) (29).
Superbe épreuve du 2e état.

962 — Callot (Jacques).
Ancienne épreuve.

964 — Frockas Perera et Pimentel (Don Emmanuel) (32).
Très-belle épreuve avec les lettres G. H.; elle a toute sa marge.

966 — Hugens (Chevalier Constantin) (38).
Très-belle épreuve du 1er état.

967 — Nassau (Jean, comte de) (41).
Belle épreuve du 2e état.

968 — Palamèdes (Palamedesz, Stevens) (42).
Superbe épreuve du 2e état.

969 — Le même portrait.
Très-belle épreuve du 2e état.

970 — Pontius (Paul) (43).
Très-belle épreuve du 3e état, avec les lettres G. H.

971 — Le même portrait.
Belle et ancienne épreuve.

972 — Ravesteyn (Jean Van) (44).
Très-belle épreuve du 3e état.

973 — Rubens (Pierre-Paul).
Très-belle épreuve du 4e état, avec les lettres G. H.; elle a toute
sa marge.

975 — Le même portrait.
Ancienne épreuve avec toute sa marge.

PONTIUS (Paul)

976 — Scaglia (Cesar-Alexandre) (47).
Superbe et très-rare épreuve du 1er état.

977 — Le même portrait.
Très-belle épreuve du 5e état, avec G. H.

978 — Seghers (Gérard) (49).
Superbe épreuve du 1er état, avant le nom du graveur.

979 — Steenwyck (Henri) (51).
Belle et ancienne épreuve.

980 — Vanloon (Théodore) (52).
Belle et ancienne épreuve.

981 — Marie de Médicis, reine de France (36).
Belle et ancienne épreuve.

STOCK (André)

982 — Sneyers (Pierre) (57).
Magnifique épreuve du 1er état, avant le nom du graveur ; elle a une belle marge.

983 — Le même portrait.
Très-belle épreuve.

VAN VOERST (Robert)

984 — Digbi (Sir Kenelme) (58).
Superbe épreuve du 1er état.

985 — Le même portrait.
Très-belle épreuve du même état que le précédent.

986 — Le même portrait.
Superbe épreuve avec l'adresse de G. H.

987 — Vœrst (Robert Van) (60).
Très-belle épreuve du 2e état.

VOSTERMAN (Lucas)

988 — Cachiopin (Jacques de) (62).
Ancienne épreuve.

990 — Cornelissen (Antoine) (65).
Belle épreuve.

992 — Dyck (Antoine Van) (67).
Superbe épreuve du 2ᵉ état; elle a toute sa marge.

993 — Dyck (Antoine Van) (67).
Belle et ancienne épreuve.

994 — Eynden (Hubert Van den) (68).
Superbe épreuve du 2ᵉ état.

995 — Gaston de France, duc d'Orléans (70).
Très-belle épreuve du 3ᵉ état, avec les lettres G. H.

996 — Gaston de France, duc d'Orléans (70).
Belle et ancienne épreuve.

999 — Sachtleven (Corneille) (78).
Superbe épreuve du 1ᵉʳ état, avant le nom du graveur.

1002 — Stevens (Pierre) (81).
Très-belle épreuve du 2ᵉ état.

1003 — Le même portrait.
Très-rare épreuve d'un état intermédiaire entre le 2ᵉ et 3ᵉ état,
avec deux lignes de titre seulement et l'adresse de Martin-Venden-
Enden.

1004 — Uden (Lucas Van) (82).
Très-belle épreuve du 2ᵉ état.

1006 — Vos (Corneille de) (83).
Très-belle épreuve du 2ᵉ état.

1007 — Seghers (Gérard) (84).
Très-belle épreuve.

1008 — Bolswert (Schelte), par A. Lommelin (104).
Très-belle épreuve du 2ᵉ état.

VOSTERMAN (Lucas)

1009 — Faille (Alexandre de la), par A. Lonimelin (104).
Très-belle épreuve.

1010 — Tassis (Antoine de), par J. Neeffs (105).
Belle et ancienne épreuve.

1011 — Rockox (Nicolas), par Pontius (105).
Très-belle épreuve du 4ᵉ état.

1012 — Wolfang (Guillaume), comte Palatin du Rhin (107).
Belle épreuve.

1013 — Bourbon (Antoine de), par P. de Baillu (109).
Très-belle épreuve du 1ᵉʳ état.

1015 — Ferdinand III, empereur, par C. Galle (110).
Très-belle épreuve du 1ᵉʳ état.

1017 — Taié (Engelbert), par C. Galle (112).
Très-belle épreuve du 1ᵉʳ état.

1021 — Opstal (Antoine Van), par un graveur anonyme
(116).
Magnifique épreuve du 1ᵉʳ état, avant la retouche et l'adresse.
Elle a toute sa marge.

1022 — Le même portrait.
Superbe épreuve du même état. Elle a toute sa marge.

1023 — Scribanius (Charles), par P. Clouet (117).
Très-belle épreuve.

1024 — Liberti (Henri), par P. de Jode (121).
Très-belle épreuve.

1025 — Charles-Louis, prince électeur, par Payne (123).
Superbe épreuve.

1026 — A. Percy, comte de Northumberland, par Payne.
Superbe et rare épreuve, non décrit par Weber.

1027 — Mansfeld (Ernest, prince et comte de), par R. Van
Voerst (126).
Très-belle épreuve.

VOSTERMAN (Lucas)

1028 — Chrétien, duc de Brunswick, par R. Van Voerst (126).
Superbe épreuve.

1029 — Chrétien, duc de Brunswick, par R. Van Voerst (126).
Très-belle épreuve.

1030 — Autriche (Ferdinand, archiduc d'), par P. de Jode.
Très-belle épreuve d'un portrait, non décrit par Weber.

1031 — Booys (Henri du), par C. Vischer.
Superbe épreuve du 1er état, avec l'adresse de Edwaert Du Booys.

1032 — Le même portrait.
Très-belle épreuve avec l'adresse de E. Cooper, qui a remplacé celle de Du Boys, et avec une ligne d'inscription indiquant où se trouve le tableau.

1033 — Sieveri (Hélène-Eléonore de), par C. Visscher.
Superbe épreuve du 1er état, avec l'adresse de Edwaert Du Booys.

1034 — Le même portrait.
Très-belle épreuve du 2e état; l'adresse a été remplacée par celle de Cooper. Dans le bas une ligne d'inscription indiquant où se trouve la peinture originale.

1035 — Charles Ier, roi d'Angleterre, par J. Meyssens.
Superbe épreuve.

1036 — Henriette-Marie de France, reine d'Angleterre, par Meyssens.
Ces deux portraits sont restés inconnus à Weber.

1037 — Charles-Louis, comte palatin du Rhin, par Hollar.
Très-belle épreuve.

1038 — Hertoge (Josse de), par J. Neeffs.
Très-belle épreuve.

1039 — Holland (Henry Rich, comte de), par P. Clouet.
Superbe et très-rare épreuve, avant toutes lettres.

VOSTERMAN (LUCAS)

1040 — Jacques, marquis d'Hamilton, par P. Liscbetius.
Très-belle épreuve, avec l'adresse de J. Meyssens.

1041 — Malderus (Jean), évêque d'Anvers, par A. Lommelin.
Superbe épreuve d'un portrait, non décrit par Weber.

1043 — Rubens (Pierre-Paul), par R. Gaywood.
Très-belle épreuve.

1044 — Stevens (Adrien).
Belle épreuve, non décrit par Weber.

1045 — Talbot (Alatée), comtesse d'Arundel, par Hollar.
Très-belle épreuve.

1046 — Vanden Wouwer (Jean), par Pontius.
Très-belle épreuve, inconnu à Weber.

1047 — Wake (Anna), par P. Clouet.
Superbe épreuve avant la lettre.

1048 — Le même portrait.
Superbe épreuve du même état.

1049 — Wael (Lucas et Corneille de), par Hollar.
Belle épreuve.

1050 — Ferdinand, archiduc d'Autriche, par P. de Jode.
Très-belle épreuve.

1051 — Iconographie des portraits de Van Dyck. 1 vol. in-fol. maroquin vert, renfermant 108 portraits par et d'après Van Dyck, et publié par Gillis Hendrix.

EARLOM (RICHARD)

1052 — Les Fleurs et les Fruits, d'après Van-Huysum.
Superbes épreuves avant la lettre. La seconde est avant les mots : Fari quæ sentiat, qui servent de devise au bas des armes. Rares.

EARLOM (RICHARD)

1053 — La même suite.
Très-belles épreuves avant la lettre et avec de grandes marges.

1054 — La même suite.
Très-belles épreuves avec la lettre.

1055 — Fruits dans un panier posé à terre, d'après Campidoglio.
Très-belle épreuve.

1056 — Le Marché aux poissons. — Le Marché au gibier. Deux pièces, d'après Snyders.
Très-belles épreuves avant la lettre.

1057 — Le Sommeil de Bacchus, d'après Luca Giordano.
Très-belle épreuve.

1058 — Révolution française, scène du 30 août 1793, d'après Zoffany.
Très-belle épreuve.

1059 — Tête de chien lévrier, d'après O Wick. — Tête de cheval, d'après Van Dyck. Deux pièces imprimées sur la même feuille.
Très-belles épreuves.

1060 — Lion attaquant un sanglier, d'après Snyders.
Très-belle épreuve avant la lettre.

1061 — Aremberg (Albert, comte d'), à cheval, d'après Van Dyck.
Très-belle épreuve avant la lettre.

1062 — Sir Thomas Chaloner, d'après Van Dyck.
Très-belle épreuve,

1063 — Le fils de Rubens avec sa nourrice, près d'une table garnie de fleurs et de fruits, d'après Rubens.
Très-belle épreuve avant la lettre.

EARLOM et GREEN

1064 — Intérieur de forge, d'après Wright. — L'Ecole hollandaise, d'après J. Steen. Deux pièces.
Très-belles épreuves.

EDELINCK (G.)

1065 — La sainte Famille, d'après Raphaël (R. D. 4).
Superbe épreuve avant les armes de l'abbé Colbert, qui ont été placées postérieurement au bas du milieu du sujet et qui ont été effacées dans les dernières épreuves.

1066 — La même estampe.
Très-belle épreuve du même état.

1067 — La même estampe.
Belle épreuve avec les armes effacées; plus le même sujet gravé par Frey. Deux pièces.

1068 — La Vierge et l'Enfant Jésus, d'après Jacques Stella (R. D. 6).
Superbe épreuve du 1er état, avant l'écusson d'armes.

1069 — La même estampe.
Très-belle épreuve du même état que la précédente.

1070 — Sainte Madeleine, d'après Ch. Le Brun (R. D. 32).
Très-belle épreuve avant la lettre.

1071 — Sainte Madeleine, d'après Charles Le Brun (32).
Très-belle épreuve.

1072 — La Famille de Darius aux pieds d'Alexandre, d'après Ch. Le Brun (R. D. 42).
Ancienne et très-belle épreuve avant les points et avec le nom de Goyton, légèrement tracé à la pointe.

1073 — La même estampe.
Très-belle épreuve.

EDELINCK (G.)

1074 — Le Combat de quatre cavaliers, d'après Léonard de Vinci (R. D. 44).

Superbe épreuve du 1er état, avant les mots : *L. D'la finese pin. G. Edelinck sc.*, écrits au milieu du bas de l'estampe. Très-rare.

1075 — La même estampe.

Très-belle contre-épreuve, de l'état précédent.

1076 — La même estampe.

Superbe épreuve du 2e état. avant les points sur la lame du sabre du second des cavaliers de gauche. Elle a de la marge.

1077 — Arnauld (Antoine), d'après Champaigne (R. D. 140). — Descartes (René), d'après Hals (R. D. (181). Deux pièces.

Très-belles épreuves.

1078 — Arnauld (Antoine) (140). — Nanteuil (Robert) (282). — Racine (Jean). — Seignelay (Jean-Baptiste Colbert, marquis de) (318). Quatre portraits.

Belles épreuves.

1079 — Bertin (Pierre-Vincent), trésorier des parties casuelles (R. D. 149).

Belle épreuve.

1080 — Bossuet (Jacques-Benigne), évêque de Meaux (156).

Très-belle épreuve du 1er état.

1081 — Bragance (Isabelle de), infante de Portugal (160).

Très-belle épreuve avec de la marge.

1082 — Le même portrait.

Très-belle épreuve.

1083 — Carcavy (Pierre de) (163). — Moreri (Louis) (280). — Pinette (Nicolas) (297). — Teissier (Eustache) (325). Quatre portraits.

Très-belles épreuves.

EDELINCK (G).

1084 — Champagne (Philippe de), peintre du roi et recteur de l'Académie royale de peinture (164).

Magnifique et très-rare épreuve du 1er état, avant le trait échappé. Collection Révil et Forster. Cette épreuve est la plus belle connue ; elle porte au verso la signature de Forster.

1085 — Le même portrait.

Superbe épreuve du 1er état.

1086 — Chauvin (Mme), sous la figure de sainte Elisabeth (167).

Très-belle épreuve.

1087 — Colbert (Jean-Baptiste), ministre d'État (R. D. 171).

Très-belle épreuve.

1088 — Colbert (Jean-Baptiste-Michel), archevêque de Toulouse.

Très-belle épreuve.

1089 — Collot (Philippe) (R. D. 173). — Du Vair (Guillaume) (194). — Grammont (Antoine, duc de) (220), Marca (P. de) (269). — La Quintinie (Jean de) (236). — Sainte Marthe (Scévole de) (309). Six portraits.

Très-belles épreuves.

1090 — Croissy (Charles-Colbert, marquis de) (175).

Très-belle épreuve.

1091 — De Blye (Jean-Baptiste), premier président au Parlement de Tournay (R. D. 179).

Très-belle épreuve.

1092 — Descartes (René), célèbre philosophe (R. D. 181).

Très-belle épreuve du 1er état.

1093 — D'Hozier (Charles), généalogiste du roi (184).

Très-belle épreuve ; elle a de la marge.

1094 — Dryden (John), poëte anglais, d'après Kneller (R. D. 187).

Superbe épreuve. Rare.

EDELINCK (G.)

1095 — Du Laury (Remi), prévôt de l'église Saint-Pierre, de Lille (R. D. 188).
Très-belle épreuve.

1096 — Du Metz (Gédéon Berbier), président à la Chambre des comptes de Paris (190).
Superbe et très-rare épreuve du 1er état, avant toutes lettres ; elle a une grande marge.

1097 — Epernon (Anne-Louise-Christine de Foix de La Valette d'), d'après Beaubrun.
Très-belle épreuve.

1098 — Ferdinand, prince-évêque de Paderborn et de Munster (R. D. 202).
Très-belle épreuve du 2e état.

1099 — Le même personnage (R. D. 203).
Très-belle épreuve.

1100 — Fontaine (Louise-Eugénie de), religieuse (208).— Anne-Louise de Crevant-d'Humières, abbesse de Mouchy, par P. Drevet. Deux pièces.
Très-belles épreuves.

1101 — Furetière (Antoine), menbre de l'Académie française (209).
Très-belle épreuve.

1102 — Gherardi (Evariste), comédien italien (214). — Savary (Mathieu), évêque de Séez, d'après Ferdinand (315). — Verien (Nicolas), graveur de devises et cachets (335). Trois pièces.
Belles épreuves.

1103 — Hameau (André,) conseiller-clerc au Parlement de Paris et curé de Saint-Paul (221).
Très-belle épreuve.

1104 — Huyghens (Chrétien), célèbre mathématicien (225).
Superbe épreuve.

EDELINCK (G.)

1105 — Huyghens (Chrétien), physicien et mathématicien célèbre (R. D. 225).

> Très-belle épreuve d'un état resté inconnu à R. Dumesnil, avec
> le nom du personnage dans la marge du bas, et l'adresse de Drevet
> dans le coin à gauche.

1106 — Kaunitz (Dominique, comte de) (228).

> Très-belle épreuve.

1107 — Keller (Jean-Jacques), commissaire ordinaire des
fontes de l'artillerie de France (R. D. 229).

> Très-belle épreuve du 2e état.

1108 — Le Brun (Charles), premier peintre du roi et graveur à l'eau-forte (238).

> Superbe épreuve.

1109 — Léonard (Frédéric), premier imprimeur du roi et
du clergé (242).

> Très-belle épreuve.

1110 — Le Tellier (Michel), chancelier de France, d'après
Vœt.

> Très-belle épreuve.

1111 — Lionne (Jules-Paul de), aumônier du roi, abbé
de Marmoutier (247).

> Très-belle épreuve du 2e état.

1112 — Louis XIV, roi de France, d'après J. de la Haye
(256).

> Très-belle épreuve.

1113 — Louis XIV, roi de France, grande estampe en
deux feuilles (dite Thèse de la paix), d'après Ch. Lebrun (R. D. 259).

> Très-belle épreuve.

1114 — Louis XIV, roi de France, vêtu à la Romaine,
grande estampe en deux feuilles, pour une Thèse
de philosophie, soutenue au collége d'Harcourt, le 13
septembre 1680 (R. D. 260).

> Superbe épreuve.

EDELINCK (G).

1115 — Lully (Jean-Baptiste), surintendant de la musique du roi (262).
Très-belle épreuve.

1116 — Mansart (Jules-Hardouin), surintendant des bâtiments du roi (268).
Très-belle épreuve du 2e état.

1117 — Mouton (Charles), musicien de Louis XIV (R. D. 281).
Superbe épreuve du 2e état.

1118 — Mouton (Charles), musicien de Louis XIV (281).
Très-belle épreuve du 2e état; elle a de la marge,

1119 — Noailles (Anne-Jules, duc de), maréchal de France (R. D. 284).
Très-belle épreuve du 1er état.

1120 — Perrault (Charles), contrôleur-général des bâtiments du roi et membre de l'Académie française (292).
Très-belle épreuve.

1121 — Pierre II, roi de Portugal (296). — Seignelay (Jean-Baptiste Colbert, marquis de) (318). — Saint-Remy (Pierre Surirey de) (310). — Plus le grand Condé, par Lubin. Quatre portraits.
Belles épreuves.

1122 — Poisson (Raimond), comédien (299).
Belle épreuve.

1123 — Silvestre (Israël), dessinateur du cabinet du roi et graveur à l'eau-forte, d'après C. Le Brun.
Belle épreuve.

1124 — Simon (Pierre), graveur au burin (R. D. 320).
Très-belle épreuve du 2e état.

1125 — Ulrique (Eléonore), reine de Suède (R. D. 331).
Très-belle épreuve.

EDELINCK (G.)

1126 — Vérieu (Nicolas), graveur de devises et cachets (335).
Superbe épreuve du 2ᵉ état

1127 — Villacerf (Edouard Colbert, marquis de), d'après Mignard.
Très-belle épreuve.

1128 — Villeroy (François de Neufville, duc de) maréchal de France (337).
Très-belle épreuve.

EDELINCK (N.)

1129 — Edelinck (Gérard), graveur ordinaire du roi, d'après Tortebat,
Très-belle épreuve.

1130 — Guilleaumont (François), tapissier de l'Université de Paris, d'après Vivien.
Très-belle épreuve.

1131 — Malebranche (Nicolas), d'après Santerre. — Baillet (Adrien). Deux portraits.
Belles épreuves.

EDELINCK (J.)

1132 — La Nativité de la Vierge.
Superbe épreuve avant toutes lettres.

EISEN (C.). D'après

1133 — Le Jour et la Nuit. Deux pièces faisant pendant gravées par Patas.
Très-belles épreuves.

ELSHEIMER (ADAM)

1134 — Nymphes et Satyres au milieu d'un paysage.
Pièce non décrite. De la plus grande rareté.
Très-belle épreuve.

ERTINGER (FRANÇOIS)

1136 — Jean-Ferdinand de Beughem, évêque d'Anvers.
Très-belle épreuve.

ESTÈVE (DON RAFAEL)

1137 — Le Frappement du rocher, d'après Murillo.
Superbe épreuve avant toutes lettres, sur papier de Chine ; seulement les noms d'artistes tracés.

EVERDINGEN (ALBERT VAN)

1138 — Les Fontaines d'eaux minérales. Suite de quatre estampes.
Très-belles épreuves.

1139 — La Nacelle (B. 88). Le Ruisseau traversant le bois (B. 101). Deux pièces.
Très-belles épreuves. Le dernier provient de la collection Esdaile.

1140 — Différents paysages (B. 1-2-8-20-56-79-86-87-93-101). etc.
Treize pièces.

FAITHORNE (W.)

1141 — Orinda, en buste, sur un piédestal, plus des portraits de Charles Ier, roi d'Angleterre, par différents graveurs. Quatre pièces.
Superbes épreuves.

1142 — J. de Castro, vice-roi de l'Inde.
Très-belle épreuve.

FALCK (JÉRÉMIAS)

1143 — L'Adoration des bergers, d'après Palma.
Superbe épreuve avant toutes lettres.

1144 — La même estampe.
Très-belle épreuve.

1145 — Jésus au jardin des Oliviers, d'après le Guide.
Très-belle épreuve.

1146 — Le Portement de croix, d'après A. Schiavone.
Très-belle épreuve avant toutes lettres.

1147 — La Prédication de saint Jean-Baptiste, d'après Abr. Bloemart.
Superbe épreuve. Rare.

1148 — La sainte Vierge avec l'Enfant Jésus et sainte Anne, d'après A. Vannucchi.
Superbe épreuve avant toutes lettres, avec une belle marge.

1149 — La même composition. Gravure plus petite.
Très-belle épreuve.

1150 — Sujet de l'Apocalypse, d'après Lys.
Très-belle épreuve avant toutes lettres.

1151 — La reine Sémiramis, d'après le Guerchin.
Superbe épreuve avant toutes lettres.

1152 — La même pièce.
Très-belle épreuve.

1153 — Les Forges de Vulcain, d'après Michel Ange de Caravage.
Très-belle épreuve.

1154 — Le Concert, d'après G. Barbarelli.
Très-belle épreuve avant toutes lettres.

1155 — Le Marchand de poissons, d'après Sandrart.
Très-belle épreuve. Rare.

1156 — Femme assise, représentant la Peinture, couronnée par l'Amour.
Suprbe épreuve avant toutes lettres.

FALCK (JÉRÉMIAS)

1157 — La même pièce.
Très-belle épreuve.

1158 — Les Chasseurs aux lièvres, d'après le Tintoret.
Belle épreuve.

1159 — La vieille Courtisane à sa toilette, d'après Lys.
Très-belle épreuve.

1160 — La Maison de filles; soldats et courtisanes, d'après Rubens.
Superbe épreuve avant toutes lettres.

1161 — Buste de jeune femme, couronnée de roses.
Belle épreuve.

1164 — Brahé (P.), comte de Wisingsborg.
Très-belle épreuve.

1165 — Charles Ferdinand, prince de Pologne, archevê-que.
Superbe épreuve.

1166 — Le même portrait.
Très-belle épreuve.

1167 — Charles Gustave, roi de Suède.
Très-belle épreuve.

1169 — Christine, reine de Suède, en Minerve.
Très-belle épreuve.

1171 — Frédéric, duc de Schleswig-Holstein.
Superbe épreuve. Collection Franck.

1172 — Louis de Geer, d'après Beck.
Très-belle épreuve.

1173 — Le même portrait.
Superbe épreuve.

1174 — Petrus Gembicki, évêque de Cracovie.
Superbe épreuve.

1178 — Mochingerus, peintre, d'après Ad. Boy.
Très-belle épreuve.

FALCK (Jérémias)

1179 — Opalinski (Lucas, comte), d'après Schultz.
Très-belle épreuve.

1180 — Oxenstiern (Gabriel B. F.), d'après D. Beck.
Très-belle épreuve.

1181 — Le même portrait.
Très-belle épreuve.

1182 — Jacob Stüve, sénateur en 1643, d'après A. Boy.
Superbe épreuve.

1183 — Joánnes-Tristanus.
Belle épreuve.

1185 — Wittenberg (Arfwed), comte de Neuburg, d'après D. Beck.
Superbe épreuve.

1186 — Le même portrait.
Superbe épreuve.

FAUCHERY (Augustin)

1186 *bis* — Le Vœu à la Madone, d'après Schnetz.
Teès-belle épreuve avant la lettre, sur papier de Chine.

FAUCHERY et PELE

1187 Valentine de Milan. — Charles VI. Deux pièces faisant pendant, d'après Richard.
Très-belles épreuves avant la lettre. La première est sur Chine.

1188 — La Joconde, d'après Léonard de Vinci.
Superbe épreuve avant toutes lettres. Seulement les noms d'auteurs. Elle est sur papier de Chine.

FELSING (J.)

1189 — Moïse exposé sur le Nil, d'après Kohler.
Très-belle épreuve.

FELSING (J.)

1190 — Le Sauveur du monde, d'après L. da Vinci.
Épreuve avant toutes lettres, sur papier de Chine. La main n'est pas terminée.

1191 — La sainte Famille, d'après Overbeck.
Très-belle épreuve.

FERRARI (M.)

1192 — Les Arabesques de Raphaël. Deux pièces en chromo-lithographie, publiées en 1860.

FERDINAND (L.)

1193 — Poussin (Nicolas), peintre.
Superbe épreuve avec de la marge.

FICQUET (Etienne)

194 — Ariosto (Lodovico), d'après Titien (F. 3).
Très-belle épreuve.

1195 — Le même portrait.
Belle épreuve.

1196 — Chennevières, inspecteur-général des hôpitaux (F. 31).
Très-belle épreuve du 3ᵉ état, avant les mots : page 214.

1197 — Corneille (Pierre) (F. 34).
Belle épreuve.

1198 — Crébillon (Prosper Jolyot de), d'après Aved (F. 37).
Très-belle épreuve.

1199 — Le même portrait.
Très-belle épreuve.

1200

FICQUET (ETIENNE)

1200 — Descartes (René), d'après Hals (F. 39).
Très-belle épreuve.

1201 — Le même portrait.
Belle épreuve.

1202 — Lafontaine (Jean de), de l'Académie française
(F. 61).
Très-belle épreuve avec la lettre, dite dans cet état, au ruisseau
blanc.

1203 — Le même portrait.
Très-belle épreuve du même état que le précédent.

1204 — Le même portrait.
Belle épreuve avec les contretailles sur le ruisseau.

1205 — Le même portrait, copié en contre-partie par un
anonyme. On a remplacé la fable du Loup et de
l'Agneau, par d'autres attributs.
Belle épreuve.

1206 — Le même personnage (F. 62). Portrait fait pour
illustrer les contes de Lafontaine, édition des fer-
miers généraux.
Superbe épreuve rare.

1207 — Le Vayer (F. de La Mothe) d'après Nanteuil (F. 84).
Très-belle épreuve.

1208 — Maintenon (Françoise d'Aubigné, marquise de),
d'après Rigaud (F. 93).
Très-belle épreuve.

1209 — Montaigne (Michel de) (F. 102).
Superbe épreuve avant le nom des artistes. Elle a de la marge.

1210 — Molière (J.-B. Poquelin de) (F. 101).
Très-belle épreuve.

1211 — Le même portrait.
Belle épreuve.

FICQUET (ETIENNE)

1212 — Regnard (Jean-François) (F. 122).
Magnifique épreuve du 3e état, avant les noms des artistes, Collection Capé.

1213 — Le même portrait.
Très-belle épreuve.

1214 — Rousseau (Jean-Baptiste) (F. 131).
Très-belle épreuve avec la lettre.

1215 — Rousseau (J.-J.) (F. 132).
Superbe épreuve avant les noms des artistes. Rare.

1216 — Le même portrait.
Très-belle épreuve.

1217 — Saugrain (Guillaume-Claude), libraire (F. 135)
Très-belle épreuve.

1218 — Voltaire (François-Marie-Arouet de) (F. 161).
Très-belle épreuve.

FINDEN (W.)

1219 — Portrait de Georges IV, roi d'Angleterre, d'après Lawrence.
Très-belle épreuve sur papier de Chine.

FLAMEN (ALBERT)

1220 — Livre d'oiseaux (R. D. 402, 413). Suite de douze estampes dont nous n'avons que six.

1221 — Première partie des Poissons de mer (R. D. 415-426).
Très-belles épreuves.

1222 — Seconde partie des Poissons de mer (R. D. 427-438). Suite de douze estampes.
Superbes et très-rares épreuves avant les numéros et avant l'adresse de Van Merlen, sur le premier morceau.

FLAMEN (Albert)

1223 — Seconde partie des Poissons d'eau douce (R. D.
463-474). Suite de douze estampes.
Très-belles épreuves.

1224 — La même suite.
Belles épreuves. Le titre manque.

1225 — Vues de divers paysages: alentour de Paris (R. D.
492-503). Suite de douze estampes dont nous n'avons
que six.
Très-belles épreuves.

1226 — Paysages des environs de Paris (R. D. 504-515).
Suite de douze pièces dont nous n'avons que dix,
plus trois pièces double. En tout treize pièces.
Très-belles épreuves, la plupart avant les numéros.

1227 — Différentes Vues (R. D. 520-523). Suite de quatre
estampes.
Très-belles épreuves du 3e état.

1228 — Vues et Paysages du château de Longuetoise et
des environs (R. D. 524-535). Suite de douze estampes dont nous n'avons que six.
Très-belles épreuves.

1229 — Cinq pièces de la même suite.

1230 — Poissons. Pièces détachées de différentes suites.
Dix pièces.
Belles épreuves.

1231 — Seize Vues et Paysages tirés de différentes suites.
Très-belles épreuves.

FLORIS (F.)

1232 — La Nativité.
Superbe épreuve. Très-rare.

FONTAINEBLEAU (ÉCOLE DE)

BARBIERI

1233 — Assemblée d'hommes et de femmes, d'après le
Primatice (B. 6).
Superbe épreuve.

DAVEN (Léo)

1234 — La sainte Vierge assise (B. 1).
Belle épreuve.

1235 — Alexandre domptant Bucéphale, d'après le Primatice (B. 12).
Très-belle épreuve.

1236 — Alexandre domptant Bucéphale, d'après le Pri
matice (B. 12).
Très-belle épreuve.

1237 — L'empereur Marc-Antoine offrant un Sacrifice
(B. 14).
Très-belle épreuve.

1238 — Europe aidée par les femmes de sa suite à orner
de fleurs le taureau, d'après le Primatice (B. 29).
Belle épreuve.

1239 — Jupiter changé en pluie d'or, visitant Danaë,
d'après le Primatice (B. 40).
Très-belle épreuve.

1240 — Adonis et ses chasseurs poursuivant un sanglier
qui traverse une rivière, d'après L. Penni (B. 48).
Très-belle épreuve.

DAVEN (Léo)

1241 — Un jeune Homme buvant de l'eau que lui présente une femme, d'après le Primatice (B. 61).
Très-belle épreuve.

1242 — La même estampe.
Belle épreuve

1243 — Des Hommes assemblés autour d'un chameau, d'après le Primatice (B. 63).
Très-belle épreuve.

1244 — La même estampe.
Très-belle épreuve.

1245 — Plusieurs hommes occupés à la pêche, d'après Primatice (B. 65).
Très-belle épreuve.

1246 — La même estampe.
Belle épreuve.

FANTUZZI (Antoine)

1247 — Hercule laboureur, d'après le Primatice (B. 15).
Belle épreuve.

1248 — Silène porté sur les bras de deux Bacchants, d'après maître Roux (B. 12).
Très-belle épreuve.

1249 — La même estampe.
Belle épreuve.

MAITRE ANONYME de l'École de Fontainebleau

1250 — Un Empereur romain haranguant ses soldats. (B. 39).
Très belle épreuve.

1251 — Sainte Famille, d'après le Parmesan.
Très-belle épreuve.

MAITRE ANONYME DE L'ÉCOLE DE FONTAINEBLEAU

1252 — Le Jugement de Pâris, d'après L. Penni (B. 72).
Très-belle épreuve.

1253 — Un jeune Homme buvant de l'eau que lui donne une femme d'après le Primatrice (B. 81).
Très-belle épreuve.

1254 — Un Malade couché sur le ventre, à qui l'on applique les ventouses (B. 87).
Belle épreuve.

FORSTER (Mr François)

1255 — La Vierge au bas-relief, d'après L. da Vinci.
Rare épreuve à l'eau-forte.

1256 — La même estampe.
Très-belle épreuve avec l'adresse de Pieri-Benard et avant les mots : appartenant à lord Manson. Elle a toute sa marge.

1257 — La Vierge à la légende, d'après Raphaël.
Très-belle épreuve avant toutes lettres et avant la bordure.

1258 — La même estampe.
Superbe épreuve avant la lettre, portant le n° 59 et la signature du graveur avec dédicace à A. Lefèvre. Elle est sur papier de Chine et a toute sa marge.

1259 — La même estampe.
Très-belle épreuve avant la lettre.

1261 — La Vierge de la maison d'Orléans, d'après Raphaël.
Superbe épreuve avant la lettre, sur papier de Chine.

1262 — La même estampe.
Belle épreuve.

1263 — Sainte Cécile, d'après Paul Delaroche.
Très-belle épreuve avant la lettre, sur papier de Chine.

1264 — Saint François d'Assise, d'après Lahire.
Très-belle épreuve avant toutes lettres, seulement es noms d'auteurs tracés à la pointe. Elle est sur papier de Chine.

FORSTER (Mr François)

1265. — François Ier et Charles V, visitant les tombeaux de Saint-Denis, d'après Gros.
Superbe épreuve avant toutes lettres, sur papier de Chine.

1266 — La même estampe.
Très-belle épreuve.

1267 — Les trois Grâces, d'après Raphaël.
Superbe épreuve avant la lettre, sur papier de Chine. Elle porte le n° 40.

1268 — La même estampe.
Très-belle épreuve.

1269 — Portrait de Albert Durer, d'après lui-même.
Très-belle épreuve avant toutes lettres. Dans la marge du bas, un croquis représentant un petit rocher. Rare.

1270 — La même estampe.
Très-belle épreuve.

1271 — Portrait du prince Albert.
Très-belle épreuve avant toutes lettres.

1272 — Portrait de Raphaël, d'après lui-même.
Superbe et très-rare épreuve avant toutes lettres et avant la bordure, sur papier de Chine non collé. On connait seulement trois épreuves de cet état.

1273 — Portrait de Raphaël, d'après lui-même.
Superbe épreuve avant la lettre, sur papier de Chine. Elle est en feuille.

1274 — Le même portrait.
Très-belle épreuve.

FORSTER et LEROUX

1275 — Uranie et Thalie. Deux pièces faisant pendant, d'après Raphaël.
Belles épreuves.

FORTIER

6.50 1276 — Forêt vierge du Brésil, d'après le comte de
Clarac.
Epreuve à l'état d'eau forte, plus une épreuve avec la lettre.
Deux pièces.

FRAGONARD (Honoré)

11.50 1277 — Les Traitants (P. de Beaudicourt 1).
Très-belle épreuve.

7.50 1278 — Le Parc (4). — Les deux Femmes à cheval (5).
Deux pièces.
Très-belles épreuves.

6.50 1279 — Les mêmes estampes, plus Agar consolée par un
ange (15). Trois pièces.
Très-belles épreuves.

2.50 1280 — Les deux Femmes à cheval (5).
Très-belle épreuve.

22 1281 — Les quatres Bacchanales. Suite de quatre estampes
(6. 9).
Très-belles épreuves.

4 1282 — La Circoncision, d'après Tintoret (11). — Les
Disciples d'Emmaüs (12). — Deux Prophètes (13). —
Un Ange tenant une palme et une couronne (14).
Suite de quatre estampes.
Très-belles épreuves.

3 1283 — Pièce emblématique, dite la Conception de la
sainte Vierge (16). — Les Disciples au tombeau (18).
Deux pièces.
Très-belles épreuves.

11 1284 — Saint Luc (20). — Saint Jérôme (21). — Les deux
Femmes sur les nues (22). — Guerrier devant un
tribunal (24). Quatre pièces.
Très-belles épreuves.

3 1284 bis

FRAGONARD (Honoré)

1285 — Saint Jérôme (21). — Antoine et Cléopâtre à table (23). Deux pièces.
Très-belles épreuves.

FRAGONARD (D'après)

1286 — Les Enfants du fermier, par Beauvarlet.
Superbe épreuve avant toutes lettres.

1287 — Le Vérou, par Blot.
Très-belle épreuve.

FRANCIA (J.)

1288 — L'Amour et Vénus tenant une équerre (B. t. XV p. 493, n° 6).
Très-belle épreuve.

1289 — La même estampe.
Belle épreuve.

FRANCK

1290 — Le Parmesan peignant.
Superbe épreuve avant toutes lettres, sur papier de Chine. Elle est signée du graveur.

FRANÇOIS (Alphonse)

1291 — Marie-Antoinette, d'après Paul Delaroche.
Très-belle épreuve.

1292 — Le général Bonaparte franchissant les Alpes, d'après P. Delaroche.
Superbe épreuve avant toutes lettres.

FRANÇOIS (ALPHONSE)

1293 — La même estampe.
Superbe épreuve avant la lettre, sur papier de Chine.

FRANÇOIS (JULES)

1294 — Hébé, d'après Ary Scheffer.
Très-belle épreuve avant la lettre, sur papier de Chine.

1295. — Pèlerins sur la place de Rome, d'après Paul Delaroche.
Très-belle épreuve avant la lettre.

FREY (JACQUES)

1296 — Clémentine, reine de la Grande-Bretagne.
Très-belle épreuve.

FRITZCH (J.-C.)

1297 — Charlotte, reine d'Angleterre, et Charlotte Auguste, princesse royale, sur la même feuille, d'après West.
Très-belle épreuve.

FRUYTIERS

1298 — Le chevalier de Pancey, gouverneur de la forteresse d'Austrawel.
Très-belle épreuve.

1299 — Godefroy Wendelini, révérend docteur.
Belle épreuve.

FYT (J.)

1300 — Deux Renards, vus de profil (B. 8).
Très-belle épreuve.

FIT (J.)

1301 — Les Chiens (B. 9-16). Suite de huit estampes.
Superbes dn 1er état, avec le nom du maître gravé à la pointe sur le premier morceau.

GAILLARD (R.)

1302 — Castanier (François), d'après Rigaud.
Très-belle épreuve.

GALERIE AGUADO

1303 — Vingt-trois pièces, d'après différents maîtres es-
pagnols, tirées de la galerie Aguado.
Très-belles épreuves. Plusieurs sont sur chine.

1304 — Quatre pièces de la même galerie.
Superbes épreuves avant la lettre, sur chine.

GALLE (C.)

1305 — La Peinture.
Très-belle épreuve.

1306 — Cl. François de la Tour, comte de Tassis, d'après
Vanden Horst.
Très-belle épreuve.

GANDOLFI

1307 — Judith tenant la tête d'Holopherne, d'après C. Al-
lori.
Très-belle épreuve avant la lettre. Lettres grises.

GANTREL (S.)

1308 — Barentin (Charles-Honoré), maître des requêtes, d'après Rigaud. — Colbert (André), évêque d'Auxerre, d'après Mignard. Deux portraits.
Très-belles épreuves.

1309 — Bruneau (Antoine), président à Mortier, au Parlement de Tournai, d'après La Dame.
Très-belle épreuve.

1310 — Colbert (André), docteur en Sorbonne, évêque d'Auxerre en 1677. Charmant petit portrait.
Très-belle épreuve.

GARAVAGLIA (G.)

1311 — Agar et Ismaël dans le désert, d'après le Baroche.
Belle épreuve.

1312 — Malaspina (le marquis de).
Superbe épreuve avant toutes lettres.

1313 — Simone Stratico.
Epreuve avant toutes lettres.

GARNIER (F.)

1314 — Orphée et Eurydice, d'après Drolling.
Très-belle épreuve.

GAUCHER

1315 — Portrait de Corneille, d'après Ch. Le Brun.
Très-belle épreuve.

GAULTIER (L.)

1316 — Amyot (J.), évêque d'Auxerre.
Superbe épreuve. Elle a de la marge.

1317 — Ayraluis (Petrus).
Superbe épreuve.

1318 — Bourbon (Charles de), comte de Soissons.
Belle épreuve.

1319 — Brulart (Nicolas), chevalier, seigneur de Sillery.
Très-belle épreuve.

1320 — Brulart de Sillery, chancelier de France.
Très-belle épreuve.

1321 — Gamache (Philippe), professeur à l'Université de Paris.
Très-belle épreuve.

1322 — Gondy (Henri de), évêque de Paris.
Très-belle épreuve

1323 — Henri III, roi de France et de Pologne.
Superbe épreuve.

1324 — Nicolas Lefèvre, précepteur de Louis XIII.
Très-belle épreuve.

1325 — Pasquier (Étienne).
Très-belle épreuve.

1326 — Portrait de saint Thomas d'Aquin.
Très-belle épreuve.

1327 — Tableau industriel de toute la philosophie morale.
Grande pièce allégorique au milieu de laquelle se trouve le portrait d'Anne d'Autriche jeune, en grand costume, avec la couronne et le manteau royal.
Très-belle épreuve.

GAUTIER D'AGOTY (graveur en couleur)

1328 — Joseph et la femme de Putiphar. En largeur.
Très-belle épreuve.

1329 — Suzanne entrant au bain. Grande composition en hauteur.
Superbe épreuve.

1330 — David apercevant de sa fenêtre Bethsabée au bain. Grande composition en hauteur.
Superbe épreuve.

1331 — Conspiration de Catilina, d'après Salvator Rosa.
Très-belle épreuve imprimée en couleur, plus une épreuve imprimée en noir. 2 pièces.

1332 — Pêches.
Belle épreuve.

GAYWOOD (R.)

1333 — Vénus couchée, d'après Titien.
Très-belle épreuve.

GELÉE Claude, dit le Lorrain)

1334 — La Fuite en Egypte (R. D. 1).
Très-belle épreuve.

1335 — La même estampe.
Très-belle épreuve.

1336 — La Tempête (R. D. 5).
Superbe épreuve du 2e état, avant le trait carré. On y voit l'homme amarrant le canot. Très-rare.

1337 — La même estampe.
Très-belle épreuve avec de la marge.

1338 — La Danse au bord de l'eau (R. D. 6).
Très-belle épreuve du 1er état, avant le numéro et avant le nom du maître. Très-rare.

GELÉE (Claude), dit le Lorrain

— 1339 — La même estampe.
Très-belle épreuve.

1340 — Le Naufrage (R. D. 7).
Belle épreuve.

1341 — Le Bouvier (R. D. 8).
Belle épreuve.

1342 — Le Dessinateur (R. D. 9).
Très-belle épreuve.

1343 — Le Port de mer à la grosse tour (R. D. 13).
Superbe épreuve.

1344 — Le Pont de bois (R. D. 14).
Très-belle épreuve.

1345 — La même estampe.
Très-belle épreuve.

1346 — Le Départ pour les champs (R. D. 16).
Superbe épreuve du 2ᵉ état.

1347 — La même estampe.
Très-belle épreuve du même état.

1348 — Mercure et Argus (R. D. 17).
Très-belle épreuve du 1ᵉʳ état.

**1349 — Le Troupeau en marche par un temps orageux
(R. D. 18).**
Superbe épreuve du 1ᵉʳ état. Très-rare.

1350 — La même estampe.
Très-belle épreuve du même état. Très-rare.

1351 — Le Chevrier (R. D. 19).
Belle épreuve.

1352 — Le Temps, Apollon et les Saisons (R. D. 20).
Belle épreuve.

1353 — Berger et Bergère conversant (R. D. 21).
Magnifique épreuve du 1ᵉʳ état. Rare.

GELÉE (Claude), dit le Lorrain

1354 — La même estampe.
Superbe épreuve du 2e état. Elle a de la marge.

1355 — L'Enlèvement d'Europe (R. D. 22).
Magnifique épreuve du 1er état. Elle a de la marge.

1356 — La même estampe.
Très-belle épreuve même état.

1357 — Le Campo-Vaccino (R. D. 23).
Magnifique épreuve du 2e état, avant que l'inscriptiou : *Clodius. C. in et f. homae*, 1639, etc,, gravée à l'eau forte dans le bas de la marge à droite, ait été effacée et avant le monograme du maître au coin à gauche. De la plus grande rareté. R. D. indique le 1er état unique.

1358 — La même estampe.
Magnifique épreuve du 4e état, avant la lettre. Collection W. Esdaille.

1359 — La même estampe.
Superbe épreuve du même état que la précédente.

1360 — Étude d'une scène de brigands (R. D. 39).
Très-belle épreuve.

1361 — Les deux Paysages (R. D. 40).
Très-belles épreuves avec de nombreux essais d'eau-forte. Rare.

1362 — La même estampe.
Belle épreuve. Les deux paysages ont été séparés.

GELÉE (François-Antoine)

1362 bis — La Vengeance poursuivant le Crime, d'après Prud'hon.
Très-belle épreuve avant la lettre.

GENOELS (A.)

1363 — Le Pays stérile (B. 33).
Superbe épreuve du 1er état, avant le nom et avec des retouches au pinceau, de la main du maître.

GEOFFROY (Ch.)

1364 — Le Parnasse, d'après la fresque de Raphaël au Vatican.
>Très-belle épreuve avant la lettre, sur papier de Chine.

1365 — Médée, d'après Delacroix.
>Très-belle épreuve avant la lettre, sur papier de Chine.

1366 — Le Concert chinois.
>Très-belle épreuve avant la lettre, sur papier de Chine.

GHEYN (J. de)

1368 — Les Hallebardiers, d'après Goltzius. Suite de douze pièces. Une est double et une manque pour que la suite soit complète.
>Très-belles épreuves.

1369 — Mascarades et figures grotesques. Suite de dix pièces.
>Superbes épreuves.

1380 — La même suite.
>Très-belles épreuves.

1381 — Saint Paul foudroyé sur le chemin de Damas, d'après K. Van Mander.
>Superbe épreuve.

1382 — Le Gouvernement d'un roi sage, d'après K. Van Mander.
>Très-belle épreuve.

1383 — Bourbon (Henri II de), prince de Condé, premier prince du sang. Charmant petit portrait. Le personnage est âgé de seize ans.
>Très-beau et très-rare.

GHISI (Adam)

1384 — Combat d'un lion et d'un cheval, d'après Jules
Romain (B. 107).
Très-belle épreuve.

GHISI (Georges)

1385 — La sainte Vierge saluant sainte Élisabeth, a qui
elle vient rendre visite, d'après F. Salvati (B. 1).
Superbe épreuve.

1386 — La même estampe.
Très-belle épreuve.

1387 — Le Jugement universel, d'après Michel-Ange.
Grande estampe composée de onze morceaux (B. 25).
Très-belle épreuve.

1388 — La Victoire (B. 34
Belle épreuve.

1389 — Cupidon couché sur un lit, près de Psyché couronnée comme lui, par une des heures qui est debout sur le lit à gauche de l'estampe (B. 45).
Très-belle épreuve.

1390 — Les Plafonds ovales, peints par le Primatice.
Suite de quatre estampes (B. 48, 51).
Très-belles épreuves.

1391 — Un Cimetière (B. 69).
Superbe épreuve. Collection du comte de Fries. Elle porte au
verso la signature de P. Mariotte, 1668.

1392 — Portrait de Michel-Ange Buonarotti, en buste
(B. 71).
Très-belle épreuve.

1393 — La même estampe.
Très-belle épreuve.

GHISI (J.-B.)

1394 — Un Amour jouant du clavecin (B. 10).
Très-belle épreuve.

GHISI (DIANE)

1395 — Horatius Coclès se sauvant à la nage, d'après
J. Romain (B. 14).
Très-belle épreuve.

GIBBON

1396 — Les deux Chiens, d'après Landseer.
Très-belle épreuve, sur chiné.

GILLOT (CLAUDE)

1397 — La Naissance. — L'Éducation. — Le Mariage et les
Obsèques du Satyre. Suite de quatre estampes.
Superbes épreuves. Elles ont de belles marges.

1398 — La même suite.

1399 — Fête de Faune. — Fête de Diane. — Fête du dieu
Pan. — Fête de Bacchus. Suite de quatre estampes.
Très-belles épreuves avec toute leur marge.

1400 — La même suite.
Très-belles épreuves.

1401 — Arabesques. Suite de cinq pièces.
Très-belles épreuves.

1402 — Réunion de diables et de sorciers. Deux pièces.
Très-belles épreuves.

GÉRARD (H.)

1403 — Le Bouquet inattendu, d'après Mlle Gérard.
Très-belle épreuve.

GIRARD (F.)

1404 — Louis Philippe, roi des Français, d'apres Hersent.
Très-belle épreuve.

1405 — Portrait de Mlle Sontag, d'après Paul Delaroche.
Très-belle épreuve sur papier de Chine.

GIRARDET (A.)

1406 — La Transfiguration, d'après Raphaël.
Très-belle épreuve avant toutes lettres ; seulement les noms d'auteurs à la pointe.

1407 — Louis XIV et Molière, d'après Jerôme.
Très-belle épreuve avant la lettre, sur papier de Chine, avec toute sa marge.

GLOCKENTON (A.)

1408 — La Flagellation (B. 7).
Superbe épreuve.

1409 — Le Portement de croix, d'après Martin Schongaeur (B. 15).
Très-belle épreuve d'une estampe rare.

1410 — La seconde des Vierges sages (B. 19).
Très-belle épreuve.

1411 — Les Armoiries de l'évêché de Wurzbourg. Pièce non décrite par Bartsch (Pass. t. III. p. 128, n° 31).
Superbe épreuve.

GODEFROY

1412. — Bataille d'Austerlitz, d'après F. Gérard.
Très-belle épreuve sur papier de Chine.

GOLE (J.)

1413 — Baumele Blanc (Louise-Françoise de la), duchesse de La Vallière, d'après Ploats.
Très-belle épreuve.

1414 — Le même portrait.
Très-belle épreuve.

GOLTZIUS (H.)

1415 — Les Chefs-d'œuvre de Henri Goltzius. Suite de six estampes (B. 15, 20).
Très-belles épreuves avec les numéros.

1416 — La sainte Vierge et saint Joseph montrant aux bergers, Jésus qui vient de naître (B. 21).
Très-belle épreuve.

1417 — Le Massacre des innocents (B. 23).
Très-belle épreuve.

1418 — Sainte Famille (B. 24).
Très-belle épreuve.

1419 — La Passion de Jésus-Christ. Suite de douze estampes. (B. 27-38.)
Superbes épreuves. Collection Thorel.

1420 — La Vierge pleurant sur le corps mort de Jésus-Christ, qui est étendu sur ses genoux, d'après A. Durer (B. 41).
Superbe épreuve.

1421 — La même estampe.
Très-belle épreuve

GOLTZIUS (H.)

1422 — Saint Antoine (B. 59).
Belle épreuve.

1423 — Une Dame noble se faisant dire la bonne aventure.
— Deux Nymphes, par Saenredam (B. 62). Deux
pièces.
Belles épreuves.

1424 — Les Romains illustres par leur valeur. Suite de
dix estampes, dont nous n'avons que sept (B. 94-103).
Très-belles épreuves.

1425 — La Nécessité, l'Avarice et la Prodigalité. Pièce
emblématique (B. 109).
Très-belle épreuve.

1426 — Un Porte-Enseigne tenant le drapeau de son ré-
giment (B. 125).
Superbe épreuve.

1427 — La même estampe.
Très-belle épreuve.

1428 — Un Capitaine d'infanterie marchant avec une
hallebarde à la main (B. 126).
Très-belle épreuve.

1429 — Mars et Vénus surpris en adultère (B. 139).
Très-belle épreuve.

1430 — Boll (Jean), peintre de Malines (B. 161).
Très-belle épreuve.

1431 — Brœkhor (Jean). (B. 163). Petit portrait de forme
ovale.
Très-belle épreuve.

1432 — Cornhert (Théodore) dans un ovale (B. 164).
Très-belle épreuve tirée sans trophées, autour de l'ovale.

1433 — Françoise d'Egmont, à mi-corps (B. 168).
Superbe épreuve.

GOLTZIUS (H.)

1434 — Galle (Philippe), graveur à Anvers (B. 170).
Très-belle épreuve. Elle porte au verso la signature de P. Mariette (1670).

1435 — Henri IV, roi de France (B. 173).
Très-belle épreuve.

1436 — Le même portrait.
Très-belle épreuve.

1437 — Henri IV coiffé d'un chapeau (B. 174). Joli petit portrait dans un ovale.
Très-belle épreuve ; elle a de la marge.

1438 — Robert Dudley, comte de Leycester (B. 175). Petit chef-d'œuvre gravé sur une planche d'argent.
Superbe épreuve ; elle a de la marge.

1439 — La même estampe.
Très-belle épreuve ; elle a tonte sa marge.

1440 — Portrait de Niquet (B. 177).
Très-belle épreuve.

1441 — Plantin (Christophe) (B. 181).
Très-belle épreuve du 1er état, avant le nom de C. Plantinus. Rare.

1442 — Christophe Vander Spronck (B. 185).
Très-belle épreuve.

1443 — La même estampe.
Très-belle épreuve.

1444 — Jean Zurénus (B. 189).
Très-belle épreuve,

1445 — La même estampe.
Très-belle épreuve.

1446 — Petit Portrait de femme en buste. *In Lieden geduldich, etc.*, 1580 (B. 191).
Superbe épreuve.

1447 — Un Homme en buste. *Fortune est telle* (B. 197).
Très-belle épreuve.

GORTZIUS (H.)

1448 —. Portrait de Adriaen Van Swieten (B. 201).
Très-belle épreuve.

1449 — Jeune Homme en buste. *In medio consistit virtus*
(B. 202).
Très-belle épreuve.

1450 — Un Homme à mi-corps, mesurant avec le compas
un globe terrestre, 1583 (B. 204).
Superbe épreuve. Cabinets Mariette, de Lasalle et Revil.

1451 — La même estampe.
Très-belle épreuve.

1452 — Un Homme en buste. *Bene agere, etc.*, 1683
(B. 207).
Superbe épreuve; elle a une petite marge.

1453 — La même estampe.
Très-belle épreuve.

1454 — Un Homme à mi-corps (B. 209).
Superbe épreuve.

1455 — Portrait de Catherine Decker (B. 210).
Superbe épreuve.

1456 — La même estampe, imprimée avec un cache-lettres.
Très-belle épreuve.

1457 —. Portrait de Cornelia Capellen, épouse de J.-N. de
la Faille (B. 213).
Très-belle épreuve; elle a toute sa marge.

1458 — Un Officier de guerre tenant sa hallebarde de la
main gauche (B. 215).
Très-belle épreuve.

1459 — La même estampe.
Copie en contre-partie par un anonyme, avec cette différence
que la tête représente d'autres traits.

1460 — Officier de guerre tenant un drapeau (B. 218).
Très-belle épreuve.

GORTZIUS (H.)

1461— Les Rois d'Angleterre. Suite de sept estampes (B. 219-225).
Belles épreuves.

1462 — Hercule tuant Cacus (B. 231).
Très-belle épreuve.

1463 — La Déesse de la nuit (B. 232, 6). Pièce en clair-obscur.
Belle épreuve.

1464 — Portrait en buste d'un homme vu presque de face (B. 239). (On dit le portrait de Ravaillac.)
Très-belle épreuve d'une pièce en clair-obscur

1465 — La même pièce.

1466 — Vénus et l'Amour, d'après A. Carrache. Petite pièce de forme ronde (B. 257).
Superbe épreuve d'une charmante pièce. Très-rare.

1467 — Un Ange soutenant le corps mort de Jésus-Christ sur le bord de son tombeau, d'après B. Spranger. (B. 273).
Superbe épreuve.

1468 — La Vierge accompagnée de saint Joseph, d'après B. Spranger (B. 275).
Très-belle épreuve.

1469 — Portrait d'un général en pied, tenant de la main droite son bâton de commandement. Morceau inconnu à Bartsch, mais décrit dans le suppl. de M⁰ Weigel, sous le n° 358.
Superbe épreuve. Très-rare.

1470 — Un Enfant assis sur une tête de mort, d'après Goltzius, par un graveur anonyme (B. 10).
Très-belle épreuve.

GOLTZIUS (Attribué à)

1471 — La Vierge avec l'Enfant Jésus sur ses genoux,
d'après B. Spranger. Petite pièce.
Très-belle épreuve.

1472 — Saint Jean-Baptiste dans sa solitude, tenant une
conque de la main gauche, et de l'autre une croix.
Très-belle épreuve.

1473 — Joseph et la femme Putiphar. Petite pièce de
forme ronde.
Très-belle épreuve. Rare.

GONZENBACH

1474 — La Vierge et l'Enfant Jésus, d'après Murillo.
Très-belle épreuve avant la lettre, sur papier de Chine.

GOODALL

1475 — Chevaux conduisant une voiture de plâtre, d'après
Rosa Bonheur.
Superbe épreuve avant la lettre, sur papier de Chine.

GOUACHES

1476 — Amor furioso. — Amor nobile. — Amor veloce.
Trois pièces coloriées et gouachées, d'après les pein-
tures de Raphaël au Vatican.
Superbes de coloris.

1478 — L'Adoration des Mages, d'après Raphaël.
Très-belle gouache entourée d'ornements.

1479 — Vues intérieures du Vatican : statues, bas-reliefs
et peintures qu'il renferme. Suite de quatorze pièces
coloriées à la main et gouachées. Très-rare.

1480 — Bas-Reliefs entourés d'ornements et de médaillons. Trois pièces coloriées et gouachées.

GOUDT (Henri de), comte palatin

1481 — L'Ange accompagnant le jeune Tobie, qui porte un poisson, d'après A. Elsheimer.
Très-belle épreuve.

1482 — Tobie et l'Ange. Deux compositions différentes, d'après Elsheimer.
Très-belles épreuves.

1483 — La Décollation de saint Jean. Petite pièce de forme ronde.
Belle épreuve. Rare.

1484 — Philémon et Baucis accordant l'hospitalité à Jupiter et à Mercure.
Très-belle épreuve.

1485 — L'Aurore, joli paysage.
Très-belle épreuve.

1486 — Cérès cherchant sa fille, d'après Elsheimer.
Très-belle épreuve.

GOURDELLE

1487 — Anjou (François de Valois, duc d').
Très-belle épreuve.

GOYA (don Francisco)

1488 — Philippe III, roi d'Espagne, et Marguerite d'Autriche. Deux portraits équestres, d'après Vélasquez.
Très-belles épreuves.

1489 — Philippe IV, roi d'Espagne, et Elisabeth de Bourbon. Deux portraits équestres, d'après Vélasquez.
Très-belles épreuves.

1490 — Les mêmes estampes.
Belles épreuves.

GOYA (DON FRANCISCO)

1491 — Don Carlos, fils de Philippe IV, d'après Vélasquez.
Superbe épreuve.

1492 — La même estampe.
Très-belle épreuve.

1493 — Mœnippus. — Le nain de Philippe IV. Deux
pièces, d'après Vélasquez.
Belles épreuves.

GOYEN (J. VAN)

1494 — Paysage et vue d'un clocher d'église de village.
Deux pièces.
Très-belles épreuves.

GRANT (J.), excudit

1495 — Garnier (Robert), poëte.
Très-belle épreuve,

GRANTHOME (excudit)

1496 — Du Mont (Ollenix). Petit portrait de forme ovale.
Très-belle épreuve.

1497 — Jean, comte Palatin du Rhin. Portrait équestre.
Très-belle épreuve.

1498 — Lorraine (Charles, duc de).
Très-belle épreuve.

1499 — Portrait de Martin Luther.
Très-belle épreuve.

1500 — Portrait du pape Sixte V.
Belle épreuve.

GRATELOUP (J.-P.-S. DE

1501 — Dryden (John) (Faucheux 1).
Très-belle épreuve.

1502 — La jeune Espagnole (F. 2).
Belle épreuve.

GREEN (V.)

1503 — John Boydell, graveur, d'après J. Boydell.
Très-belle épreuve.

GUNST

1504 — Recueil de dix portraits anglais en pied, d'après Van Dyck, publiés à Amsterdam en 1716.
Superbes épreuves reliées en volume.

1505 — Six portraits de la suite précédente.
Très-belles épreuves.

GREUTER (M.)

1506 — Suite de six sujets allégoriques représentant l'Amour, la Chasteté, la Mort, la Gloire, le Temps et l'Éternité.
Très-belles épreuves.

GREUZE (D'après)

1507 — L'Accordée de village, par Flipart.
Superbe épreuve.

1508 — La même estampe.
Très-belle épreuve avec toute sa marge.

1509 — L'Hermite, par Marais.
Très-belle épreuve.

GREUZE (D'après)

1510 — La petite Lessiveuse, par Danzel.
Très-belle épreuve.

1511 — La Petite Fille au chien, par Porporati.
Très-belle épreuve.

1512 — La Tricoteuse.
Superbe épreuve avant toutes lettres; elle n'est pas entièremen
terminée.

1513 — La Philosophie endormie, par Aliamet.
Très-belle épreuve.

1514 — La Mère en courroux. — Le Repentir. Deux pièces
gravées par Moitte.
Très-belles épreuves.

1515 — La Cruche cassée, par Massard.
Très-belle épreuve.

GRIGNON

1517 — Neufville (Françoise de), duchesse de Chaulnes.
Très-belle épreuve.

1517 — Neufville (Marie de), marquise de Courcelles.
Très-belle épreuve.

GRUN (J.-B.) ET BROSAMER

1518 — Saint Sébastien (B. 37). — Descente de croix (B. 5).
— Le Palefrenier (B. 15), etc., etc. 23 pièces.
Belles épreuves.

HAAS

1519 — Frédéric le Grand, roi de Prusse, d'après Wolff
Très-belle épreuve.

HABERT (M.)

1520 — Rancé (J. Boutillier de), abbé de la Trappe
d'après La Grange.— Le R. P. Dominique Bouhours,
de la Compagnie de Jésus, d'après Jouvenet. Deux
pièces.

Très-belles épreuves. Le dernier est avant la lettre.

HACKERT (J.)

1521. — Le Chemin serpentant (B. 2). — L'Arbre incliné
(B. 4). Deux pièces.

Très-belles épreuves.

1522 — Les mêmes estampes.

HAECHT (W.)

1523 — Estampes allégoriques sur les Pays-Bas. Deux
pièces.

Très-belles épreuves.

1524 — Le Triomphe de la Paix et pièce allégorique. Deux
pièces.

Très-belles épreuves.

HAEFTEN (N. Van)

1525 — La Femme amoureuse (B. 6).

Très-belle épreuve.

1526 — Le grand Fumeur (B. 7).

Très-belle épreuve.

1527 — Repas des trois commères (W. 22).

HEIMLICH (J.)

1528 — Suite de six paysages et un titre dédié à M. F. Dagobert, baron de Wurmser, et publiés en 1774. En tout sept pièces.
Très-belles épreuves.

HALBEEK (J. Van)

1529 — Henri IV à cheval.
Belle épreuve.

HALUECH (A.)

1530 — Marie de Médicis, reine de France, en grand costume.
Belle épreuve.

1531 — La même estampe.
Trés-belle épreuve avant la lettre, et avant les armes.

HECKE (J. Van den)

1532 — Différents Animaux dont le titre de la suite (B. 1). — Le Chenil (B. 8). — Les Anes (B. 12). Plus trois pièces, Vaches et Bœufs, par A. Cuyp. 6 pièces.
Très-belles épreuves.

HENRIQUEZ

1534 — Portrait de Voltaire, d'après Barat.
Très-belle épreuve. Rare.

HEYDE (J.)

1535 — Louis XIII, roi de France. Portrait en buste dans un ovale in-fol.
Très-belle épreuve. Rare.

HODGETTS (Th.)

1536 — Georges IV, roi d'Angleterre, d'après Lawrence.
Très-belle épreuve.

HŒCKE (H. Van den)

1537 — Ulysse abandonnant Circé. Pièce non décrite par Bartsch (W. 22). Cette pièce se trouve en tête d'un vol. de ballets publié à Bruxelles en 1650.
Un volume in-folio.

HOGARTH (W.)

1538 — Avant et Après. Deux pièces.
Très-belles épreuves avec toute leur marge.

HOGARTH (W.) D'après

1539 — Mariage à la mode. Suite de six planches.
Très-belles épreuves.

HOLBEIN (H.)

1540 — Portrait d'Erasme.
Belle épreuve.

HOLLAR (W.)

1541 — La Vierge et l'Enfant Jésus, d'après Titien.
Très-belle épreuve.

1542 — Le Lièvre suspendu, d'après Bœl.
Magnifique épreuve du 1er état, avec le nom de W. Hollar l'année 1649, avant l'adresse de Pouter.

HOLLAR (W.)

1543 — Le Lièvre suspendu, d'après P. Bœl.
Belle copie.

1544 — Le Calice.
Très-belle copie imprimée en couleur.

1545 — Vue du portail et d'une partie de la cathédrale d'Anvers.
Très-belle épreuve.

1546 — Vue de Sainte-Marie Ouer's in Southwarke 1647, — Piazza in Convent Garden. — Castrum Royale Londineuse vulgo the Tower. Trois pièces.
Très-belles épreuves.

1547 — Deux Vues de Dordrecht et de Maese, d'après Peters.
Belles épreuves.

1548 — Publication de la paix, entre l'Espagne et la Hollande, devant l'Hôtel de ville d'Anvers.
Belle épreuxe.

1549 — Les quatre Saisons. Suite de quatre estampes.
Très-belles épreuves.

1550 — Femme nue dormant.
Superbe épreuve avant le nom de Pontius.

1551 — Portrait du père de Albert Durer, d'après lui-même.
Très-belle épreuve.

1552 — Portrait de Charles Iᵉʳ en buste, d'après Van Dyck.
Superbe épreuve.

1553 — Portrait de Charles Iᵉʳ, roi d'Angleterre, d'après Van Dyck.
Belle épreuve.

HOLLAR (W.)

1554 — Charles II, roi d'Angleterre, d'après Van-Dyck.
Superbe épreuve.

1555 — Henri VIII, roi d'Angleterre, d'après Holbein.
Belle épreuve.

1556 — Adam Elsheimer. — Etienne de la Belle. — Jacob Van Es, etc. quatre portraits d'après J. Meyssens.
Belles épreuves.

1557 — Raphaël, d'après lui-même. — Rubens, d'après lui-même. Deux pièces.
Très-belles épreuves.

1558 — Quatre Portraits en buste, d'après Holbein.
Belles épreuves.

HONDIUS (A.)

1559 — Le Porc-épic (B. 6).
Très-belle épreuve.

HONDIUS (H.)

1560 — Andre de Leszo Leszcynski, d'après Schultz.
Très-belle épreuve.

1561 — Bohdan Chmielnickl.
Superbe épreuve. Rare.

1562 — Isabelle-Claire-Eugénie, infante d'Espagne, en habit de religieuse, d'après Van Dyck.
Très-belle épreuve.

1563 — Clément Marot, poëte.
Très-belle épreuve.

1564 — Marie de Médicis, reine de France.
Très-belle épreuve.

HONDIUS (A).

1565 — Guillaume de Nassau, d'après Maes.
Très-belle épreuve.

1566 — Uladislas IV, roi de Pologne. — Louise-Marie de
Gonzague. Deux petits portraits faisant pendant.
Superbes épreuves de la plus grande rareté; elles ont une belle
marge.

HOOGHE (R. DE.)

1567 — Vue intérieure d'une synagogue d'Amsterdam.
Superbe épreuve.

1568 — Allégorie sur le règne de Louis XIV. Grande
estampe en deux feuilles; en haut les portraits des
souverains de l'Europe dont le portrait de Jean
roi de Pologne, en buste sur un piédestal.
Très-belle épreuve.

1569 — Grande pièce historique sur la paix conclue à
Breda, la bataille de Hoogstad et autres pièces histo-
riques. 13 pièces.
Très-belles épreuves.

1573 — Deux pièces ayant rapport au massacre des deux
frères de Witt.
Très-belles épreuves.

1574 — Jean Mercassel, évêque de Castoriensis, vicaire
apostolique.
Très-belle épreuve.

HOPFER

1575 — Un Satyre jouant du violon (B. 32).
Très-belle épreuve avant le numéro.

HOPWOD

1577 — Portrait de Marie-Amélie, reine des Français, d'après E. Lami, plus le portrait de Louis-Philippe, par Prudhomme, d'après Winterhalter. Deux pièces.
Très-belles épreuves.

HOUBRAKEN

1578 — Jean-Simon Hermann Oem, pasteur d'Amsterdam, d'après P. Koes.
Très-belle épreuve avant toutes lettres. Rare en cet état.

1579 — Différents portraits, d'après Holbein et autres, tirés de l'Histoire d'Angleterre. Quinze pièces.
Très-belles épreuves.

1580 — Portrait du duc d'Arlington.
Très-belle épreuve avant la lettre et avant divers travaux.

HOUBRAKEN et WANDELAAR

1581 — Jean de Gorter. — Hermanus Bœrhaave. Deux pièces.
Très-belles épreuves,

HOUSTON

1582 — John Roberts Esgz, d'après Schackleton.
Très-belle épreuve.

HUCHTENBURG

1583 — Marche du roi, accompagné de ses gardes, passant sur le Pont-Neuf et allant au Palais, d'après Vander-Meulen.
Très-belle épreuve.

HUGTENBOURH (Jean)

1584 — La Mort du cavalier turc (B. 6).
 Très-belle épreuve.

HOGENBERG (L·).

1585 — Portraits de Henri II, roi de France et d'Éléonore
 d'Autriche. Deux portraits en buste.
 Très-belles épreuves.

HUMBELOT (J.)

1586 — Les quatre Parties du jour, représentant l'histoire
 de l'Enfant prodigue. Suite de quatre estampes.
 Belles épreuves.

1587 — L'Innocence et l'Adolescence. Deux pièces représentant des costumes de l'époque Louis XIII.
 Très-belles épreuves.

HUNT

1588 — Course du Derby en 1844. Grande gravure en
 largeur. coloriée.

HURET

1589 — Grande Thèse en l'honneur du cardinal de Richelieu. Estampe en quatre morceaux non assemblés.
 Très-belle épreuve.

HUTTIN, LAHYRE, TESTELIN, etc.

1590 — Sainte Famille. — Repos en Egypte. — Chasse de
 Diane, etc. quatorze pièces.
 Très-belles épreuves.

IESI (S.)

1591 — Agar renvoyée par Abraham, d'après le Guerchin.
Très-belle épreuve avant la lettre (lettres grises).

1592 — La même estampe.
Très-belle épreuve.

1593 — La Vierge à la vigne, d'après Paul Delaroche.
Superbe épreuve avant toutes lettres, sur papier de Chine, avec toute sa marge. Elle porte la signature du graveur.

1594 — La Vierge à la vigne, d'après Paul Delaroche.
Très-belle épreuve avant la lettre, sur papier de Chine.

1595 — La même estampe.
Très-belle épreuve avant la lettre, sur Chine, portant la signature du graveur.

1596 — Portrait du pape Léon X, d'après Raphaël.
Superbe épreuve avant toutes lettres. signée du graveur. Elle a toute sa marge.

INGOUF (F.)

1597 — Les Canadiens au tombeau de leur enfant, d'après Le Barbier.
Très-belle épreuve avant la lettre.

IODE (P. DE)

1598 — Henriette-Marie de France, reine d'Angleterre, d'après Van Dyck.
Très-belle épreuve.

1599 — Le même portrait.

ISAAC (GASPAR)

1600 — Le grand Escalier du monde. Pièce allégorique sur la mort.
Très-belle épreuve.

ISAAC (GASPAR)

1601 — Castelnau (Michel de), seigneur de Mauvissière.
Superbe épreuve.

1602 — Louis XIII, roi de France.
Très-belle épreuve.

1603 — Louis de Vendosme, duc de Mercœur, pair de
France.
Très-belle épreuve.

1604 — Vendosme (Louis de), duc de Mercœur, pair de
France, dans une bordure ornementée.
Très-belle épreuve.

JANINET

1605 — Nina, d'après Hoin. Pièce gravée en couleur.
Très-belle épreuve.

1606 — Invocation à l'Amour, d'après Lagrenée. Pièce
imprimée en couleur.
Très-belle épreuve avant toutes lettres.

1607 — L'Aveu difficile, d'après Lawreince, imprimé en
couleur.
Très-belle épreuve.

JAZET

1608 — Moïse sauvé des eaux. — Moïse au pays de Ma-
dian. Deux pièces faisant pendant, d'après Schopin.
Très-belles épreuves.

1609 — Un rêve de bonheur, — les Illusions perdues.
Deux pièces faisant pendant, d'après Gleyre.
Très-belles épreuves.

JAZET

1610 — Adieux de Fontainebleau, d'après Horace Vernet.
Très-belle épreuve.

1611 — Retour de l'île d'Elbe, d'après Steuben.
Très-belle épreuve.

1612 — Mort de Napoléon, d'après Steuben.
Très-belle épreuve.

1613 — Louis-Philippe Ier, rois des Français, d'après
Gosse.
Très-belle épreuve.

1614 — La Confession d'un brigand italien, d'après
H. Vernet.
Belle épreuve.

JEGHER (Christ)

1615 — Portrait en pied de Ferdinand d'Autriche, d'après
E. Quellinius. Pièce gravée sur bois.
Très-belle épreuve.

JODE (P. de)

1616 — Renaud s'éveillant dans le giron d'Armide. —
Renaud et Armide dans la vallée enchantée, par
P. de Baillu. Deux pièces, d'après Van Dyck.
Très-belles épreuves.

1617 — Les mêmes estampes.
Très-belles épreuves.

1618 — Sainte Famille, d'après Diepenbecke.
Superbe épreuve; elle a toute sa marge.

1619 — L'Adoration des bergers, d'après Jordaens.
Superbe épreuve.

JODE (P. DE)

1620 — La même estampe.
Très-belle éprenve.

1621 — Philippe IV, roi d'Espagne, à cheval sous **un** portique, au haut duquel est le portrait de Charles-Quint, d'après Van Dyck.
Très-belle épreuve.

1622 — La Folie montrant un moine qui tient un hibou, d'après Jordaens.
Superbe épreuve.

1623 — La même estampe.
Belle épreuve.

JOHANNOT (A.)

1624 — Le duc d'Anjou déclaré roi d'Espagne, d'après Gérard.
Très-belle épreuve avant toutes lettres.

JONGHE (CLÉMENT DE)

1625 — Frédéric III, roi de Danemark. Portrait équestre.
Très-belle épreuve.

JORDAENS (JACQUES)

1626 — Jupiter enfant, nourri du lait de la chèvre Amal-thée. — Hercule tuant Cacus. Deux pièces.
Très-belles épreuves du 1er état, avant l'adresse de Bloteling.

1627 — Jupiter enfant, nourri du lait de la chèvre Amal-thée. — Cacus dérobant les vaches d'Hercule et les faisant marcher à reculons. Deux pièces.
Très-belles épreuves du 1er état, avant l'adresse de Bloteling.

JONGHE (J. DE)

1628 — Corneille Speelman, gouverneur général de l'Inde.
Très-belle épreuve.

KAISER (J.-W.)

1629 — Portrait d'homme à mi-corps, d'après Rembrandt.
Très-belle épreuve avant la lettre, sur chine.

KELLER (J.)

1630 — La Reine des cieux, d'après Deger.
Très-belle épreuve.

1631 — Les saintes Femmes pleurant le corps de Jésus-Christ, d'après Ary Scheffer.
Superbe épreuve avant toutes lettres et avant la bordure, sur papier de Chine et signée du graveur.

1632 — Les saintes Femmes pleurant le corps de Jésus-Christ, d'après Ary Scheffer.
Superbe épreuve avant toutes lettres, sur papier de Chine. Elle a toute sa marge.

1633 — La Vierge tenant entre ses bras le Christ mort, d'après Scheffer.
Très-belle épreuve avant toutes lettres, sur papier de Chine.

KILIAN (LUCAS)

1634 — Albert Durer debout sous un riche portique.
Très-belle épreuve.

1635 — Ferdinand, archiduc d'Autriche.
Très-belle épreuve.

KILIAN (Lucas)

1636 — Portrait de Albert Durer, d'après lui-même.
Belle épreuve.

1637 — Georges Mnizech.
Très-belle épreuve.

KILIAN (Philippe)

1638 — Louise-Christine de Savoie, margrave de Bade,
d'après Ulrich.
Très-belle épreuve.

KILIAN (B.)

1639 — Portrait d'une princesse, épreuve avant la lettre,
plus deux portraits d'hommes. 3 pièces.

KNOLLE

1640 — Les Enfants d'Édouard, d'après Hildebrandt.
Très-belle épreuve.

KOLBE (W.)

1642 — Paysages divers, ornés de figures mythologiques.
Huit pièces.
Très-belles épreuves.

KONINGH

1643 — Portrait d'Erasme, d'après Holbein.
Très-belle épreuve.

KOOGEN (L. Van der)

1644 — Saint Sébastien (B. 2).
Très-belle épreuve.

KRUG (L.)

1645 — La Nativité (B. 1).
Très-belle épreuve.

1646 — L'Adoration des Mages (B. 2).
Belle épreuve.

1647 — Saint Jean dans l'île de Pathmos (B. 9).
Très-belle épreuve.

LA BELLE (E. de)

1648 — Cartouches, Études de têtes, Costumes, etc. Cinquante-et-une pièces.
Très-belles épreuves.

1649 — Trois cent six pièces de son œuvre.
Très-belles épreuves. Pourront être divisées.

LA HOUE (Paul de)

1650 — Montpensier (Henri de Bourbon, duc de).
Très-belle épreuve.

LANCRET (D'après)

1651 — Les quatre Éléments. Suite de quatre estampes, par Cochin, Audran et Tardieu.
Très-belles épreuves.

1652 — Le Turc amoureux. — La belle Grecque. Deux pièces par Schmidt.
Très-belles épreuves.

LANCRET (D'après)

1653 — Mlle Sallé, par de Larmessin.
Très-belle épreuve du 1er état, avec l'adresse de l'auteur.

1654 — Portrait de Grandval, par Le Bas.
Très-belle épreuve.

1655 — Mlle Dangeville la jeune, par Le Bas.
Très-belle épreuve.

LANDRY

1656 — Louis XIV, roi de France, en buste, d'après une médaille de Varin.
Belle épreuve.

1657 — Larcher (Michel), marquis d'Olisy, d'après Dieu.
Très-belle épreuve.

1658 — Prince Casimir Leo Sapieha, comte de Bychow.
Superbe épreuve. Rare.

LANDSEER (Th.)

1659 — Le Marché aux chevaux, d'après Mlle Rosa Bonheur.
Superbe épreuve avant la lettre, sur papier de Chine.

1660 — La même estampe.
Très-belle épreuve avant la lettre. Seulement la dédicace. Elle est sur papier de Chine.

LARMESSIN (N. de)

1661 — Anne d'Autriche, reine de France.
Très-belle épreuve.

1662 — Louis XV et Marie Leczinska. Deux portraits faisant pendant, d'après Vanloo.
Très-belles épreuves.

LARMESSIN (N. DE)

1663 — Marie Leczinska, reine de France, d'après Vanloo.
Très-belle épreuve.

1664 — Lé même portrait.
Très-belle épreuve.

1665 — Lowendal (Woldemar de), maréchal de France,
d'après Boucher.
Très-belle épreuve.

1666 — Stanislas Ier, roi de Pologne, d'après Vanloo.

LASNE (MICHEL)

1667 — Anne d'Autriche, reine de France. Dans un médaillon soutenu par une figure allégorique représentant la France.
Très-belle épreuve.

1668 — Anne d'Autriche, reine de France, d'après Nocret.
Très-belle épreuve.

1669 — Louis XIII, roi de France.
Très-belle épreuve.

1670 — Gaspard de Colligny, seigneur de Chastillon.
Très-belle épreuve.

1671 — Marguerite de Lorraine, duchesse de Guise.
Très-belle épreuve.

1672 — Gustave-Adolphe, roi de Suède.
Très-belle épreuve.

1673 — Richelieu (le cardinal de).
Très-belle épreuve. Rare.

LAUGIER

1674 — La Vierge au lapin, d'après Raphaël.
Superbe épreuve avant toutes lettres, sur papier de Chine. Elle a
toute sa marge.

LAUGIER

1675 — L'Assomption de la sainte Vierge, d'après N. Poussin.
Très-belle épreuve avant la lettre.

1676 — Bonaparte visitant les pestiférés de Jaffa, d'après Gros.
Superbe épreuve avant toutes lettres, sur papier de Chine.

1677 — Le Zéphyr, d'après Prud'hon.
Très-belle épreuve.

1678 — Portrait de Napoléon, en pied, d'après David.
Très-belle épreuve avant la lettre.

1679 — Le duc d'Urbin, d'après Raphaël.
Très-belle épreuve avant la lettre, sur papier de Chine.

LAURENT (H.)

1680 — Enlèvement des Sabines, d'après Nicolas Poussin.
Belle épreuve.

LAUTENSACK (H.-S.

1681 — Portrait d'homme à mi-corps (B. 9).
Très-belle épreuve.

1682 — Vue de la ville de Nuremberg, prise du côté de l'ouest, en 1552. Grande pièce gravée en trois feuilles (B. 58).
Très-belle épreuve.

1683 — La même estampe.
Très-belle épreuve.

1684 — Vue de la même ville (B. 59).
Très-belle épreuve.

LAVRINCE (D'après)

1685 — La Comparaison. — La Réponse embarrassante. Deux pièces gravées en couleur, par Chapuy.
Très-belles épreuves.

1686 — L'Irrésolution ou la Confidence. — Le Retour trop précipité. Deux pièces faisant pendant, gravées par Pierron.
Très-belles épreuves avant la dédicace.

1687 — Le Restaurant.
Superbe épreuve avant toutes lettres.

LE BAS

1688 — Le Cygne effrayé. — La Curée faite. Deux pièces faisant pendant, d'après Oudry.
Très-belles épreuves.

LE BEAU

1689 — Dubarry (Mme la comtesse), d'après Marilly.
Très-belle épreuve avec de la marge.

LE BLOND (J.-CHRISTOPHE)
(Graveur en couleur.)

1690 — Saint François d'Assise mourant, d'après Rubens; il est soutenu par deux anges dont un lui présente le crucifix.
Très-belle épreuve, rare.

1691 — L'Amour endormi. Grande composition en largeur.
Superbe épreuve.

LE BRUN (CHARLES)

1692 — Les quatre Heures du jour. Suite de quatre estampes dont nous n'avons que trois (R. D. 4, 7).
Très-belles épreuves.

LECLERC (JEAN)

1693 — Repos en Égypte, d'après Ribera (R. D. 1).
Très-belle épreuve du 1er état.

LECLERC (S.)

1694 — Les Batailles d'Alexandre, d'après Le Brun. Suite de six estampes.
Très-belles épreuves.

1695 — Les grandes Tapisseries, appelées les conquêtes du Roi. Suite de cinq estampes, d'après Ch. Le Brun.
Très-belles épreuves.

1696 — Cent vingt-cinq pièces de son œuvre, dont : l'Entrée d'Alexandre dans Babylone, — l'Atelier de S. Leclerc, — l'Apothéose d'Isis, — l'Académie des sciences, etc., etc.
Très-belles épreuves.

LEFÈVRE (ACH.)

1697 — Jupiter et Antiope, d'après le Corrège.
Très-belle épreuve avant la lettre, sur papier de Chine. Elle a toute sa marge.

1698 — Le Roi de Rome, d'après Prud'hon.
Très-belle épreuve avant la lettre, sur papier de Chine.

LESNIER

1699 — Portrait de Marc-Antoine, d'après Raphaël.
Superbe épreuve avant toutes lettres, sur papier de Chine. La tablette où est inscrit le nom du personnage est blanche.

1700 — Le même portrait.
Très-belle épreuve avant la lettre, sur papier de Chine.

LEMAITRE (A.-F.)

1701 — Mort de Roland, d'après Michallon.
Très-belle épreuve.

LEMPEREUR (L.)

1702 — L'Attente du plaisir, d'après Carrache.
Très-belle épreuve.

LENFANT

1703 — Souvré (Jacques de), grand prieur de France, d'après Mignard ; — Baudran, receveur des finances sous Louis XIV. Deux pièces.
Très-belles épreuves.

LÉPICIÉ.

1704 — Catherine de Seine, d'après Aved.
Belle épreuve.

LE PRINCE

1705 — Fille de Finlande. — Marchande de champignons. Deux pièces.
Très-belles épreuves.

LEROUX (J.-M.)

1706 — La Vierge à l'étoile, d'après Pinturicchio.
Belle épreuve.

1707 — La Vierge du musée de Parme, d'après le Corrège.
Très-belle épreuve sur papier de Chine.

1708 — La Madeleine dans le désert, d'après Gennari.
Très-belle épreuve avant la lettre.

1709 — Sainte Thérèse, d'après F. Gérard.
Superbe épreuve d'artiste, avec les noms tracés à la pointe; elle
porte la signature du graveur et est sur papier de Chine.

1710 — La même estampe.
Très-belle épreuve.

1711 — La Dame de charité, d'après Mme Haudebourt
Lescot.
Très-belle épreuve avant la lettre, sur papier de Chine.

1712 — La même estampe.
Belle épreuve.

1713 — Léda, d'après Léonard de Vinci.
Très-belle épreuve avant toutes lettres.

1714 — La même estampe.
Très-belle épreuve avant la lettre.

1715 — La même estampe.
Très-belle épreuve.

LEROUX, JAZET et WARD

1716 — Portraits de Lafayette. — David. — Louis XVIII.
Trois pièces.
Belles épreuves.

LERPINIÈRE (Ch.)

1717. — L'Adoration du Veau d'Or, d'après Cl. Lorrain.
Très-belle épreuve avant la lettre.

LEU (Th. de)

1718 — Beaugrand (J. de), d'après du Moustier.
Très-belle épreuve.

1719 — Birague (René, cardinal de).
Très-belle épreuve.

1720 — François de Bonne de Lesdiguières.
Très-belle épreuve.

1721 — Bourbon (Charles de), cardinal, archevêque de Rouen.
Belle épreuve.

1722 — Bourbon (François de), prince de Conty.
Très-belle épreuve.

1723 — Louise de Budos, femme de M. le Conestable.
Très-belle épreuve.

1724 — Cesar Monsieur, âgé de 4 ans. Petit portrait en pied.
Très-belle épreuve.

1725 — Conti (Jeane de Cocesme, princesse de), d'après Quesnel.
Très-belle épreuve.

1726 — Le même portrait.
Belle épreuve.

1727 — Capellus (Angélus).
Superbe épreuve avec de la marge.

1728 — Le même portrait.
Très-belle épreuve.

1729 — Caron (Antoine), peintre.
Très-belle épreuve.

1730 — Gonzague (Charles de), duc de Nivernais.
Très-belle épreuve; elle a de la marge.

1731 — Le même portrait.
Belle épreuve.

LEU (Th. de)

1732 — Gonzague (Charles de), et de Clèves, duc de Nevers.
Très-belle épreuve; elle a de la marge.

1733 — Le même portrait.
Superbe épreuve.

1734 — Henri IV, roi de France, coiffé d'un chapéau avec plume et aigrette.
Très-belle épreuve.

1735 — Henri IV, roi de France. Portrait équestre.
Belle épreuve.

1736 — Henri IV, roi de France. Dans un ovale entouré d'ornements et de fleurs de lys.
Magnifique épreuve.

1737 — Henri IV en buste, sous un portique d'architecture.
Très-belle épreuve.

1738 — Hervetus (Gentianus).
Superbe épreuve.

1739 — Lorraine (Philippe-Emmanuel de), duc de Mercœur.
Très-belle épreuve.

1740 — Marie de Médicis : la Couronne de Justice, d'après Fournier.
Belle épreuve.

1741. — Portrait de Marie de Médicis, en grand costume.
Très-belle épreuve.

1744 — Montmorency (Henri de), connétable de France.
Très-belle épreuve.

1746 — Sculdalvpis (Don Petrus Arlenis).
Très-belle épreuve.

LEU (Th. de)

1747 — Le même portrait.
Très-belle épreuve.

1748 — Servin (Louis), conseiller du roi.
Très-belle épreuve du 1er état avant l'inscription indiquant es noms et qualités du personnage, dans le haut de la gravure.

1749 — Le même portrait.
Très-belle épreuve.

1750 — Valois (François de), dauphin de France.
Belle épreuve.

1751 — Van (Guido de la).
Belle épreuve.

LEVACHEZ

1752 — Bonaparte, premier consul. Petit portrait imprimé en couleur.
Très-belle épreuve.

LEVASSEUR

1753 — Portrait de Paul Delaroche, d'après Buttura.
Très-belle épreuve avant la lettre, sur papier de Chine.

LEYDE (Lucas de)

1754 — L'histoire de la Création et de la Chute du premier homme. Suite de six estampes (B. 1-6).
Belles épreuves.

1755 — Caïn tuant Abel (B. 13).
Très-belle épreuve.

LEYDE (Lucas de)

1756 — Le Péché d'Adam et Eve (B. 10).
Magnifique épreuve du 1er état, avant le monogramme du maître.
Très-rare dans cette condition.

1757 — La même estampe.
Très-belle épreuve.

1758 — Lamech et Caïn (B. 14).
Très-belle épreuve.

1759 — Abraham qui reçoit les trois anges (B. 15).
Très-belle épreuve.

1760 — Loth enivré par ses deux filles (B. 16).
Très-belle épreuve.

1761 — Joseph et la femme de Putiphar (B. 20). —
Joseph interprétant les songes de Pharaon (B. 23).
Deux pièces.
Très-belles épreuves.

1762 — Dalila coupant les cheveux de Samson (B. 25).
Très-belle épreuve.

1763 — David en prière (B. 29).
Belle épreuve.

1764 — Salomon adorant les idoles (B. 30).
Très-belle épreuve.

1765 — La même estampe.
Très-belle épreuve.

1766 — Esther devant Assuérus (B. 31).
Magnifique épreuve. Rare de cette qualité.

1767 — Les deux Vieillards apercevant Suzanne dans le
bain (B. 33).
Très-belle épreuve.

1768 — L'Adoration des Mages (B. 37).
Magnifique épreuve.

LEYDE (Lucas de)

1769 — La même estampe.
Très-belle épreuve.

1770 — La même estampe.
Belle épreuve.

1771 — Repos en Egypte (B. 38).
Magnifique épreuve; très-rare.

1772 — Jésus-Christ devant le grand-prêtre Anne (B. 59).
Très-belle épreuve.

1773 — Jésus-Christ devant le grand-prêtre Anne (B. 59).
— Le Couronnement d'épines (B. 62). — Le Portement de croix (B. 64). Trois pièces.
Bonnes épreuves. Les bordures manquent.

1774 — Jésus-Christ en prière à la montagne des Oliviers (B. 66). Ce morceau qui est une répétition de celui décrit sous le n. 57, est gravé à l'eau-forte.
Superbe épreuve avec une grande marge.

1775 — Jésus-Christ présenté au peuple (B. 71).
Belle épreuve.

1776 — Des Soldats faisant boire Jésus-Christ avant de le crucifier (B. 73).
Très-belle épreuve signée au verso de P. Mariette, 1693.

1777 — Jésus-Christ apparaissant à Madeleine sous la figure d'un Jardinier (B. 77).
Superbe épreuve.

1778 — Le retour de l'Enfant prodigue (B. 78).
Superbe épreuve.

1779 — La Vierge debout sur un croissant dans une gloire (B. 82).
Très-belle épreuve.

1780 — La Vierge avec l'Enfant Jésus assise au pied d'un arbre (B. 83).
Belle épreuve.

LEYDE (Lucas de))

1781 — La Vierge avec l'Enfant Jésus assise dans un paysage (B. 84).
Belle épreuve.

1782 — Saint Jérôme (B. 113).
Très-belle épreuve.

1783 — Saint Georges (B. 121).
Superbe épreuve.

1784 — La même estampe.
Très-belle épreuve.

1785 — Marie Madeleine se livrant aux plaisirs du monde (B. 122).
Superbe épreuve. Très-rare.

1786 — La même estampe.
Très-belle épreuve.

1787 — Le moine Sergius tué par Mahomet (B. 126).
Très-belle épreuve. Rare.

1788 — Les sept Vertus. Suite de sept estampes dont nous n'avons que six (B. 127-131).
Belles épreuves.

1789 — Le Poëte Virgile suspendu dans un panier (B. 136).
Très-belle épreuve.

1790 — Pallas (B. 139).
Très-belle épreuve.

1791 — La même estampe.
Belle épreuve.

1792 — Un jeune Homme à la tête d'une troupe de gens armés (B. 142).
Très-belle épreuve.

1793 — La Promenade (B. 144).
Belle épreuve.

1794 — L'Homme à la torche (B. 147).
Très-belle épreuve.

LEYDE (Lucas de)

1795 — Un jeune Homme et une Femme assis dans une campagne (B. 148).
Très-belle épreuve.

1796 — Les Pèlerins (B. 149).
Superbe épreuve.

1797 — Le Garçon avec la trompe (B. 152).
Très-belle épreuve.

1798 — La Femme et la Biche (B. 153).
Belle épreuve.

1799 — L'Opérateur (B. 157).
Très-belle épreuve.

1800 — L'Espiègle (B. 159).
Très-belle copie.

1801 — Tête de Guerrier (B. 160).
Très-belle épreuve.

1802 — Différents Ornements (B. 161, 162, 164, 166, 168, 170, 171). Sept pièces.
Bonnes épreuves.

1803 — Portrait de l'empereur Maximilien.
Très-belle copie.

1804 — Portrait d'un jeune homme portant une tête de mort (B. 174).
Superbe épreuve.

LIGHTFOOT

1805 — La Vierge du Palais Colonna, d'après Raphaël.
Très-belle épreuve.

1806 — Fragment de la Vierge à la chaise, d'après Raphaël.
Très-belle épreuve avant la lettre et avant la bordure.

LIGNON

1807 — Le Christ au roseau, d'après le Guide.
Superbe épreuve avant toutes lettres, sur papier de Chine; elle a toute sa marge.

1808 — Le Christ au roseau, la Madeleine pénitente. Deux pièces faisant pendant, d'après le Guide.
Très-belles épreuves avant la lettre.

1809 — La Vierge au Poisson, d'après Raphaël.
Supeebe épreuve avant la lettre, sur papier de Chine ; elle a tout sa marge.

1810 — Atala, d'après Gautherot.
Belle épreuve.

LITTRET

1811 — Portrait de Mlle Clairon, d'après Schenau.
Belle épreuve.

LIVENS (Jean)

1812 — La sainte Vierge avec l'Enfant Jésus (B. 1), Cl. 1.
Superbe épreuve.

1813 — Saint Jérôme (B. 5).
Belle épreuve.

1814 — Saint François (B. 6).
Superbe épreuve; elle a de la marge.

1815 — Buste d'un Oriental (B. 13). Cl. 13.
Très-belle épreuve. Rare.

1816 — Une Tête orientale (B. 18).
Très-belle épreuve.

1817 — Buste d'homme (B. 28).
Belle épreuve.

LIVENS (Jean)

1818 — Buste d'homme (B. 28).
Très-belle épreuve.

1819 — Portrait de Juste Vondel (B. 57). Cl. 56.
Superbe épreuve d'un état non décrit, avant le nom du maître
et l'adresse de A. de Vees. Très-rare.

1820 — Portrait de Jacques Gouter (B. 59). Cl. 59.
Superbe épreuve avec une belle marge.

1821 — Le même portrait.
Belle épreuve.

LOIR (A.)

1822 — La Vierge, l'Enfant Jésus et saint Jean, d'après
N. Loir.
Très-belle épreuve.

LOLI (Laurent)

1823 — La Vierge et l'Enfant Jésus (B. 3). — Saint Jérôme (B. 13), — Sujets d'enfants et d'Amours (B. 20,
22, 23 et 29). Six pièces.
Belles épreuves.

LOMBART (Pierre)

1824 — Les Comtes et Comtesses, d'après Van Dyck. Suite
de douze portraits.
Très-belles épreuves.

1825 — Gramont (Antoine, duc de), maréchal de France,
d'après Vaillant.
Très-belle épreuve.

LONGHI (G.)

1826 — Le Mariage de la Vierge, d'après Raphaël.
Superbe épreuve avant la lettre. Les quatre vers dans la marge du bas de l'estampe tracés. Elle a toute sa marge.

1827 — La même estampe.
Très-belle épreuve de souscription, portant le n° 293, et avant l'inscription sur le temple.

1828 — La même estampe.
Très-belle épreuve avant l'inscription sur le temple.

1829 — La même estampe.
Très-belle épreuve avec l'inscription.

1830 — La sainte Famille, dite à la Bénédiction, d'après Raphaël.
Très-belle épreuve avant la lettre; le titre et les noms d'auteurs tracés. Elle a toute sa marge.

1831 — La même estampe.
Très-belle épreuve.

1832 — Le Repos en Egypte, d'après C. Procaccini.
Très-belle épreuve avant la lettre.

1833 — La Madonna del Lago, d'après L. da Vinci.
Superbe épreuve.

1834 — La même estampe.
Très-belle épreuve.

1835 — Saint Joseph ayant l'Enfant Jésus dans ses bras, d'après le Guide.
Très-belle épreuve avant toutes lettres; seulement les noms d'auteurs à la pointe.

1836 — Le Triomphe de Galathée, d'après l'Albane.
Superbe épreuve avant toutes lettres; seulement les noms d'auteurs. Elle est sur papier de Chine.

1837 — Le Triomphe de Galathée, d'après l'Albane.
Très-belle épreuve avant la lettre (lettres tracées). Elle a toute sa marge.

1838 — La même estampe.
Très-belle épreuve.

LONGHI (G.)

1839 — Napoléon passant le mont Saint-Bernard, d'après David.
Très-belle épreuve.

1840 — Portrait du prince Eugène de Beauharnais.
Très-belle épreuve avant la lettre.

LORCH (Melchior)

1841 — Le Déluge. Composition d'un grand nombre de figures gravée sur bois (B. 1).
Superbe épreuve.

LORICHON (C.)

1842 — Le Couronnement d'épines, d'après Titien.
Très-belle épreuve avant la lettre, sur papier de Chine.

1843 — La même estampe.
Très-belle épreuve, même état que le précédent.

1844 — La Vierge au rideau, d'après Raphaël.
Superbe épreuve d'artiste, avec les noms à la pointe, sur papier de Chine.

1845 — La Vierge du Palais Bridgewater, d'après Raphaël.
Épreuve d'artiste, avec les noms à la pointe, sur papier de Chine.

LOTHA (J.-Ch.)

1846 — Stanislas, roi de Pologne, en buste, sur un piédestal, entouré de figures allégoriques, d'après Girardet.
Très-belle épreuve.

LOUIS (ARISTIDE)

1847 — Mater Dolorosa, d'après Ribera.
Superbe épreuve avant toutes lettres et avant la bordure ; elle est sur papier de Chine.

1848 — La même estampe.
Très-belle épreuve avant la lettre, sur papier de Chine.

1849 — La même estampe.
Superbe épreuve avant toutes lettres, sur papier de Chine ; elle porte la signature du graveur.

1850 — La même estampe.
Très-belle épreuve sur Chine.

1851 — Mignon aspirant au ciel. — Mignon regrettant la patrie. Deux pièces, d'après A. Scheffer.
Très-belles épreuves avant la lettre, portant le n° 61.

1852 — L'Innocence, d'après Greuze.
Superbe épreuve d'artiste avant toutes lettres, seulement les noms d'auteurs tracés à la pointe. Elle est sur papier de Chine et en feuille.

1853 — La même estampe.
Très-belle épreuve avant la lettre, sur papier de Chine. Elle a toute sa marge.

1854 — Statue de Jeanne d'Arc, d'après la princesse Marie d'Orléans.
Très-belle épreuve avant la lettre, sur papier de Chine.

1855 — Portrait de Napoléon, empereur, d'après P. Delaroche.
Très-belle épreuve avant la lettre.

1856 — Napoléon, d'après P. Delaroche.
Ancienne épreuve.

LOUYS

1857 — Anne d'Autriche, reine de France, d'après Rubens.
Très-belle épreuve.

LUTZ (P.)

1858 — La Madone de saint François, d'après le Corrège.
Épreuve avant toutes lettres, sur papier de Chine. La jambe, le bras et l'épaule du saint Jean ne sont pas terminés.

1859 — La Madone de saint François, d'après le Corrège.
Très-belle épreuve.

MAAS (D.)

1860. — Cheval debout, bridé et une selle sur le dos.
Très-belle épreuve.

MAIR

1861 — Une maison d'Architecture gothique ornée de statues (B. pièce douteuse).
Très-belle épreuve.

MAITRES ANONYMES ITALIENS

DU XVe SIÈCLE.

(Inconnues à Bartsch.)

1862 — Ecce homo, représenté de face et portant dans sa main droite une palme.
Pièce non décrite de l'origine de la gravure; elle est légèrement coloriée de l'époque.

H. 110 mill. — L. 80 mill.

1863 — Le Christ au tombeau. Pièce non décrite dans une bordure ornementée au milieu, les lettres F. U.

Haut. 97 mill. — L. 133 mill.

Très-belle épreuve.

1864 — Cariatides. Deux pièces non décrites.
Très-belles épreuves.

MAITRES ANONYMES ITALIENS

DU XVᵉ SIÈCLE.

(Inconnues à Bartsch.)

1865 — Supplices d'hommes.
Belle épreuve. Très-rare.

1866 — Saint Jérôme à genoux ; pièce gravée dans le goût
de Robetta, — Jésus mis au tombeau ; estampe gravée au Maillet. Deux pièces.
Belles epreuves.

1867 — Animaux parmi lesquels on remarque une licorne se désaltérant à une rivière.
Très-belle épreuve.

1868 — Saint Jérôme en pénitence. Grande composition
analogue à celle gravée par Albert Durer, n° 61 de
son œuvre sur cuivre.
Cette estampe est classée parmi l'œuvre du Titien à la Bibliothèque impériale. Très-rare.

MAITRE ANONYHE DE L'ÉCOLE FLORENTINE.

1870 — La Nativité. Estampe inconnue à Bartsch (Pass. 62).
Très-belle épreuve. Rare.

MAITRES ANONYMES ITALIENS

DU XVIᵉ SIÈCLE.

1871 — Virginius tuant sa propre fille (B. vol. XIII, p.
108, 5).
Très-belle épreuve.

1872 — La même estampe.
Très-belle épreuve.

MAITRES ANONYMES ITALIENS
DU XVᵉ SIÈCLE.

1873 — Clio (B. 36).
Belle épreuve. Cette estampe ainsi que les suivontes sont décrites par Bartsch comme étant des copies, mais reconnues depuis comme originales par Passavant.

1874 — La Géométrie (B. 41).
Très-belle épreuve.

1875 — La Chronologie (B. 49).
Très-belle épreuve.

1876 — La Prudence (B. 52).
Très-belle épreuve.

1877 — La Charité (B. 55).
Très-belle épreuve.

1878 — L'Espérance (B. 56).
Très-belle épreuve.

1879 — Urania (B. 29). Grammatica (B. 38). Astrologia (B. 46). — Chronico (B. 49). Quatre pièces.
Très-belles épreuves des pièces que Bartsch indique comme étant les originaux.

1880 — Doxe (B. 24). — Grammatica (B. 38). — Cosmico (B. 50). — Justicia (B. 54). Quatre pièces.
Très-belles épreuves des copies de Bartsch, reconnues comme originales par Passavant.

MAITRES ANONYMES
DE L'ÉCOLE DE MARC-ANTOINE RAIMONDI
(B. t. XV, p. 48.)

1881 — La Théologie et la Métaphysique (B. 6), d'après Raphaël.
Très-belle épreuve.

MAITRES ANONYMES
DE L'ÉCOLE DE MARC-ANTOINE RAIMONDI

1882 — Femme pensive ; elle a le pied gauche appuyé
sur une boule et tient un livre de la main droite,
Pièce non décrite.
Superbe épreuve. Rare.
H. 190 mill. — L. 102 mill.

1883 — Sujets du Nouveau Testament, pièce divisée en
huit compartiments, représentant le Baptême du
Christ, la Naissance de la Vierge, la Décollation de
saint Jean, la Visitation etc. Pièce non décrite portant
la tablette de Marc-Antoine.
H. 214 mill. — L. 152 mill.

MAITRE ANONYME ITALIEN

1884 — Portrait de Michel-Ange Buonarotti.
Bonne épreuve.

MAITRE AU MONOGRAMME DU NOM
DE JÉSUS-CHRIST

1885 — La Sibylle Perse (B. 8).
Très-belle épreuve.

1886 — La Sibylle de l'Epire (B. 18).
Très-belle épreuve.

MAITRE AU DE

1887 — L'Envie chassée du temple des Muses, d'après B.
Peruzzi (17). — La Victoire de Scipion sur Syphax
(B. 73). — Combat naval (B. 78). Trois pièces.
Très-belles épreuves.

1888 — Sujet isolé de l'histoire de Psyché (B. 71).
Superbe épreuve avant la lettre.

MAITRE ANONYME ALLEMAND.

1889 — Sainte Véronique, soutenant la tête du Christ.
Estampe gravée sur bois. Rare.

MAITRES ANONYMES ALLEMANDS
DU XVᵉ SIÈCLE.

1890 — Sujets de la vie du Christ. Six pièces de forme
ronde, imprimées sur la même feuille.

1891 — Le Christ en croix, saint Jean et la Vierge sont
au pied de la croix. — La Messe de saint Grégoire.
Deux pièces.
    Belles épreuves; elles ont été coloriées.

1892 — L'Enfant prodigue à table Dans le bas, quatre
vers en allemand.
    Très-belle épreuve.

1893 — Les quatre Saisons. Suite de quatre estampes gravées sur bois.
    Très-belles épreuves.

1894 — Vue du port et de la ville de Corfoue. Dans le
haut une banderole avec cette inscription : *Corfum.*
Pièce non décrite.
    Très-belle épreuve.

1895 — Portrait de Charles V, en cuirasse et armé. Pièce
gravée sur bois.
    Très-belle épreuve. Rare.

1896 — Portrait de Charles V, en buste, gravé sur bois.
    Très-belle épreuve.

1897 — Portrait d'Erasme, en pied, d'après Holbein, gravé
sur bois.
    Belle épreuve.

1898 — Portrait de Philippe Melanchton, gravé sur bois.
    Très-belle épreuve.

MAITRE ANONYME DU XVe SIÈCLE

1900 — La Vierge allaitant l'Enfant Jésus (B. t. X, p. 126),
n°. 11.
Superbe épreuve.

MAITRE ANONYME HOLLANDAIS

1901 — Julius Casserius, docteur en médecine. Dans un
ovale entouré d'attributs allégoriques.
Très-belle épreuve.

1902 — Ranutius Farnesius, duc de Parme. Dans un ovale
entouré d'attributs allégoriques.
Très-belle épreuve.

MAITRE ANONYME FLAMAND DU XVIe SIÈCLE.

1903 — La Cène. Pièce non décrite.
Belle épreuve.

MAITRE ANONYME FLAMAND

1904 — Paysans les pieds dans l'eau.—Paysan marchant.
Deux pièces gravées à l'eau-forte.
Belles épreuves.

MAITRES ANONYMES FRANÇAIS

1905 — Les quatre Evangélistes. Suite de quatre estampes.
Très-belles épreuves.

1907 — Jupiter et Léda, petite pièce gravée à l'eau-forte.
Très-belle épreuve.

1908 — Tragédie de la Mal-Engendrée. — Paris retour-
nant à son bon sens. — Outrecuidance Guysarde.
Trois pièces allégoriques sur les guerres de la Ligue,
gravées sur bois. L'une représente les portraits de
Henri III et Henri IV, avec leur généalogie.
Très-belles épreuves.

MAITRE AU MONOGRAMME A.-G.

1909 — La Danse des morts, 1562. (B. 3, 4, 6). Trois pièces.
Très-belles épreuves.

MAITRE AU MONOGRAMME I. A., 1565

1910 — Un Tournoi, gravure sur bois.
Belle épreuve.

MAITRE AU MONOGRAMME A. S. F.

1911 — La Vierge aux cheveux longs, liés avec une ban-
delette, d'après Durer. (Brulliot, 1re partie, n° 383).
Très-belle épreuve.

MAITRE AU MONOGRAMME C. L. C.

1912 — Galathée (B. 2).
Belle épreuve.

MAITRE AU MONOGRAMME F. G.

1913 — Mutius Scévola (B. 1).
Belle épreuve.

1914 — Alexandre et Talestris, d'après le Primatice (B. 3).
Très-belle épreuve.

1915 — Vulcain et les Cyclopes, d'après le Primatice
(B. 4).
Très-belle epreuve.

1916 — Femme nue assise (B. 6).
Belle épreuve.

1917 — Le Porte-enseigne (B. 7).
Très-belle épreuve.

MAITRE AU MONOGRAMME G. H.

1918 — Sujets de la vie de la Vierge, de la Passion, les
Evangélistes. Huit pièces.
Très-belles épreuves.

MAITRE AU MONOGRAMME H. C.

1919 — Le Parnasse profané (B. 4).
Très-belle épreuve.

MAITRE AU MONOGRAMME I. B.

1920 — Les Enfants vendangeurs, d'après Raphaël (B. 35).
Belle épreuve.

MAITRE AU MONOGRAMME J. G.

1921 — La Vierge assise sur son trône (R. D. 6).
Très-belle épreuve.

1922 — La même estampe.
Très-belle épreuve.

1923 — Le Singe (R. D. 22).
Superbe épreuve.

1924 — La même estampe.
Très-belle épreuve.

MAITRE AU MONOGRAMME F. P.

1925 — La Force (B. 14).
Très-belle épreuve, plus le même sujet imprimé en camaieux.
2 pièces.

MAITRE AU MONAGRAMME L.
(Pass. vol. I, p. 143.)

1926 — Jésus en croix au milieu des deux Larrons. Petite estampe de forme ronde, non décrite, Diam., 55 mill. Rare.

MAITRE AU MONOGRAMME M. Z.

1927 — Le Crucifiement (B. 2).
Belle épreuve.

MAITRE P. V. H.

1928 — Les trois Chiens (B. 10).
Très-belle épreuve; elle a de la marge.

MAITRE AU MONOGRAMME R. O.

1929 — Grande Estampe représentant la Passion de Jésus-Christ. Pièce gravée sur bois.
Très-belle épreuve.

MAITRE AU MONOGRAMME S.
(P. t. III, p. 47.)

1930 — Le Couronnement d'épines, dans un médaillon. En bas, trois petits sujets allégoriques.
Pièce non décrite. Très-rare et superbe épreuve.
H. 118 mill. — L. 79 mill.

MAITRE AU MONOGRAMME S. F.

1931 — Le Jugement de Pâris.
Pièce non décrite.
H. 55 mill. — L. 47 mill.

MAITRE AU MONOGRAMME T. V. P.

(B. t. IX, p. 554.)

1932 Portrait de Georges Khevenhuller, premier chambellan de l'empereur (B. 2).
Très-belle épreuve.

MAITRES ANONYMES DU XVᵉ SIÈCLE.

1933 — Curiosités du musée d'Amsterdam ou fac-simile d'estampes de maîtres inconnus du xvᵉ siècle. Suite de trente-trois pièces avec texte, publiées à Utrecht et renfermées en portefeuille. Très-bel ouvrage.

MALGO

1934 — Lamballe (Marie-Louise de Savoye Carignan, princesse de), d'après Hickel.
Très-belle épreuve.

1935 — Marie-Antoinette, reine de France, d'après Hickel.
Très-belle épreuve avant la lettre (lettres tracées).

MANDEL

1936 — Le petit Pâtre.
Superbe épreuve d'artiste, sur papier de Chine.

1937 — Portrait de Van Dyck, d'après lui-même.
Très-belle épreuve avant la lettre, sur papier de Chine.

MANTEGNA (A.)

1938 — Jésus-Christ descendant aux Limbes (B. 5).
Très-belle épreuve de la copie, par Marius Kartarus.

1939 — La Flagellation (B. 1).
Très-belle épreuve.

MANTEGNA (A.)

1940 — La même estampe.
Très-belle épreuve.

1941 — La même composition.
Belle copie dans le sens de l'original, par un vieux maître qui y a fait quelques changements, particulièrement en ce qu'il a orné les colonnes d'un architrave.

1942 — Jésus-Christ ressuscité (B. 6).
Superbe épreuve.

1943 — La Vierge (B. 8).
Belle épreuve.

1944 — Le Sénat de Rome accompagnant un triomphe (B. 11).
Très-belle épreuve.

1945 — La même estampe.
Belle épreuve.

1946 — Les Soldats portant des trophées (B. 13).
Très-belle épreuve.

1947 — La même estampe.
Très-belle épreuve.

1948 — Répétition de la pièce précédente (B. 14).
Très-belle et rare épreuve avec la colonne sur la droite, qui presque toujours est coupée.

1949 — La même estampe.
Très-belle épreuve.

1950 — La même estampe.
Belle épreuve.

1951 — Hercule et Anthée (B. 16).
Belle épreuve.

1952 — Combat de deux Tritons (B. 17).
Superbe épreuve.

1953 — Combat de deux Tritons (B. 17).
Belle épreuve.

1954 — Bacchanale au Silène (B. 20).
Très-belle épreuve.

MARATTE (C.)

1955 — La sainte Vierge et le petit saint Jean (B. 9). — L'Adoration des bergers. Deux pièces.
Belles épreuves.

1956 — Héliodore, d'après Raphaël (B. 13). — L'Incendie du bourg, par Rossi. Deux pièces.
Belles épreuves.

MARCHETTI, FONTANA ET BERTINI

1957 — Les Dames romaines apportant leurs bijoux aux édiles. — La Continence de Scipion, etc., etc. Suite de cinq estampes, d'après Camuccini.
Très-belles épreuves.

MARILLIER (D'après)

1959 — Les Bains de Diane, par Malœuvre.
Très-belle épreuve.

MARINUS (J.)

1960 — La Nativité, d'après Jordaens.
Superbe épreuve du premier état, avant le changement du caractère des têtes, et avant l'adresse de Blotelingh.

1961 — La même estampe.
Très-belle épreuve.

1962 — Le Martyre d'une sainte, d'après Jordaens.
Très-belle épreuve.

MARCENAY (A. DE)

1963 — Bayard (le chevalier).
Superbe épreuve avant la lettre.

MARCENAY (A. DE)

1964 — Charles V, roi de France, dit le Sage.
Superbe épreuve avant la lettre.

1965 — Le même portrait.
Très-belle épreuve, même état que le précédent, plus une épreuve avec la lettre.

1966 — Hôpital (Michel de l'), chancelier de France.
Superbe épreuve avant la lettre.

1967 — Legoux de Gerlan (Benigne), ancien grand-bailli de la noblesse du Dijonnais.
Superbe épreuve avant la lettre.

1968 — Portrait de Turenne.
Superbe épreuve avant toutes lettres.

MARTINET (A.)

1969 — La Vierge au palmier, d'après Raphaël.
Très-belle épreuve avant la lettre, sur papier de Chine.

1970 — La Vierge à la rédemption, d'après Raphaël.
Belle épreuve.

1971 — La Vierge à l'oiseau, d'après Raphaël.
Très-belle épreuve d'artiste, sur papier de Chine.

1972 — Charles Ier insulté par ses gardes, d'après Paul Delaroche.
Superbe épreuve avant toutes lettres, sur papier de Chine. Elle porte la signature du graveur et a toute sa marge.

1973 — La même estampe.
Superbe épreuve avec le nom du graveur écrit à la pointe au milieu de la marge du bas. Elle est sur chine avec toute sa marge et est signée du graveur.

1974 — La même estampe.
Très-belle épreuve avant la lettre, sur papier de Chine et avec toute sa marge.

MARTINET (A.)

1975 — Portrait du duc de Pasquier, d'après H. Vernet.
Superbe épreuve d'artiste, sur papier de Chine.

1976 — Le Duc de Pasquier, d'après H. Vernet.
Très-belle épreuve avant toutes lettres; seulement les noms d'auteurs tracés; elle est sur papier de Chine.

1977 — Portrait de Rembrandt, d'après lui-même.
Très-belle épreuve avant toutes lettres.

MASQUELIER

1978 — La Déposition du Christ au tombeau, d'après Raphaël.
Belle épreuve sur papier de Chine.

1979 — La Vierge du Palais Colonna, d'après Raphaël.
Superbe épreuve avant toutes lettres; seulement le nom du graveur à la pointe.

1980 — La même estampe.
Très-belle épreuve avant la lettre.

1981 — La même estampe.
Très-belle épreuve.

MASSARD (R.-U.)

1982 — L'Enlèvement des Sabines, d'après David.
Superbe épreuve avant la lettre, sur papier de Chine; elle a toute sa marge.

1983 — Homère, d'après Gérard.
Très-belle épreuve avant toutes lettres.

1984 — Hippocrate refuse les présents d'Artaxercès, d'après Girodet.
Très-belle épreuve avant toutes lettres.

13

MASSARD (R.-U.)

1985 — Hippocrate refuse les présents d'Artaxercès d'après Girodet.
Très-belle épreuve.

1986 — Atala, d'après Girodet.
Belle épreuve.

1987 — Portrait de Louis XVIII, d'après Gérard.
Très-belle épreuve.

1988 — Henri-Jacques-Guillaume Clarke, duc de Feltre, d'après Fabre.
Très-belle épreuve.

MASSARD (J.)

1989 — Charles Ier, roi d'Angleterre, et sa famille, d'après Van Dyck.
Très-belle épreuve.

1990 — La même estampe.
Très-belle épreuve.

MASSARD (L.)

1991 — L'Immaculée conception, d'après Murillo.
Très-belle épreuve.

MASSARD (J.-B.-L.)

1992 — La Vierge au linge, d'après Raphaël.
Belle épreuve.

MASSON (A.)

1993 — Les Disciples d'Emmaüs, d'après Titien (R. D. 5). Pièce dite la Nappe.

Superbe épreuve du 2e état, avant le trait échappé au-dessus de l'arbre qui se voit près de la fabrique, au haut de la droite; elle a de la marge.

1994 — La même estampe.

Très-belle épreuve du même état que la précédente.

1995 — Bouillon (Emmanuel-Théodose de la Tour d'Aurgue, duc d'Albret, cardinal de) (44).

Très-belle épreuve.

1996 — Brisacier (Guillaume de).

Très-belle épreuve.

1997 — Charrier (Gaspard), lieutenant criminel au présidial de Lyon, d'après Th. Blanchet (16).

Très-belle épreuve du 2e état.

1998 — Chevreuse (Charles-Honoré d'Albert, duc de) (17).

Très-belle épreuve.

1999 — Colbert (Jacques-Nicolas), abbé du Bec (R. D. 20).

Très-belle épreuve du 2e état.

2000 — Colbert (Michel), abbé général des Prémontrés (22).

Très-belle épreuve.

2001 — Cureau de la Chambre (Marin), d'après Mignard (24).

Superbe épreuve du 1er état, avant les contre-tailles sur la joue gauche du personnage.

2002 — Dupuis (Pierre), peintre de fleurs, d'après Van Dyck (25).

Belle épreuve.

2003 — Guise (Marie de Lorraine, duchesse de), princesse de Joinville, d'après Mignard.

Superbe épreuve du 3e état, avant le lapin.

MASSON (A.)

2004 — Le même portrait.
Belle épreuve.

2005 — Harcourt (Henri de Lorraine, comte d') grand écuyer de France (R. D. 34).
Très-belle épreuve du 1er état, avant le chiffre 4, dans le haut de la marge droite.

2006 — La même estampe.
Très-belle épreuve du 2e état.

2007 — Helyot (Marie Herinx, femme de Claude) (R. D. 36).
Très-belle épreuve.

2008 — Lamoignon (Guillaume de), premier président du Parlement de Paris (R. D. 38).
Très-belle épreuve.

2009 — Medavy (François Rouxel de), archevêque de Rouen (51).
Très-belle épreuve.

2010 — Patin (Gui), savant médecin (R. D. 59).
Très-belle épreuve du 2e état; plus le même portrait du 3e état, 2 pièces.

2011 — Péréfixe (Hardouin de Beaumont de), archevêque de Paris (61).
Très-belle épreuve.

2012 — Turgot de Saint-Clair (Antoine), maître des requêtes (R. D. 66).
Très-belle épreuve.

MATHAM

2013 — Sainte-Madeleine priant dans le désert, par N. Braeu (B. 6). Plus un fou tenant une marotte qu'il montre en riant, par Saenredam (B. 103). Deux pièces.
Très-belles épreuves.

MATHAM

2014 — Vénus et Cérès (B. 18 et 20). Deux pièces.
Très-belles épreuves.

2015 — Les quatre Saisons. Suite de quatre estampes
(B. 51-54).
Très-belles épreuves.

2016 — Cupidon venant trouver au lit sa chère Psyché,
d'après Bloemaert (B. 76).
Très-belle épreuve.

2017 — Moyse, législateur d'Israël, d'après Michel-Ange
(B. 81).
Très-belle épreuve.

2018 — Le Portement de croix, d'après Albert Durer
(B. 97).
Très-belle épreuve.

2019 — Les Amours des Dieux. Suite de quatre estampes,
d'après Goltzius (B. 156-159).
Très-belles épreuves.

2020 — Pièce allégorique sur la mort, d'après Karel Van
Mander.
Très-belle épreuve.

2021 — Une Hollandaise apportant du poisson dans une
chambre (B. 165). Un homme parlant à une femme
qu'il prend par les épaules (B. 166). Deux pièces
d'après Langepier.
Très-belles épreuves.

2022 — Dieu ordonnant à l'ange Gabriel d'aller trouver
la Vierge, d'après Pocchietti (B. 188).
Très-belle épreuve.

2023 — Les Vices. Suite de sept estampes (B. 271, 277).
Le n° 274 manque, plus la Foi (B. 264) et la Tempé-
rance (B. 270). En tout huit pièces.
Très-belles épreuves.

MATHAM

2024 — Divers Sujets de mythologie. Suite de huit estampes (B. 278-285).
Superbes épreuves. Une pièce manque pour que la suite soit complète.

2025 — Anne-Catherine-Constance, comtesse palatine du Rhin.
Très-belle épreuve.

2026 — Catzius (Cornelius), prédicateur hollandais.
Très-belle épreuve.

2027 — Stephanus Crachtius, d'après Spilberge.
Très-belle épreuve.

2028 — François Junius. — Pierre Bör. — Samuel Maresius, etc. Quatre pièces.
Très-belles épreuves.

2029 — Kœrten (J), d'après C. Van Savoyen.
Très-belle épreuve.

2030 — Portrait du pape Léon XI.
Trés-belle épreuve.

2031 — Rénier Paare, président des États de Hollande, d'après D. Mytens.
Très-belle épreuve.

2032 — Ambroise Plettenbergh.
Très-belle épreuve.

2033 — Jean Vondel, d'après Sandrart.
Belle épreuve.

MATHIEU (J.)

2034 — Pèlerinage à Saint-Nicolas, d'après de Launey.
Superbe épreuve.

MATSYS (CORNEILLE)

2035 — La Transfiguration (B. 25).
Très-belle épreuve.

MAURER (Christophe)

2036 — La Chasse au cerf; pièce gravée à l'eau-forte (B. 3).
Très-belle épreuve.

MAZZUOLI (F.) (dit le Parmesan)

2037 — Judith (B. 1).
Très-belle épreuve.

2038 — La même estampe.
Très-belle épreuve.

2039 — La Nativité (B. 3).
Très-belle épreuve.

2040 — La même estampe.

2041 — Sainte Thaïs (B. 10).
Très-belle épreuve.

2042 — La même estampe.
Belle épreuve.

2043 — Le Berger debout (B. 12). — Le jeune Homme et
les deux Vieillards (B. 13). Plus la copie des deux
Amants (B. 14). Trois pièces.
Très-belles épreuves.

2044 — Les mêmes estampes.
Très-belles épreuves.

MECKEN (I. DE)

2045 — Judith (B. 4).
Très-belle épreuve.

2046 — La Décollation de saint Jean-Baptiste (B. 8).
Magnifique épreuve.

2047 — Le Lavement des pieds (B. 10).
Très-belle épreuve.

MECKEN (I. DE)

2048 — La Prise de Jésus-Christ. (B. 11)
Belle épreuve.

2049 — Jésus-Christ amené chez Caïphe (B. 12).
Très-belle épreuve.

2050 — La même estampe.
Belle épreuve.

2051 — Jésus-Christ amené chez Pilate (B. 15).
Belle épreuve.

2052 — L'Annonciation (B. 34).
Magnifique épreuve. Collection Esdaile et Marshall.

2053 — L'Adoration des rois (B. 36).
Superbe épreuve.

2054 — Le Massacre des innocents (B. 38).
Très-belle épreuve.

2055 — Saint Jacques le mineur (B. 58).
Très-belle épreuve.

2056 — Saint Christophe (B. 90).
Très-belle épreuve.

2057 — Saint Christophe (B. 91).
Très-belle épreuve.

2058 — Saint Grégoire et ses assistants adorant Jésus-Christ (B. 101).
Très-belle épreuve.

2059 — Sainte Elisabeth (B. 127).
Belle épreuve.

2060 — Sainte Marguerite (B. 129).
Très-belle épreuve.

2061 — La Chanteuse et le Joueur de guitare (B. 174).
Très-belle épreuve.

2062 — Les deux Amants (B. 181).
Très-belle épreuve.

MECKEN (I. DE)

2063 — L'Officier et sa Maîtressé (B. 182).
Superbe épreuve.

2064 — L'Encensoir. Estampe inconnue à Bartsch (Pass. 260).
Très-belle épreuve.

MEER (JEAN VAN DER)

2065 — La Brebis debout (B. 2).
Très-belle épreuve.

MEISSONNIER (M.)

2066 — Marche de lansquenets.
Eau forte rare, papier de Chine.

MELDOLLA

2067 — La Vierge accompagnée de saints (B. 59).
Bonne épreuve.

2068 — Différents Saints présents à l'hommage rendu par saint Jean à l'Enfant Jésus (B. 64).
Très-belle épreuve.

2069 — La même estampe.
Belle épreuve.

2070 — Retour de l'Enfant prodigue. Estampe non décrite.
Belle épreuve. Rare.

MELLAN (CL.

2071 — Anne d'Autriche, reine de France, en costume de veuve.
Très-belle épreuve.

MELLAN (CL.

2072 — Anne d'Autriche, reine de France.
Très-belle épreuve.

2073 — Fouquet (Nicolas), ministre et secrétaire d'Etat.
Très-belle épreuve.

2074 — Louise-Marie de Gonzague, reine de Pologne.
Très-belle épreuve.

2075 — Henriette-Marie de Buade-Frontenac.
Très-belle épreuve.

MERCURY (PAOLO)

2076 — Sainte Amélie, reine de Hongrie, d'après Paul Delaroche.
Superbe épreuve avant toutes lettres.

2077 — Sainte Amélie, reine de Hongrie, d'après Paul Delaroche.
Très-belle épreuve avant la lettre, sur papier de Chine. Elle a toute sa marge.

2078 — La même estampe.
Très-belle épreuve.

2079 — Le Supplice de Jane Gray, d'après Paul Delaroche.
Superbe épreuve avant toutes lettres, sur papier de Chine. Elle a toute sa marge.

2080 — La même estampe.
Très-belle épreuve avant la lettre, sur papier de Chine, Elle a toute sa marge.

2081 — La même estampe.
Très-belle épreuve.

2082 — Les Moissonneurs, d'après Léopold Robert.
Très-belle épreuve avant la lettre sur papier de Chine.

MERCURY (Paolo)

2083 — Portrait de Mme de Maintenon, d'après l'émail de Petitot.
Épreuve avant toute lettre, sur papier de Chine.

2084 — Portrait de Christophe Colomb.
Superbe épreuve avant toutes lettres. Elle est avant la bordure signée du graveur.

2085 — Le même portrait.
Très-belle épreuve avant la lettre, sur papier de Chine.

MERYON

2087 — L'Arche du pont Notre-Dame, 1850.
Superbe épreuve avant la lettre.

2089 — La Pompe Notre-Dame, 1852.
Très-belle épreuve.

2090 — Rue des Chantres, 1852.
Très-belle épreuve.

2092 — Vue du collège Henri IV.
Très-belle épreuve. La mer est supprimée et le titre changé.

2093 — Vue du grand Châtelet à Paris.
Superbe épreuve avant toutes lettres.

2094 — Bain froid Chevrier, dit de l'École.
Très-belle épreuve.

2095 — Vue du Ministère de la marine.
Superbe épreuve avant la lettre.

2096 — Océanie. Ilots à Uvea Wallis. Pêche aux palmes.
Très-belle épreuve.

2097 — Voyage de la corvette *le Rhin*, Nouvelle-Zélande. Nouvelle-Calédonie. Deux pièces.
Très-belles épreuves.

MERYON

2098 — Rébus. Ci-gît la Vendetta, et Béranger ne fut véritablement fort, car il n'eut jamais la clef des champs. Deux pièces.

Très-belles épreuves.

METZMACHER

2099 — Philippe de Champaigne, d'après lui-même.
Très-belle épreuve, sur papier de Chine.

MICHEL (J.-B.)

2100 — Mlle Clairon, d'après Saint-Aubin.
Très-belle épreuve.

MICHIELS

2101 — Pierre-le-Grand à Saaredam, d'après B.-G. Wappers.

Superbe épreuve d'artiste, sur papier de Chine. Elle porte la signature du graveur, avec une dédicace à E. Corr.

MIGNERET (A.)

2102 — Pierre le Grand sur une barque.
Très-belle épreuve avant la lettre, sur papier de Chine.

MILLET (F.)

2103 — Les deux Amants (R. D. 1).
Très-belle épreuve.

MILLET (F.)

2104 — Le Voyageur (R. D. 2).
Très-belle épreuve. Collection Esdaile.

2105 — Ville Antique (R. D. 3).
Très-belle épreuve.

MODÈNE (Nicoleto de)

2106 — Vénus et l'Amour (B. 47).
Magnifique épreuve. Très-rare.

2106 bis. — Vulcain forgeant des armes, estampe inconnue à Bartsch, mais décrite par Passavent. (Pass. 92.
Très-belle épreuve. Très-rare.

MOITTE

2107 — Chauvelin (H. Ph.), abbé de Montieramé, d'après
Roslin le Suédois.
Belle épreuve.

MOLYN (P. de)

2108 — Différents Paysages ornés de figures (B. 1-4).
Suite de quatre estampes.
Très-belles épreuves.

MONTAGNA (B.)

2109 — Le Satyre (B. 17).
Très-belle épreuve.

MOOR (CH. DE)

2110 — François Mieris, peintre à Leyde.
Superbe épreuve avant toutes lettres d'un premier état non décrit avec une couleur d'eau-forte sur la figure du personnage. Très-rare.

2111 — La même estampe.
Très-belle épreuve.

MOREAU (D'après)

2112 — Buste de la comtesse d'Artois, entouré de figures allégoriques, par Simonnet.
Superbe épreuve avant toutes lettres.

2113 — Déclaration de la grossesse. — J'en accepte l'heureux présage. — La grande Toilette. — Le Seigneur chez son fermier. Quatre pièces.
Belles épreuves.

MOREL (A.-A.)

2114 — Jugement de Salomon, d'après N. Poussin.
Belle épreuve.

2115 — Retour de l'Enfant prodigue, d'après Spada.
Très-belle épreuve avant la lettre, avec les noms à la pointe.

MORIN (JEAN)

2116 — Bentivoglio (Guido), cardinal, d'après Van Dyck (43).
Très-belle épreuve.

2117 — La même estampe.
Très-belle épreuve.

MORIN (Jean)

2118 — Berthier (Pierre), évêque de Montauban, d'après Ph. de Champaigne (44).
Très-belle épreuve.

2119 — Bourbon-Conti (Armand de), d'après Juste (R. D. 47).
Très-belle épreuve.

2120 — Brachet de la Milletière (Théophile), d'après Champaigne (R. D. 48).
Très-belle épreuve.

2121 — Camus (Jean-Pierre), évêque de Belley, d'après Ph. de Champaigne (49).
Superbe épreuve.

2122 — Chrystin (N.), d'après Van Dyck (R. D. 54).
Superbe épreuve.

2123 — Gesvres (François Potier, marquis de), d'après Ph. de Champaigne (53).
Très-belle épreuve.

2124 — Grimberghe (Honorine), comtesse de Bossu, d'a-près Van Dyck (55).
Très-belle épreuve.

2125 — Le même personnage (56).
Très-belle épreuve.

2126 — Guise (Henri de Lorraine, duc de), d'après Cit-termans (57).
Très-belle épreuve.

2127 — Henri II, roi de France, d'après Janet (59).
Superbe épreuve.

2128 — Henri IV, roi de France, d'après Ferdinand (60).
Très-belle épreuve.

2129 — Jansenius (Corneille), évêque d'Ypres (64).
Très-belle épreuve du 1er état.

MORIN (Jean)

2130 — Louis XIII, roi de France, d'après Ph. de Champagne (R. D. 64).
Très-belle épreuve.

2131 — Maisons (le président de), d'après Ph. de Champaigne (R. D. 65).
Très-belle épreuve.

2132 — Marillac (Michel de), garde des sceaux de France, d'après Ph. de Champaigne (66).
Très-belle épreuve.

2133 — Mazarin (le cardinal), d'après Ph. de Champaigne (68).
Belle épreuve.

2134 Metz (Nicolas de), évêque d'Orléans, d'après Ph. de Champaigne (70).
Très-belle épreuve.

2135 — Talon (Omer), avocat général au Parlement de Paris, d'après Ph. de Champaigne (74).
Très-belle épreuve.

2136 — Tarrisse (Grégoire), supérieur général de la congrégation de Saint-Maur (R. D. 75).
Très-belle épreuve.

2137 — Le Tellier (Michel), secrétaire des commandements du roi, d'après Ph. de Champaigne (76).
Superbe épreuve.

2138 — Thou (Christophe de) premier président (78).
Superbe épreuve.

2139 Tubœuf (Jacques), intendant des finances, d'après Ph. de Champaigne (80).
Superbe épreuve.

2140 — Valois (Charles de), duc d'Angoulême, d'après Ph. de Champaigne (81).
Très-belle épreuve.

MORIN (Jean)

8.50   2141 — Le même portrait.
Très-belle épreuve.

14   2142 — Vignerod (Jean-Baptiste-Amador), abbé de Richelieu, d'après Ph. de Champaigne (85).
Très-belle épreuve.

18.50

2143 — Villemontée (François de), intendant en Poitou,
d'après Ph. de Champaigne (86).
Superbe épreuve.

2144 — Villeroy (Nicolas de Neufville, marquis de), d'a-
près Ph. de Champaigne (87).
Très-belle épreuve.

16   2145 — Vitré (Antoine), imprimeur à Paris, d'après Ph. de
Champaigne (88).
Très-belle épreuve.

MORGHEN (Raphael)

4   2146 — Son portrait.
Très-belle épreuve avant la lettre. Plus le même portrait, épreuve
avec la lettre. Deux pièces.

10.50

2147 — Le Sauveur du monde, d'après L. da Vinci.
Très-belle épreuve avant la lettre (lettres grises).

2148 — La même pièce.
Très-belle épreuve.

4   2149 — Tête de Christ, d'après L. de Vinci.
Très-belle épreuve.

4.50   2150 — Tête de Christ, d'après L. da Vinci.
Très-belle épreuve d'une planche inédite.

10   2151 — Le Sauveur du monde, d'après Carlo Dolci.
Très-belle épreuve avant la lettre.

130   2152 — La Cène, d'après Léonard de Vinci.
Superbe épreuve avant la lettre, la dédicace et les noms d'auteurs
tracés.

MORGHEN (Raphael)

2153 — La même estampe.
Très-belle épreuve avant la virgule.

2154 — La même estampe.
Très-belle épreuve avec la virgule.

2155 — La même estampe.
Très-belle épreuve avec la virgule effacée.

2156 — La Transfiguration, d'après Raphaël.
Superbe épreuve avant la lettre, l'inscription : *Et transfiguratus est ante eos Mat.*, v. XVIII, t. II, et les noms d'auteurs tracés. Elle a toute la marge.

2157 — La même estampe.
Très-belle épreuve de souscription, portant le n° 430 et la signature de R. Morghen. Grandes marges.

2158 — La même estampe.
Très-belle et ancienne épreuve, avec une belle marge.

2159 — Jésus-Christ apparaissant à sainte Madeleine, d'après F. Baroccio.
Très-belle épreuve avant la lettre.

2160 — La Vierge au Sac, d'après André del Sarte.
Très-belle épreuve avant la lettre (lettres tracées).

2161 — La Jurisprudence, d'après Raphaël. — La Vierge au sac, d'après A. del Sarte. Deux pièces faisant pendant.
Très-belles épreuves.

2162 — La Vierge vue à mi-corps, dans un paysage; elle tient l'Enfant Jésus couché dans ses bras, d'après le Titien.
Très-belle épreuve avant la lettre (lettres tracées). Elle a de la marge.

2163 — La Vierge à la chaise, d'après Raphaël.
Très-belle épreuve.

MORGHEN (RAPHAEL)

2164 — La Madeleine en prière, d'après Murillo.
Très-belle épreuve avant la lettre, avec une belle marge.

2165 — La même estampe.
Très-belle épreuve.

2166 — Sainte Madeleine, d'après C. Dolci.
Très-belle épreuve avant la lettre (lettres grises). Elle est imprimée sur vélin.

2167 — Saint Jean prêchant dans le désert, d'après Guido Reni.
Superbe épreuve avant la lettre.

2168 — Le Char de l'Aurore, d'après la fresque du Guide au palais Rospigliosi, à Rome.
Magnifique épreuve avant la lettre.

2169 — La même estampe.
Très-belle épreuve, dite ainsi aux voiles blanches.

2170 — La même estampe.
Superbe épreuve, dite dans cet état aux voiles blanches. Elle a toute sa marge.

2171 — Les Nymphes de Diane, armées d'arcs et de flèches, d'après le Dominiquin. — Apollon et les Musses sur le Parnasse, d'après Raphaël Mengs. Deux pièces faisant pendant.
Très-belles épreuves.

2172 — La Charité, d'après le Corrège.
Très-belle épreuve avant la lettre.

2173 — La même estampe.
Très-belle épreuve.

2174 — La Poésie, d'après Carlo Dolci.
Très-belle épreuve avant toutes lettres.

MORGHEN (Raphael)

2175 — La Poésie. — La Théologie. — La Philosophie et la Justice. Quatre pièces de formes rondes, d'après les peintures de Raphaël au Vatican.
Très-belles épreuves.

2176 — La même suite.
Belles épreuves avec de grandes marges.

2177 — La Justice et la Théologie. Deux pièces de la suite précédente.
Très-belles épreuves avant la lettre. La première est avant toutes lettres.

2178 — Les Trois Ages, d'après Gérard.
Très-belle épreuve avant la lettre (lettres tracées). Elle a toute sa marge.

2179 — Le Temps faisant danser les Muses, d'après Nicolas Poussin.
Très-belle épreuve avant la lettre (lettres tracées).

2180 — Le Tombeau du pape Clément XIII, d'après Canova.
Très-belle épreuve.

2181 — Portrait de Raphaël, d'après lui-même.
Superbe épreuve avant la lettre (lettres tracées). Elle a de la marge.

2182 — Portrait de Raphaël, d'après lui-même.
Très-belle épreuve.

2183 — La Fornarine, d'après Raphaël.
Superbe épreuve avant la lettre (lettres tracées). Elle a de la marge.

2184 — Le même portrait.
Très-rare épreuve avant toutes lettres ; le bras est encore blanc. La main et la poitrine sont légèrement couvertes. Elle a toute sa sa marge.

2185 — Tête de la Fornarine. Dans un petit ovale.
Superbe épreuve. Rare.

MORGHEN (Raphaël)

2186 — Le Chevalier de Moncade, d'après Van Dyck.
Très-belle épreuve avant la lettre (lettres tracées).

2187 — La même estampe.
Très-belle épreuve avant une taille perpendiculaire sur la cuirasse.

2188 — Portraits de l'Ariosto, Boccace, Dante, Pétrarque et le Tasse. Suite de cinq portraits, d'après Tofanelli et autres.
Très-belles épreuves.

2189 — Lodovico Ariosto, d'après Pietro Ermini.
Très-belle épreuve avant toutes lettres.

2190 — Le même portrait.
Très-belle épreuve avant toutes lettres, seulement les noms des auteurs. Elle est sur papier de Chine non collé.

2191 — Le même portrait.
Très-belle épreuve avant la lettre (lettres tracées).

2192 — Francesco Petrarca, d'après Stefano Tofanelli.
Très-belle épreuve avant toutes lettres.

2193 — Le même portrait.
Très-belle épreuve avant toute lettres, seulement les noms d'auteurs tracés.

2194 — Torquato Tasso, d'après Pietra Ermini.
Très-belle épreuve avant la lettre (lettres tracées).

2195 — Le même portrait.
Belle épreuve.

2196 — Dante Alighieri, petit portrait de forme ovale, d'après Tofanelli.
Très-belle épreuve avant la lettre (lettres grises).

2197 — Leonardo da Vinci, d'après lui-même.
Très-belle épreuve.

MORGHEN (Raphael)

2198 — Vittorio Alfieri, d'après Fabre.
Très-belle épreuve avant la lettre (lettres grises), sur vélin.

2199 — Rossini (Gioacchino), buste sur fond blanc, d'après Bartolini.
Très-belle épreuve avant la lettre.

2200 — Marie-Ferdinande de Saxe, grande duchesse de Toscane, d'après V. Gozzini.
Très-belle épreuve avant toutes lettres.

2201 — Mme Fulger.
Très-belle épreuve.

2202 — Guillaume II, prince de Nassau, d'après Mierevelt.
Très-belle épreuve avant la lettre.

2203 — Madonna Laura, d'après S. Memmi.
Très-belle épreuve avant toutes lettres, sur papier de Chine.

MORGHEN et PERFETTI

2204 — Lorenzo de Médicis, d'après G. Vasari. — Cosimo Padre della Patoria, d'après G. Carrucci. Deux portraits faisant pendant.
Très-belles épreuves avant la lettre (lettres grises).

MOUCHERON

2205 — Représentation du bâtiment sur le canal près du Mail, à Amsterdam, par ordres des bourgmestres et des régents de cette ville, pour recevoir la grande ambassade moscovite, le 29 août 1697.
Superbe épreuve. Rare.

MOYAERT (N.)

2206 — Troupeau de bœufs et de moutons au milieu d'un
paysage.
Très-belle épreuve.

MULLER (J.)

2207 — La Vierge ayant sur ses genoux l'Enfant Jésus
qui tient une fleur, d'après B. Spranger (B. 66).
Très-belle épreuve.

2208 — Les Nymphes de la terre redevables à Vénus de
leur fécondité, lui présentent les prémices des fleurs,
d'après B. Spranger (B. 73).
Très-belle épreuve.

2209 — Chrétien IV, roi de Danemark, d'après P. Isaak.
Épreuve de la plus grande rareté. Il n'y a que la tête du person
nage de terminée. Les vêtements du corps, la collerette et les mains
ne sont indiqués qu'au trait ; le fond est blanc.

2210 — Neyen (Jean), d'après Mierevelt.
Très-belle épreuve.

2211 — Jean Neyen, d'après Mierevelt.
Très-belle épreuve.

2212 — Spinola (Ambroise), d'après Mierevelt.
Très-belle épreuve.

MULLER (Jean-Gothard)

2213 — La Vierge à la chaise, d'après Raphaël.
Superbe épreuve avant toutes lettres.

2214 — Sainte Cécile, d'après le Dominiquin.
Superbe épreuve avant toutes lettres, avec toute sa marge.

2215 — Portrait de Mme Le Brun, d'après elle-même.
Superbe épreuve avant toutes lettres ; elle a de la marge.

2216 — Portrait de Louis XVI, en manteau royal.
Épreuve avant la lettre, sur papier de Chine.

MULLER (Fr.)

2217 — Saint Jean l'évangéliste, d'après le Dominiquin.
Superbe épreuve avant la lettre et avant le nom de l'imprimeur Ramboz ; le texte et les noms d'auteurs tracés à la pointe.

2218 — La même estampe.
Très-belle épreuve avec la date de 1808. Elle a toute sa marge.

2219 — La Madone de Saint-Sixte, d'après Raphaël.
Très-belle épreuve avant la retouche.

2220 — La même estampe.
Très-belle épreuve avant la retouche.

MULLER (G.)

2221 — Le Christ en croix, d'après A. Durer.
Très-belle épreuve.

MULLER (J.-M.-Enzing)

2222 — Sainte Marie, d'après Schraudolph.
Très-belle épreuve sur papier de Chine.

2223 — La même estampe.
Très-belle épreuve.

MUNKHUYSEN

2224 — Henri Vander Graft, d'après Van Ingen.
Superbe épreuve.

NADAT (dit le Maître à la Ratière)

2225 — La Vierge et sainte Anne (B. 1).
Superbe épreuve.

2226 — Les deux Armées (B. 2).
Très-belle épreuve.

NAIWINCX H.)

2227 — Différents Paysages (B. 1-8). Suite de huit estampes.
Très-belles épreuves.

NANTEUIL (Robert)

2228 — Les quatre Évangélistes (R. D. 7).
Très-belle épreuve du 2e état.

2229 — La même estampe.
Belle épreuve du 3e état.

2230 — Amelot (Jacques), premier président de la cour des aides (R. D. 19).
Belle épreuve du 3e état.

2231 — Anne d'Autriche, reine de France, d'après Mignard (R. D. 22).
Très-belle épreuve.

2332 — Auvry (Claude), évêque de Coutances (R. D. 26).
Belle épreuve du 2e état.

2233 — Bailleul (Louis de), président à Mortier au parlement de Paris (R. D. 27).
Épreuve du 3e état.

2234 — Barberin (Antoine), cardinal, archevêque de Reims (R. D. 28).
Bonne épreuve.

2235 — Le même personnage (R. D. 29).
Superbe épreuve du 1er état.

2236 — Le même personnage (R. D. 30).
Superbe épreuve.

2237 — Barrillon de Morengis (Antoine), conseiller d'État (R. D. 31).
Superbe épreuve.

NANTEUIL (ROBERT)

2238 — La même estampe.
Très-belle épreuve.

2239 — Bartillat (Étienne Jehannot de), garde du Trésor royal (R. D. 32).
Très-belle épreuve du 1ᵉʳ état.

2240 — Beaufort (François de Vendôme, duc de), surnommé le Roi des Halles (R. D. 33).
Très-belle épreuve du 1ᵉʳ état; elle a de la marge.

2241 — Le même portrait.
Très-belle épreuve du même état.

2242 — Beaumanoir de Lavardin (Philibert-Emmanuel de), évêque du Mans. (R. D. 34).
Superbe épreuve du 1ᵉʳ état.

2243 — Le même portrait.
Belle épreuve du 2ᵉ état.

2244 — Le même personnage (R. D. 35).
Très-belle épreuve du 1ᵉʳ état.

2245 — Le même portrait.
Épreuve d'un état intermédiaire entre le 4ᵉ et le 5ᵉ, avec l'adresse de Trognié, rue Saint-Jacques.

2246 — Bellièvre (Pompone de), premier président au Parlement de Paris (R. D. 36).
Très-belle épreuve.

2247 — Le même personnage (R. D. 37).
Rare épreuve du 1ᵉʳ état avant le guillemet.

2248 — Le même portrait.
Très-belle épreuve.

2249 — Benoise (Charles), conseiller au Parlement de Paris (R. D. 38).
Très-belle épreuve.

NANTEUIL (Robert)

2250 — Blanchart (François), abbé de Sainte-Geneviève (39).
Très-belle épreuve du 1er état.

2251 — Blondeau (François), président de la Chambre des comptes (R. D. 40).
Très-belle épreuve.

2252 — Le même portrait.
Belle épreuve avec de la marge.

2253 — Blondel (David), de Chaalon en Champagne, ministre protestant et historien (R. D. 41).
Très-belle épreuve du 1er état.

2254 — Bochart-de-Saron, chanoine de l'église de Paris (R. D. 42).
Très-belle épreuve.

2255 — Boileau (Gilles), greffier de la grand'chambre du Parlement de Paris (R. D. 43).
Très-belle épreuve.

2256 — Le même portrait.
Très-belle épreuve.

2257 — Bossuet (Jacques-Bénigne), évêque de Meaux.
Belle épreuve du 1er état, imprimée sur satin.

2258 — Bouillon (Frédéric-Maurice de La Tour-d'Auvergne, duc de) (48).
Belle épreuve du 3e état.

2259 — Bouillon (Godefroi-Maurice de La Tour d'Auvergne, duc de), grand chambellan de France (50).
Très-belle épreuve du 4e état.

2260 — Bouillon (Emmanuel-Théodose de La Tour-d'Auvergne, cardinal de) (52).
Très-belle épreuve.

2261 — Bouthillier (Victor Le), archevêque de Tours (R. D. 54).
Très-belle du 1er état.

NANTEUIL (ROBERT)

2262 — Le même portrait.
Très-belle épreuve du 2ᵉ état, non décrit, avec l'année 1651 enlevée.

2263 — Le même personnage (56).
Très-belle épreuve.

2264 — Bragelonne (Marie de), veuve de Claude le Bouthillier, surintendant des finances (R. D. 57).
Très-belle épreuve.

2265 — Castelnau (Jacques, marquis de), maréchal de
France (R. D. 58).
Très-belle épreuve.

2266 — Chamillard (Gui), maître des requêtes de l'hôtel
(R. D. 59).
Très-belle épreuve du 2ᵉ état.

2267 — Le même portrait.
Belle épreuve du 3ᵉ état.

2268 — Chapelain (Jean), membre de l'Académie française
(R. D. 60).
Très-belle épreuve du 2ᵉ état.

2269 — Le même portrait.
Belle épreuve.

2270 — Charles-Emmanuel II, duc de Savoie (R. D. 61).
Très-belle épreuve.

2271 — Charles II, de Gonzague, duc de Mantoue
(R. D. 62).
Très-belle épreuve.

2272 — Charles de Lorraine, cinquième du nom (R. D. 63).
Superbe épreuve.

2273 — Chavigny (Léon Le Bouthillier, comte de), ministre d'État (R. D. 66).
Très-belle épreuve.

NANTEUIL (Robert)

2274 — Le même portrait.
Très-belle épreuve avec de la marge.

2275 — Christine, reine de Suède (R. D. 67).
Très-belle épreuve du 2e état.

2276 — Clermont-Tonnerre (François de), évêque de Noyon (R. D. 68).
Superbe épreuve du 1er état.

2277 — Coislin (Pierre de Cambout, cardinal de) (R. D. 69).
Superbe épreuve du 1er état.

2278 — Le même personnage (R. D. 70).
Superbe épreuve du 1er état.

2279 — Colbert (Jean-Baptiste), contrôleur général des finances (R. D. 71).
Belle épreuve du 3e état.

2280 — Le même personnage (R. D. 73). Grande thèse en deux feuilles, dont nous n'avons que le haut.
Très-belle épreuve.

2281 — Créqui (François de Bonne, maréchal de) (R. D. 81).
Superbe épreuve.

2282 — De Sève (Alexandre), conseiller d'État, prévôt des marchands (R. D. 82).
Très-belle épreuve.

2283 — Doni-d'Attichy (Louis), évêque d'Autun (R. D. 83).
Très-belle épreuve.

2284 — Dorieu (Jean), président en la cour des aides (R. D. 84).
Très-belle épreuve.

2285 — Dunois (Jean-Louis-Charles d'Orléans-Longueville, comte de) (R. D. 86).
Très-belle épreuve.

NANTEUIL (ROBERT)

2286 — Dupuy (les deux frères Pierre et Jacques) sur la même planche (89).
Superbe épreuve du 1er état.

2287 — Enghien (Henri-Jules de Bourbon, duc d'), sur-nommé monsieur le Duc (R. D. 90).
Superbe épreuve.

2288 — Espernon (Bernard de Foix de la Valette, duc d') (R. D. 91).
Belle épreuve.

2289 — Estrées (César, cardinal d') (R. D. 92).
Très-belle épreuve.

2290 — Fieubert (Gaspard de), premier président au Parlement de Toulouse (R. D. 96).
Très-belle épreuve.

2291 — Fouquet (Nicolas), surintendant des finances (R. D. 98).
Superbe épreuve du 2e état.

2292 — Le même portrait.
Très-belle épreuve du 2e état.

2293 — Fronteau (Jean), chanoine de Sainte-Geneviève (R. D. 99).
Très-belle épreuve du 1er état.

2294 — Furstemberg (Guillaume-Egon, cardinal de), (R. D. 100).
Très-belle épreuve.

2295 — Gillier (Melchior de), maître d'hôtel du Roi (R. D. 102).
Très-belle épreuve.

2296 — Gillier (Mme de) (R. D. 103).
Très-belle épreuve.

2297 — Guebriant (Jean-Baptiste Budes, comte de), maréchal de France (R. D. 10).
Belle épreuve.

NANTEUIL (Robert)

2298 — Guénégaud (Henri de), marquis de Plancy, secrétaire d'État (R. D. 106).
Très-belle épreuve du 1er état.

2299 — Hesselin (Louis), conseiller d'État, maître de la
chambre aux Deniers (R. D. 109).
Très-belle épreuve.

2300 — Le même personnage (R. D. 110).
Très-belle épreuve du 1er état.

2301 — Jeannin (Pierre), surintendant des finances
(R. D. 112).
Belle épreuve.

2302 — Lallemant (Pierre), prieur de sainte Geneviève
(R. D. 117).
Belle épreuve du 1er état.

2303 — La Meilleraye (Charles de la Porte, duc de), maréchal de France (R. D. 118).
Très-belle épreuve.

2304 — Lamoignon (Guillaume de), premier président du
Parlement de Paris (R. D. 119).
Belle-épreuve du 1er état.

2305 — Le même personnage (R. D. 120).
Belle épreuve.

2306 — Le même portrait.
Belle épreuve avec de la marge.

2307 — La Vrillière (Louis Phélypeaux de), secrétaire
d'Etat (R. D. 123).
Belle épreuve.

2308 — Le même portrait.
Belle épreuve. Elle a de la marge.

2309 — Le Boultz (Noël), conseiller au Parlement de
Paris (124).
Très-belle épreuve.

NANTEUIL. (Robert)

2310 — Le Coigneux (Jacques), président à mortier au Parlement de Paris (R. D. 125).
Très-belle épreuve.

2311 — Le Masle (Michel), prieur des Roches (R. D. 126).
Superbe épreuve du 1er état.

2312 — Le Pautre (Antoine), architecte et ingénieur (R. D. 127).
Belle épreuve du 2e état.

2313 — Le Tellier (Michel), ministre d'État, puis chancelier et garde des sceaux de France (R. D. 128).
Très-belle épreuve du 2e état.

2314 — Le même personnage (R. D. 130).
Très-belle épreuve.

2315 — Le même personnage (131).
Superbe épreuve avec de la marge.

2316 — Le même portrait (R. D. 131).
Très-belle épreuve.

2317 — Le même personnage (R. D. 132).
Belle épreuve.

2318 — Le même personnage (133).
Belle épreuve.

2319 — Le même portrait (133).
Très-belle épreuve du 2e état ; elle a de la marge.

2320 — Le même personnage (R. D. 135).
Très-belle épreuve du 2e état.

2321 — Le même personnage (R. D. 136).
Superbe épreuve.

2322 — Le Tellier (Charles-Maurice), archevêque de Reims (R. D. 138).
Belle épreuve.

2323 — Le même personnage (R. D. 139).
Très-belle épreuve du 2e état.

NANTEUIL (Robert)

2324 — Le Vayer (François de La Mothe), conseiller d'État (R. D. 143).
Très-belle épreuve.

2325 — Le même portrait.
Superbe épreuve avec de la marge.

2326 — Ligny (Dominique de), évêque de Meaux (R. D. 144).
Très-belle épreuve du 1er état.

2327 — Le même personnage (R. D. 145).
Belle épreuve.

2328 — Loménie de Brienne (Henri-Auguste de), secrétaire d'État (R. D. 148).
Très-belle épreuve du 1er état.

2329 — Longueville (Henri d'Orléans, deuxième du nom, duc de) (R. D. 149).
Belle épreuve.

2330 — Loret (Jean), poëte (R. D. 150).
Très-belle épreuve du 2e état, avant la virgule. Rare.

2331 — Le même portrait.
Très-belle épreuve.

2332 — Lotin de Charny (François), président au Parlement de Paris (R. D. 151).
Très-belle épreuve du 3e état.

2333 — Le même personnage (153).

2334 — Le même portrait.
Très-belle épreuve du 1er état.

2335 — Louis XIV, roi de France (R. D. 158). Grande thèse en deux feuilles dont nous n'avons que celle du haut.
Très-belle épreuve du 2e état.

15

NANTEUIL (ROBERT)

2336 — Maisons (René de Longueil, marquis de), surintendant des finances (R. D. 166).
Très-belle épreuve.

2337 — Mallier du Houssay (François), évêque de Troyes
(R. D. 167).
Très-belle épreuve.

2338 — Maridat de Serrières (Pierre de), conseiller au
grand conseil (R. D. 188).
Belle épreuve.

2339 — Marie-Jeanne-Baptiste de Savoie-Nemours, duchesse de Savoie (R. D. 69).
Très-belle épreuve du 1er état ; elle a de la marge.

2340 — Marin de la Chataigneraye (Denis), conseiller
d'Etat, intendant des finances (R. D. 170).
Très-belle épreuve du 1er état.

2341 — Le même portrait.
Très-belle épreuve du 1er état ; elle a de la marge.

2342 — Marolles (Michel de), abbé de Villeloing (R. D.
171).
Très-belle épreuve du 1er état ; elle a toute sa marge.

2343 — Matignon (Léonor Goyon de), évêque de Coutances, puis de Lisieux (R. D. 172).
Très-belle épreuve du 1er état.

2344 — Maupeou (Jean de), évêque de Châlons-sur-Saône
(173).
Très-belle épreuve du 2e état.

2345 — Mazarin (Jules), cardinal, ministre d'État (R. D.
174).
Très-belle épreuve du 1er état.

2346 — Le même portrait.
Deux épreuves des 2e et 3e états.

NANTEUIL (ROBERT)

2347 — Le même personnage (R. D. 175).
Très-belle épreuve du 1er état.

2348 — Le même personnage (R. D. 177).
Très-belle épreuve.

2349 — Le même personnage (R. D. 178).
Très-belle épreuve.

2350 — Le même personnage (R. D. 181).
Belle épreuve du 2e état.

2351 — Le même personnage (R. D. 182).
Très-belle épreuve.

2352 — Le même personnage (R. D. 184).
Très-belle épreuve du 1er état.

2353 — Le même personnage (R. D. 187).
Superbe épreuve du 1er état.

2354 — Mercœur (Louis de Vendôme, duc de) (R. D. 189).
Très-belle épreuve.

2355 — Mesmes (Henri de), président à mortier au parlement de Paris (R. D. 191).
Très-belle épreuve du 1er état.

2356 — Mesmes (Jean-Antoine), président à mortier au Parlement de Paris (R. D. 192).
Très-belle épreuve du 1er état.

2357 — Molé (Édouard), président à mortier au Parlement de Paris (R. D. 193).
Très-belle épreuve.

2358 — Le même portrait.
Très-belle épreuve avec de la marge.

2359 — Molé (Matthieu), garde des sceaux (R. D. 194).
Très-belle épreuve.

2348 bis —

2353 bis —

NANTEUIL (ROBERT)

2360 — Molé (François), abbé de Sainte-Croix de Bordeaux (195).
Très-belle épreuve avec de la marge.

2361 — Montpezat de Carbon (Jean de), archevêque de Bourges, puis de Sens (196).
Très-belle épreuve.

2362 — Mouy (Henri de Lorraine, marquis de) (R. D. 197).
Très-belle épreuve du 1er état.

2363 — Nemours (Henri de Savoie, duc de) (R. D. 198).
Très-belle épreuve du 2e état.

2364 — Le même personnage (R. D. 199).
Très-belle épreuve du 1er état.

2365 — Le même portrait.
Très-belle épreuve du 2e état.

2366 — Nesmond (François-Théodore de), président à mortier au Parlement de Paris (R. D. 201).
Superbe épreuve.

2367 — Nesmond (François), évêque de Bayeux (R. D. 202).
Très-belle épreuve du 2e état.

2368 — Neufville (Ferdinand de), évêque de Chartres (R. D. 204).
Superbe épreuve du 1er état.

2369 — Le même personnage (R. D. 207).
Belle épreuve du 2e état.

2370 — Ormesson (André Lefèvre d'), conseiller d'État (R. D. 209).
Belle épreuve du 1er état.

2271 — Payen-Deslandes (Pierre), doyen des conseillers du Parlement de Paris (R. D. 210).
Très-belle épreuve.

NANTEUIL (ROBERT)

2372 — Péréfixe de Beaumont (Hardouin de), archevêque de Paris (R. D. 211).
Très-belle épreuve du 1er état.

2373 — Le même portrait.
Très-belle épreuve du 2e état.

2374 — Poncet (Pierre), maître des requêtes, puis conseiller d'État (R. D. 215).
Superbe épreuve du 1er état; elle a de la marge.

2375 — Le même portrait.
Superbe épreuve. Même état et même condition que la précédente.

2376 — Regnauldin (Claude), procureur-général au grand conseil (R. D. 216).
Très-belle épreuve du 1er état; elle a de la marge.

2377 — Le même portrait.
Très-belle épreuve.

2378 — Sarrazin (Jean-François), homme de lettres (R. D. 220).
Bonne épreuve.

2379 — Scudéry (Georges de), membre de l'Académie française (R. D. 221).
Belle épreuve du 1er état.

2380 — Seguier (Pierre), chancelier de France (R. D. 23).
Très-belle épreuve du 1er état.

2381 — Seguier de Saint-Brisson (Pierre), prévôt de Paris (R. D. 224).
Très-belle épreuve.

2382 — Servien (François), évêque de Bayeux (R. D. 225).
Superbe épreuve du 1er état.

2383 — Steenberghen (Jean-Baptiste Van), conseiller du roi au conseil de Hollande (R. D. 226).
Superbe épreuve du 1er état.

NANTEUIL (Robert)

2383 *bis.* — Le même portrait.
Très-belle épreuve du 2ᵉ état.

2383 *ter.* — Le même portrait.
Belle épreuve du 3ᵉ état.

2384 — Suze (Louis-François de), évêque de Viviers (R. D. 227).
Très-belle épreuve du 1ᵉʳ état.

2385 — Talon (Denis), président à mortier au Parlement de Paris (R. D. 228).
Très-belle épreuve.

2386 — Talon (Denis), président à mortier au Parlement de Paris. Buste fort comme nature (229).
Très-belle épreuve du 1ᵉʳ état.

2387 — Thévenin (Claude), chanoine de l'église de Paris (R. D. 230).
Très-belle épreuve.

2388 — Turenne (Henri de La Tour d'Auvergne, vicomte de), maréchal de France (R. D. 233).
Belle épreuve.

2389 — Le Camus (Jean), lieutenant civil, puis maître des requêtes et conseiller d'état (R. D. App. 4).
Très-belle épreuve.

NANTEUIL (D'après R.)

2390 — Marc de Wulson, sieur de la Colombière, gravé par M. Regnesson.
Très-belle épreuve.

NATALIS (Michael)

2391 — Bouillon (Emmanuel-Théodose de la Tour-d'Auvergne, cardinal de), d'après Mignard.
Très-belle épreuve.

NATTIER (D'après)

2392 — Châteauroux (la duchesse de), sous la figure de
la Force, par Balechou. — La Terre et l'Eau, représentant deux des filles de Louis XV, par Balechou et
Gaillard. Trois pièces.
Très-belles épreuves.

NEFFS (J.)

2393 — Une Femme à sa toilette, d'après Jordaens.
Très-belle épreuve avant le n° 14, dans le bas de la marge infé
rieure, à droite.

2394 — La même estampe.

2395 — Portrait de Joseph Bergaigne, d'après Fruytiers.
Très-belle épreuve.

NELLI (N.)

2396 — Neptune et Amphitrite.
Très-belle épreuve.

NEYTS (G.)

2398 — Abraham renvoyant Agar (B. 3).
Très-belle épreuve du 1er état, avant l'adresse de Huyssens.

2399 — Le jeune Tobie (B. 4).
Très-belle épreuve.

NEYTS (G.)

2400 — Le jeune Tobie (B. 4).
Très-belle épreuve.

2401 — Le Palefrenier (B. 7).
Très-belle épreuve.

NIELLES ITALIENS

2402 — Soldats armés. Petite pièce non décrite. Haut.
39 mill., larg. prise du haut, 28 mill.
Très-belle épreuve.

2403 — Enlèvement d'une Nymphe. Pièce non décrite,
cintrée par le bas. Haut. 42 mill., larg. 36 mill.
Très-belle épreuve.

NOLPE (Peter)

2404 — Cavalcade des bourgeois d'Amsterdam pour la
réception de Marie de Médicis dans cette ville. Grande
pièce gravée en sept feuilles.
Très-belles épreuves.

NOORDT (A. Van)

2405 — Paysage avec ruines.
Belle épreuve.

2406 — Le Troupeau au repos, d'après P. De Laer.
Superbe épreuve.

OLMUTZ (W. d')

2407 — Le Portement de croix (B. 11). — Saint Sébastien
(B. 30). — Le Groupe de quatre femmes nues (B. 51).
Trois pièces.
Belles épreuves.

ORLÉANS
(FERDINAND-PHILIPPE-LOUIS-CHARLES-HENRI, DUC D')

2408 — Anons, Singe et Croquis divers sur la même feuille. — Autre singe entouré de feuilles et d'arbres. Trois pièces gravées à l'eau-forte. — Les deux Lapins.—Foolish. Deux pièces en manière noire. Très-rares.

OSSENBEECK (J. VAN)

2409. — Les Chiens couchés. Sur le devant, un chien couché dirigé vers la gauche; dans le fond, à gauche, un chasseur conduisant plusieurs chiens; dans le bas, à droite, le nom du maître. Haut., 100 mill., larg., 110 mill. Pièce restée inconnue à Bartsch et à Weigel. Très-belle épreuve.

OSTADE (ADRIEN VAN)

2410 — Son portrait, par J. Gole.
Très-belle épreuve.

2411 — Portrait de Ostade, par Gole.
Très-belle épreuve.

2412 — L'Homme et la Femme causant ensemble (B. 12).
Superbe épreuve avec la bordure faible.

2413 — Les Harangueurs (B. 19).
Très-belle épreuve.

2414 — Homme et Femme marchant ensemble (B. 24).
Très-belle épreuve du 1er état, avant la bordure.

2415 — La Grange (B. 24).
Très-belle épreuve avant beaucoup de travaux. Collection Camberlyn.

2416 — La même estampe.
Superbe épreuve.

OSTADE (Adrien Van)

2417 — Le Peintre (B. 32).
Très-belle épreuve. Collection Esdaile.

2418 — Le Charcutier (B. 44).
Superbe épreuve du 1er état, avant la bordure. Elle a de marge.

2419 — Le Paysan payant son écot (B. 42).
Très-belle épreuve.

2420 — La Famille (B. 46).
Superbe épreuve du 1er état, à l'eau-forte pure.

2421 — La Fête sous la treille (B. 47).
Superbe épreuve du 1er état, à l'eau-forte pure. Très-rare.

2422 — La Fête sous le grand arbre (B. 48).
Superbe épreuve.

2423 — La même estampe.
Très-belle épreuve.

2424 — Le Goûter (B. 50).
Très-belle épreuve avant les contretailles sur le fauteuil et sur la porte de la cave.

2425 — La Fête sous le grand arbre. — Le Charcutier. — Le Benedicité. — Le Joueur de Violon. Quatre pièces.
Belles épreuves.

OUDRY (J.-B.)

2426 — Le Chevreuil forcé. — Le Loup aux abois (R. D. 2 et 4). Deux pièces gravées à l'eau-forte.
Très-belles épreuves.

PANNIER

2427 — Portrait de Murillo, d'après lui-même.
Très-belle épreuve avant toutes lettres.

PANNIER

2428 — Portrait de Philippe de Champaigne, d'après lui-même. *A 5*
Superbe épreuve avant toutes lettres, sur papier de Chine.

2429 — Portrait de Nicolas Poussin, d'après lui-même.
Superbe épreuve avant toutes lettres, sur papier de Chine. *A 6*

2430 — Buste de Raphaël, d'après lui-même.
Épreuve avant toutes lettres. *A 8*

2431 — Portrait de Richelieu, d'après Philippe de Champaigne.
Superbe épreuve avant toutes lettres, sur papier de Chine.

2432 — Portrait de la princesse Pauline Borghèse, en pied.
Très-belle épreuve avant la lettre, sur papier de Chine. *A 6*

2433 — Portraits de M. de Fitz-James, de Duguay-Trouin, etc. Trois pièces.
Très-belles épreuves avant la lettre.

2434 — Portrait de Louis-Philippe, roi des Français.
Superbe épreuve d'artiste, sur papier de Chine.

2435 — Portrait du duc d'Orléans, d'après Winterhalter.
Superbe épreuve d'artiste, sur papier de Chine.

2436 — Portrait de M. Thiers, en buste, d'après Mme de Mirbel.
Très-belle épreuve avant la lettre, sur papier de Chine.

2437 — Portrait de M. Thiers, assis dans son cabinet.
Très-belle épreuve avant la lettre.

2438 — Portrait de Rembrandt, vieux. *A 8*
Superbe épreuve d'artiste, sur papier de Chine.

2439 — Le même portrait.
Très-belle épreuve du même état que la précédente, signé du graveur.

2440 — Portrait de Vélasquez, d'après lui-même.
Très-belle épreuve avant la lettre, sur papier de Chine.

2441 — Portrait de Jean Racine.
Superbe épreuve d'artiste, sur papier de Chine.

PARBONI

2442 — Paysages, d'après Claude Lorrain. Quatre pièces
dont une avant la lettre.
Très-belles épreuves.

PARMESAN

2443 — La Sépulture de Jésus-Christ (B. 5). — La Résurrection (6). — Saintes Familles, Tritons et Né-
réides, etc., etc., par Pesarèse, S. Rosa et autres.
Quinze pièces.
Très-belles épreuves.

PASSE (Crispin de)

2444 — Les Quatre Éléments, d'après M. de Vos. Suite de
quatre estampes.
Très-belles épreuves.

2445 Les sept Vertus opposées aux sept Péchés capitaux.
Suite de sept estampes.
Très-belles épreuves.

2446 — Suzanne et les Vieillards, d'après H. Goltzius.
Très-belle épreuve.

2447 — La même estampe.
Très-belle épreuve.

2448 — Laudonnière (René de), commandant de la première flotte de France, qui fut envoyée en Amé-
rique.
Très-belle épreuve.

2449 — Le Pape, l'Empereur, les Rois de France et
d'Espagne. Suite de quatre pièces.
Très-belles épreuves.

PATERRE

2450 — Campement de militaires. Pièce gravée à l'eau-
forte.
Très-rare.

PATERRE (D'après)

2451 — Neuf pièces tirées du Roman comique, par
Lépicié, Surugue et autres.
Très-belles épreuves.

PAUQUET

2452 — Revue du général Bonaparte, premier consul.
Très-belle épreuve.

PEACK

2453 — Mercure et Argus, d'après Claude Lorrain.
Très-belle épreuve.

PELÉE

2453 *bis* — L'Assassinat du président Duranti, d'après Paul
Delaroche.
Epreuve avant toutes lettres.

PENTCZ (G.)

2454 — Joseph raçontant ses songes (B. 9).
Très-belle épreuve.

2455 — Tobie se lève de table (B. 13).
Très-belle épreuve.

2456 — Les Filles de Loth enivrant leur père (B. 20).
Belle épreuve.

PENTCZ (G.)

2457 — Les quatre Sujets de l'Histoire romaine en largeur (B. 78. 81). Suite de quatre estampes, dont nous n'avons que trois.
Très-belles épreuves.

2458 — La Prise de Carthage, d'après J. Romain, 1539 (B. 86).
Très-belle épreuve du 1er état, avant l'adresse de Salamanca.

2459 — La même estampe.
Très-belle épreuve du même état que le précédent.

2460 — Le Jugement de Pâris (B. 89).
Bonne épreuve.

2461 — Diane au bain (B. 91).
Bonne épreuve.

2462 — Les six Triomphes décrits par Pétrarque. Suite de six estampes (B. 110. 116).
Très-belles épreuves.

2463 — Le Triomphe de la Renommée (B. 110).
Très-belle épreuve.

PERFETTI (A.)

2464 — La Nativité de la Vierge, d'après André del Sarte.
Superbe épreuve avant toutes lettres.

2465 — Sybilla Samia, d'après le Guerchin. — Sybilla Cumea, d'après le Dominiquin. Deux pièces faisant pendant.
Très-belles épreuves avant la lettre, avec une belle marge.

2466 — Sibylla Cumea, d'après le Dominiquin.
Très-belle épreuve.

2467 — Beatrice Cenci, d'après Guido Reni.
Superbe épreuve avant toutes lettres.

PERFETTI (A.)

2468 — Léopold, prince de Toscane et Maria-Anna-Caroline, sa femme. Deux portraits faisant pendant, d'après Pietro Ermini.
Belles épreuves.

PESNE (Jean)

2469 — Portrait de Nicolas Poussin, d'après lui-même (R. D. 5).
Très-belle épreuve du 2e état.

2470 — Poussin (Nicolas), peintre, d'après lui-même (R. D. 6).
Superbe épreuve du 1er état.

2471 — Le même portrait.
Très-belle épreuve du 2e état; elle a de marge.

2472 — L'Évanouissement d'Esther, d'après N. Poussin.
Superbe épreuve avant l'adresse de Vallet.

2473 — La même estampe.
Très-belle épreuve.

2474 — L'Assomption (R. D. 11).
Très-belle épreuve du 2e état.

2475 — Le Ravissement de saint Paul, d'après N. Poussin (R. D. 12).
Très-belle épreuve du 1er état.

2476 — La grande sainte Famille servie par les Anges, d'après N. Poussin (R. D. 16).
Très-belle épreuve du 2e état.

2477 — La Mort de Saphyre, d'après Nicolas Poussin (R. D. 19).
Belle épreuve.

PESNE (Jean)

2478 — La Confirmation et l'Ordre. Deux pièces, d'après
N. Poussin.
Très-belles épreuves.

2479 — Le Testament d'Eudamidas, d'après N. Poussin.
(R. D. 29.)
Superbe épreuve ; elle a de la marge.

2480 — La même estampe.
Très-belle épreuve.

2481 — Portrait de François Langlois, dit de Chartres,
d'après Van Dyck (R. D. 97).
Très-belle épreuve.

2482 — La sainte Famille, pièce connue sous le nom du
Raboteur, d'après Annibal Carrache. (R. D. 96.)
Très-belle épreuve.

PETHER (W.)

2483 — Le Maréchal-Ferrant, d'après Wrigt.
Très-belle épreuve.

PETIT

2484 — Coignard (J.-Bapt.), d'après Pesne.
Très-belle épreuve.

2485 — Arnauld de Pomponne (Henri-Charles), abbé de
Saint-Médard de Soissons, d'après Vanloo.
Très-belle épreuve.

2486 — Marie Leczinska, d'après Vanloo. — Le même personnage, gravé au crayon rouge par François. —
Mme de Grafigny, par Levêque. — Le même personnage, gravé en manière noire, par Dagoty. Quatre
pièces.
Belles épreuves.

PETIT

2487 — Rohan (Armand-Jules, prince de), archevêque, d'après Rigaud.
Très-belle épreuve.

2488 — Portrait de Mlle Sallé, d'après Fenouil.
Très-belle épreuve.

PICART (B.)

2489 — La Défaite de Porus, d'après Ch. Lebrun. Grande composition gravée en trois planches.
Très-belle épreuve avant la lettre.

PICCIONI (M.)

2490 — L'Adoratiou des bergers, d'après P. Véronèse (B. 2).
Très-belle épreuve.

PITAU

2491 — Le Sauveur du monde.
Superbe épreuve.

2492 — Sainte Famille, d'après Raphaël, plus la même composition gravée par Vallet. Deux pièces.
Très-belles épreuves.

2493 — Louis XIV, roi de France, d'après Lefébure.
Très-belle épreuve.

2494 — Morgues (Mathieu de), aumônier de la reine Marie de Médicis, d'après Saint-François.
Belle épreuve.

2495 — Portrait de Benjamin Priolus, d'après C. Lefèvre.
Très-belle épreuve.

PITAU

2496 — Seguier (P.), chancelier de France, d'après N. de Platte-Montagne.
Très-belle épreuve.

2497 — Portrait d'un cardinal assis, d'après P. Brant.
Très-belle épreuve avant la lettre.

PITAU ET ROULLET

2498 — Joncoux (Fr.-Marguerite de). — Catherine Touchelée, d'après Cotelle. — Mme de Lavallière, par Gole, d'après Plaats. — Louise de Coligny, par Houbraken, d'après Mirevelt. Quatre portraits.
Très-belles épreuves.

PITTERI

2499 — Portraits d'après divers peintres vénitiens. Six pièces.
Très-belles épreuves.

PLATE-MONTAGNE (N. DE)

2500 — Berulle (Pierre, cardinal de), d'après Ph. de Champaigne (R. D. 20).
Superbe épreuve avant la lettre, avant les armes, et avant quelques travaux ; notamment sur la figure du personnage.

2501 — O'Moloy (Roger), prêtre irlandais (R. D. 28).
Très-belle épreuve.

POILLY (F.)

2502 — Repos en Égypte, grande composition en largeur ; des Anges adorent l'Enfant Jésus, plus la sainte Famille en Égypte, d'après Poussin, par Natalis.
Très-belles épreuves.

POILLY (F.)

2503 — L'Adoration des bergers, d'après le Guide.
Belle épreuve.

2504 — La Vierge au berceau, d'après Raphaël.
Très-belle épreuve.

2505 — Fuite en Égypte, d'après le Guide.
Très-belle épreuve.

2506 — La Nativité.
Superbe épreuve avant toutes lettres.

2507 — Olier (N. E.), grand audiencier de France, d'après
Le Ferre. — Tubeuf (Jacques), d'après Mignard.
Deux pièces.
Très-belles épreuves.

2508 — Louis XIV, roi de France, d'après Mignard.
Très-belle épreuve.

2509 — Louis, dauphin de France, fils de Louis XIV.
Buste fort comme nature.
Très-belle épreuve.

2510 — Louis, dauphin de France, fils de Louis XIV, dit
le Grand-Dauphin. Buste fort comme nature.
Très-belle épreuve.

2511 — Louis II de Bourbon, prince de Condé, dit le
Grand-Condé.
Épreuve rognée.

2512 — Prie (Louise de), maréchale de la Mothe-Houdan-
court.
Très-belle épreuve.

POILLY (N.-B. de)

2513 — Jacques Vincent, imprimenr-libraire.
Très-belle épreuve.

POLLAJUOLO (Antoine)

2514 — Les Gladiateurs (B. 2).
Superbe épreuve. Rare.

POLLET, LANGLOIS et MOTE

2515 — Portraits de Alfred de Musset, Gœthe et Marie-
Antoinette. Trois pièces.
Très-belles épreuves.

POLLET et TAVERNIER

2516. — Napoléon III, empereur. — Victoria, reine d'Angleterre. Deux pièces.
Très-belles épreuves avant la lettre, sur papier de Chine.

POMARD (Le chevalier de)

2517 — La Marchande de châtaignes, d'après Saint-
Aubin.
Très-belle épreuve.

PONTIUS (P.)

2518 — La Vierge et l'Enfant Jésus, d'après Van Dyck.
Très-belle épreuve du 1er état, avant la dédicace.

2519 — Sainte Rosalie couronnée par l'Enfant Jésus, d'a-
près Van Dyck.
Très-belle épreuve.

2520 — La Fuite en Égypte, d'après Jordaens.
Très-belle épreuve.

2521 — Le Roi boit, d'après Jordaens.
Très-belle épreuve.

PONTIUS (P.)

2522 — La même estampe.
Belle épreuve.

2523 — Henri, comte de Berghe, d'après Van Dyck.
Très-belle épreuve du 1er état, avant que le mot Catolici ait été effacé.

2524 — Marius A. Capellus, évêque d'Anvers. — Petrus Canisius. Deux portraits, d'après Diepenbecke.
Belles épreuves.

2525 — Gaspard Gevertius, jurisconsulte d'Anvers, d'après Rubens.
Très-belle épreuve.

2526 — Gaspard de Gusman, comte d'Olivarès, duc de Sanlucar dans un ovale entouré de trophées et soutenu par deux génies. Le portrait est d'après Vélasquez, et l'encadrement d'après Rubens.
Très-belle épreuve.

2527 — Jean de Heem, d'après J. Livens.
Superbe épreuve avec l'adresse de Martin Vanden Enden.

2528 — Portrait de Rubens, d'après lui-même.
Belle épreuve.

2529 — Portrait de Daniel Segers, de la Société de Jésus, d'après J. Livens.
Très-belle épreuve.

2530 — Léopold, empereur d'Autriche, vu jusqu'aux genoux, d'après Fr. Suyez.
Très-belle épreuve.

2531 — Henri, comte de Nassau, d'après J. Meyssens.
Très-belle épreuve.

2532 — Frédéric-Henri de Nassau, prince d'Orange, d'après Van Dyck.
Très-belle épreuve, avec l'adresse de G. Hendrix.

PONTIUS (P.)

2533 — Le même portrait.
Très-belle épreuve, avec l'adresse de Vander Stock.

2534 — Jacques Rœlans, d'après Villebords.
Très-belle épreuve.

2535 — Jacques Rœlans, d'après Villebords.
Superbe épreuve avant toutes lettres.

2536 — François-Thomas de Savoie, prince de Carignan d'après Van Dyck.
Superbe épreuve.

2537 — Adolfus Vorstius, d'après G. Petri.
Superbe épreuve du premier état, avec Bankeining au lieu de Benheiningh.

2538 — Adolphe Vorstius, d'après G. Petri.
Belle épreuve.

2539 — Uladislas Sigismond, roi de Pologne, d'après Rubens.
Superbe épreuve.

PONTIUS, VERMEULEN ET LOUYS

2540 — Henri, comte de Berghe. — Marie-Louise de Tassis. — Louis XIII, roi de France. Trois pièces.
Belles épreuves.

PORPORATI (C.)

2541 — Agar et Ismaël dans le désert, d'après le Corrège (Pièce connue sous le nom de la Zingarina).
Très-belle épreuve avant toutes lettres; seulement les armes et les noms d'auteurs tracés à la pointe.

2542 — La même estampe.
Très-belle épreuve du même état que la précédente.

PORPORATI (C.)

2543 — Le Bain de Léda, d'après le Corrège.
Superbe épreuve avant toutes lettres; seulement le nom du graveur tracé à la pointe.

2544 — Le Bain de Léda, d'après le Corrège.
Très-belle épreuve avant la lettre.

2545 — Vénus qui caresse l'Amour, d'après P. Battoni. — Le Coucher, d'après J. Vanloo. Deux pièces.
Belles épreuves.

2546 — Le Coucher, d'après Vanloo.
Très-belle épreuve avant toutes lettres.

PORPORATI et AUDOIN

2547 — Garde à vous! d'après A. Kauffmann. — Il n'est plus temps! d'après P. Bouillon. Deux pièces.
Très-belles épreuves avant la dédicace.

POTTER (P.)

2548 — La Vache qui pâture (B. 4).
Belle épreuve.

2549 — Le Vacher (B. 44).
Superbe épreuve, avant l'adresse de de Witt, qui est au haut de la gauche. Collections Dreux et Marshall.

2550 — Le Vacher (B. 14).
Belle épreuve.

2551 — Le Berger (B. 15).
Superbe épreuve, avec l'adresse de Clément de Jonghe.

POTTER, BERGHEM et autres

2552 — Animaux, Paysages et Fêtes de village, etc. Seize pièces.

POTRELLE (J.-L.)

2553 — Raphaël, d'après lui-même. — Michel-Ange, d'après lui-même. — Jules Romain, d'après lui-même. Trois pièces.
Belles épreuves.

POUSSIN (Nicolas)

2554 — Jeux d'enfant (R. D. VI, p. 203).
Superbe épreuve, avant l'adresse de C. Mariette. Rare.

2555 — La même estampe.
Belle épreuve avec l'adresse.

PRADIER

2556 — Psyché et l'Amour, d'après F. Gérard.
Très-belle épreuve avant la lettre.

PRÉVOST

2557 — Corinne, d'après Gérard.
Très-belle épreuve avant la lettre, sur papier de Chine.

PROBST

2558 — Titon (Marguerite Becaille, neuve de), d'après Largillière.
Très-belle épreuve.

QUELLINIUS (H.)

2559 — Artus Quellinius. Portrait gravé à l'eau-forte.
Belle épreuve.

RABEL

2560 — Valois (François de), duc d'Alençon, frère de
Henri III.
Très-belle épreuve.

RAGOT (F.)

2561 — Richelieu (Armand Duplessis, cardinal de).
Très-belle épreuve.

2562 — Caricatures de l'époque Louis XIII. Trois pièces.
Belles épreuves.

RAIMBACH

2563 — Le Jour de rentes. — Le Collin-Maillard. Deux
pièces, d'après Wilkie.
Très-belles épreuves.

2564 — Le jeune Commissionnaire, d'après Wilkie.
Très-belle épreuve, lettres grises, sur Chine.

RAIMONDI (Marc-Antoine)

2565 — Adam et Eve, d'après Raphaël (B. 1).
Très-belle épreuve. Rare.

2566 — Adam et Eve s'enfuyant, d'après Raphaël (B. 2).
Belle épreuve.

2567 — Dieu ordonnant à Noé de bâtir l'arche, d'après
Raphaël (B. 3).
Très-belle épreuve. Très-rare.

2568 — Le Sacrifice de Noé, d'après Raphaël, par Marc
de Ravenne (B. 4).
Très-belle épreuve.

RAIMONDI (Marc-Antoine)

2569. — Le Sacrifice d'Abraham, d'après Raphaël, par
A. Vénitien (B. 5).
Très-belle épreuve.

2570 — Isaac bénissant Jacob, par A. Vénitien, d'après
Raphaël (B. 6).
Bonne épreuve.

2571 — Dieu apparaissant à Isaac, d'après Raphaël, par
Marc de Ravenne (B. 7).
Superbe épreuve.

2572. — La Manne, par A. Vénitien, d'après Raphaël
(B. 8).
Très-belle épreuve.

2573 — David coupant la tête à Goliath, d'après Raphaël (B. 10).
Superbe épreuve.

2574 — Le Massacre des Innocents, d'après Raphaël
(B. 18). Première planche dite au chicot.
Très-belle épreuve.

2574 — Le Massacre des innocents (B. 20). Seconde planche.
Superbe épreuve portant la signature de P. Mariette, 1672.

2576 — La même estampe.
Très-belle épreuve.

2577 — Jésus-Christ à table chez Simon le pharisien,
d'après Raphaël (B. 23).
Très-belle épreuve du 1ᵉʳ état, avant le pavé carrelé.

2578 — La Cène, d'après Raphaël, par Marc de Ravenne (B. 27).
Très-belle épreuve.

2579 — La Descente de croix, d'après Raphaël (B. 32).
Très-belle épreuve.

RAIMONDI (Marc-Antoine)

2580 — La même estampe.
Belle épreuve.

2581 — La Vierge à la longue cuisse, d'après Raphaël (B. 57).
Superbe épreuve.

2582 — La Vierge au berceau, d'après Raphaël (B. 63).
Superbe épreuve. Rare.

2583 — La même estampe.
Superbe épreuve.

2584 — La même estampe.
Bonne épreuve.

2585 — Saint Jérôme, d'après Raphaël (B. 101).
Superbe épreuve. Très-rare.

2586 — Le Martyre de saint Laurent, d'après Baccio Bandinelli (B. 104).
Très-belle épreuve.

2587 — Jésus-Christ rayonnant de gloire, assis sur des nuages. Pièce connue sous le nom des cinq Saints, d'après Raphaël (B. 113).
Très-belle épreuve.

2588 — L'Apôtre et le Cordelier, par A. Vénitien (B. 114).
Belle épreuve.

2589 — Sainte Cécile, d'après Raphaël (B. 116).
Très-belle épreuve.

2590 — Saint Simon (B. 133). — Sainte Hélène (B. 178, copie), etc. Trois pièces.
Belles épreuves.

2591 — Didon, d'après Raphaël (B. 187).
Très-belle épreuve.

2592 — Titus et Vespasien (B. 188).
Superbe épreuve.

RAIMONDI (Marc-Antoine)

2593 — La même estampe.
Belle épreuve.

2594 — Scipion l'Africain (B. 189).
Superbe épreuve.

2595 — L'Empereur rencontrant le guerrier, d'après Raphaël, par A. Vénitien (B. 196).
Très-belle épreuve.

2596 — La même estampe.
Très-belle épreuve.

2597 — Cléopâtre, d'après Raphaël (B. 200).
Belle épreuve, plus une copie de la même pièce.

2598 — Alexandre faisant serrer les livres d'Homère, d'après Raphaël (207).
Très-belle épreuve.

2599 — Danse d'Amours, d'après Raphaël (B. 217).
Belle épreuve de la copie A. de Bartsch, qui est reconnue par les amateurs comme une répétition par M. Antoine.

2600 — Le Bas-Relief aux trois Amours, d'après Raphaël, par Marc de Ravenne (B. 242).
Superbe épreuve.

2601 — Laocoon, d'après Raphaël, par Marc de Ravenne (B. 243).
Belle épreuve avec l'adresse de Salamanca.

2602 — Le Jugement de Pâris, d'après Raphaël (B. 245).
Très-belle épreuve.

2603 — Muse (B. 276). — Jeune femme debout (B. 266). Deux pièces.
Bonnes épreuves.

2604 — Muse, d'après Raphaël (B. 268).
Très-belle épreuve.

RAIMONDI (Marc-Antoine)

2605 — Les deux Amours, d'après Raphaël, par A. Vénitien (B. 280).
Très-belle épreuve.

2606 — Le jeune et le vieux Bacchant, d'après Raphael (B. 294).
Très-belle épreuve.

2607 — Orphée et Eurydice. Gravé dans la première manière du maître (B. 295).
Très-belle épreuve.

2608 — Vénus sortie du bain, d'après Raphaël (B. 297).
Très-belle épreuve. (Collection J. Gotlob.)

2609 — La Vendange, d'après Raphaël (B. 306).
Superbe épreuve.

2610 — La même estampe.
Très-belle épreuve.

2611 — Le Faune et le Tigre (B. 37).
Superbe épreuve.

2612 — Vénus et l'Amour, d'après Raphaël (B. 311).
Très-belle épreuve.

2613 — Vénus sortie de la mer (B. 312).
Très-belle épreuve.

2614 — Le Satyre surprenant la Nymphe (B. 319).
Très-belle épreuve.

2615 — Vénus et l'Amour portés sur des Dauphins, d'après Raphaël, par Marc de Ravenne (B. 324).
Très-belle épreuve.

2616 — Statue d'Apollon dans une niche. Gravé dans la première manière de Marc Antoine (B. 332).
Pièce rare. Belle épreuve.

RAIMONDI (Marc-Antoine)

2617 — Pallas, d'après Raphaël ou Jules Romain (B. 337).
Très-belle épreuve.

2618 — Les Amours de Jupiter et Sémelé, par M. de Ravenne, d'après J. Romain (B. 338).
Belle épreuve.

2619 — Les Angles de la galerie de Ghigi, d'après Raphaël. Suite de trois estampes : Jupiter embrassant l'Amour, Mercure descendu du Ciel pour chercher Psyché, Cupidon et les trois Grâces (B. 342-344).
Très-belles épreuves.

2620 — Mars, Vénus et l'Amour (B. 345).
Belle épreuve.

2621 — La même estampe.
Belle épreuve.

2622 — Apollon et Hyacinthe (B. 348).
Superbe épreuve. Très-rare.

2623 — Le Triomphe de Galathée, d'après Raphaël (B. 350).
Superbe épreuve.

2624 — Le Quos Ego, d'après Raphaël (B. 352).
Très-belle épreuve.

2625 — La même estampe.
Belle épreuve.

2626 — Le jeune Homme au brandon (B. 360).
Belle épreuve.

2627 — Trajan entre la ville de Rome et la Victoire, d'après un bas-relief (B. 361).
Magnifique épreuve. Très-rare.

2628 — Le Bâton courbé, d'après Francia (B. 369).
Très-belle épreuve.

2629 — La Prudence (B. 371).
Magnifique épreuve. Très-rare.

RAIMONDI (Marc-Antoine)

2630 — La Poésie, d'après Raphaël (B. 382).
Superbe épreuve. Rare.

2631 — La même estampe.
Belle épreuve.

2632 — Le jeune Homme à la lanterne, d'après Raphaël (B. 384).
Bonne épreuve. Très-rare.

2633 — La Foi (B. 387). — La Prudence (B. 392). Deux pièces, d'après Raphaël.
Très-belles épreuves.

2634 — La Tempérance (B. 390).
Très-belle épreuve.

2635 — La Paix, d'après Raphaël (B. 393).
Très-belle épreuve.

2636 — Le Joueur de violon entouré de trois femmes nues, d'après André Mantegna (B. 398).
Belle épreuve. Rare.

2637 — Les trois Animaux dans un Ovale, d'après l'antique, par Marc de Ravenne (B. 405).
Très-belle épreuve.

2638 — La même estampe.
Belle épreuve.

2639 — Le vieux Berger, d'après F. Campagnola, par A. Vénitien (B. 409).
Belle épreuve.

2640 — La Peste, d'après Raphaël (B. 417).
Très-belle épreuve.

2641 — La même estampe.
Belle copie.

2642 — Les deux Hommes nus debout (B. 464).
Très-belle épreuve.

RAIMONDI (Marc-Antoine)

2643 — La même estampe.
Très-belle épreuve.

2644 — Statue mutilée d'un homme nu, par Marc de Ravenne (B. 486).
Très-belle épreuve.

2645 — Les Grimpeurs, d'après Michel-Ange (B. 487).
Superbe épreuve. Très-rare.

2646 — Portrait de l'Aretin, d'après Titien (B. 513).
Bonne épreuve. Rare.

2647 — La Façade aux Cariatides, d'après Raphaël (B. 538).
Très-belle épreuve.

2648 — Jésus-Christ en jardinier, apparaissant à la Ma-
deleine (B. 615, 32). — Saint Christophe (B. 641).
Deux pièces, d'après A. Durer.
Belles épreuves.

RANDON

2649 — Habert de Montmor (J. L.), comte du Mesnil Ha-
bert, intendant des galères de France, d'après de
Troy.
Très-belle épreuve.

RAPHAEL (D'après)

2650 — Les Heures. Suite de douze estampes gravées sur
fond noir, par divers graveurs.
Très-belles épreuves.

REETH (P. Van)

2651 — La jeunesse de Gérard Dow, d'après H. Leys.
Très-belle épreuve sur papier de Chine.

REETH (P. VAN)

2652 — Portrait d'homme à mi-corps habillé en Persan, d'après N. de Keyser.

Très-belle épreuve avant la lettre, sur papier de Chine.

REMBRANDT (PAUL VAN RHYN)

2653 — Portrait de Rembrandt aux trois moustaches (B.2). Cl. 2. C. B. 206.

Très-belle épreuve.

2654 — Portrait de Rembrandt à bonnet et robe fourrés (B. 14). Cl. 14. C. B. 225.

Très-belle épreuve.

2655 — Portrait de Rembrandt avec une écharpe autour du cou (B. 17). Cl. 17. C. B. 229.

Très-belle épreuve.

2656 — Portrait de Rembrandt et sa femme (B. 19). Cl. 19. C. B. 203.

Superbe épreuve.

2657 — La même estampe.

Superbe épreuve avec une petite marge.

2658 — Portrait de Rembrandt au bonnet orné d'une plume (B. 20). Cl. 20. C. B. 233.

Bonne épreuve.

2659 — Portrait de Rembrandt dessinant (B. 22). Cl. 22. C. B. 235.

Magnifique épreuve.

2660 — Portrait de Rembrandt dessinant (B. 22). Cl. 22. C. B. 235.

Belle épreuve.

2661 — Portrait de Rembrandt en ovale (B. 23). Cl. 23. C. B 232.

Très-belle épreuve.

17

REMBRANDT (Paul Van Rhyn)

2662 — Portrait de Rembrandt aux cheveux courts et
frisés (B. 26). Cl. 26. C. B. 216.
Belle épreuve.

2663 — Adam et Ève (B. 28). Cl. 34. C. B. 1.
Très-belle épreuve du 1er état, avec un reflet de lumière au haut
du dedans de la cuisse droite d'Ève.

2664 — La même estampe.
Belle épreuve.

2665 — Abraham qui reçoit les trois anges (B. 29). Cl. 35.
C. B. 2.
Superbe épreuve.

2666 — La même estampe.
Très-belle épreuve.

2667 — Agar renvoyée par Abraham (B. 30). Cl. 37. C.
B. 3.
Superbe épreuve; elle a une petite marge.

2668 — La même estampe.
Très-belle épreuve.

2669 — La même estampe.
Belle épreuve.

2670 — Abraham caressant Isaac (B. 33). Cl. 38. C. B. 4.
Très-belle épreuve.

2671 — La même estampe.
Belle épreuve.

2672 — Abraham avec son fils Isaac (B. 34). Cl. 39. C.
B. 5.
Très-belle épreuve avec le trait entourant la planche irrégulier et
raboteux.

2673 — La même estampe.
Très-belle épreuve du même état.

2674 — Le Sacrifice d'Abraham (B. 35). Cl. 36. C. B. 6.
Superbe épreuve.

REMBRANDT (Paul Van Rhyn)

2675 — La même estampe.
Très-belle épreuve.

2676 — Joseph racontant ses songes à sa famille (B. 37).
Cl. 41. C. B. 9.
Magnifique épreuve du 1er état, avant que le visage et le turban de Siméon, l'un des frères de Joseph, aient été ombrés ; le rideau du lit, le battant de la porte et l'habillement de Jacob sont aussi beaucoup moins travaillés. Très-rare.

2677 — La même estampe.
Superbe épreuve du même état que la précédente.

2679 — La même estampe.
Très-belle épreuve du 2e état.

2680 — La même estampe.
Très-belle épreuve du même état.

2681 — Joseph et la femme de Putiphar (B. 39). Cl. 43.
C. B. 11.
Superbe épreuve.

2682 — La même estampe.
Très-belle épreuve.

2683 — Le Triomphe de Mardochée (B. 40). Cl. 44. C. B. 12.
Superbe épreuve, avec une belle marge.

2684 — Tobie le père, aveugle (B. 42). Cl. 46.
Bonne épreuve.

2685 — L'Ange qui disparaît devant la famille de Tobie
(B. 43). Cl. 47. C. B. 16.
Très-belle épreuve avant les travaux à la pointe sèche, à la gauche d'en bas.

2686 — L'Annonciation aux Bergers (B. 44). Cl. 48. C.
B. 17.
Très-belle épreuve.

2687 — La Nativité (B. 45). Cl. 49. C. B. 18.
Très-belle épreuve du 1er état, avec une place blanche dans le haut, à droite.

REMBRANDT (Paul Van Rhyn)

2688 — La même estampe.
Très-belle épreuve du 2e état.

2689 — La Circoncision (B. 47). Cl. 51. C. B. 20.
Très-belle épreuve du 1er état, avant les travaux à la pointe sèche au milieu du haut de l'estampe.

2690 — La même estampe.
Très-belle épreuve du même état.

2691 — La même estampe.
Belle épreuve avec les travaux.

2692 — La Circoncision (B. 48). Cl. 52. C. B. 21.
Très-belle épreuve.

2693 — La même estampe.
Très-belle épreuve.

2694 — Présentation au temple (B. 49). Cl. 53. C. B. 22.
Très-belle épreuve du 2e état.

2695 — Présentation au temple (B. 51). Cl. 55. C. B. 34.
Très-belle épreuve.

2696 — Fuite en Egypte (B. 52. Cl. 56). C. B. 25.
Très-belle épreuve avec le fond de la planche sale.

2697 — Fuite en Egypte (B. 53). Cl. 57. C. B. 26.
Très-belle épreuve.

2698 — La même estampe.
Très-belle épreuve.

2699 — La Fuite en Egypte (B. 56). Cl. 60. C. B. 29.
Superbe épreuve. Rare.

2700 — La même estampe.
Très-belle épreuve.

2701 — Repos en Egypte (B. 57). Cl. 61. C. B. 30.
Belle épreuve.

2702 — Repos en Egypte (B. 58). Cl. 62. C. B. 31.
Très-belle épreuve. Rare.

2703 — La Vierge avec l'Enfant Jésus sur des nuages (B. 61). Cl. 65. C. B. 32.
Très-belle épreuve.

REMBRANDT (Paul Van Rhyn)

2704 — La Vierge avec l'Enfant Jésus sur des nuages (B. 61.). Cl. 65. C. B. 32.
Très-belle épreuve.

2705 — La Sainte Famille (B. 63). Cl. 67. C. B. 34.
Belle épreuve.

2706 — Jésus-Christ prêchant, ou la Petite Tombe (B. 67). Cl. 74. C. B. 39.
Superbe épreuve avant que les travaux à la pointe sèche aient été ébarbés ; l'homme, coiffé d'un turban, debout sur le devant, à la gauche de l'estampe, a le bras droit et le vêtement fort poussés au noir.

2707 — La même estampe.
Superbe épreuve du même état que la précédente, tirée sur papier du Japon ; elle a une petite marge.

2709 — Le Denier de César (B. 68). Cl. 72. C. B. 42.
Superbe épreuve.

2710 — La même estampe.
Très-belle épreuve.

2711 — La Samaritaine (B. 70). Cl. 74. C. B. 45.
Magnifique épreuve sur papier du Japon.

2712 — La Samaritaine (B. 71). Cl. 75. C. B. 46.
Très-belle épreuve.

2713 — La même estampe.
Belle épreuve.

2715 — Jésus-Christ guérissant les malades, dite la Pièce de Cent Florins (B. 74). Cl. 78. C. B. 49.
Très-belle épreuve du 1er état, de Bartsch.

2716 — La même estampe.
Très-belle épreuve du même état que la précédente.

2717 — La même estampe.
Épreuve avec la retouche du capitaine Baillie.

REMBRANDT (Paul Van Rhyn)

2718 — Jésus-Christ dans le jardin des Oliviers (B. 75).
Cl. 79. C. B. 50.
Magnifique épreuve chargée de barbes. Rare de cette qualité.

2719 — Ecce Homo (B. 77). Cl. 82. C. B. 52.
Très-belle épreuve du 3e état; elle a de la marge.

2720 — La même estampe.
Très-belle épreuve du même état que la précédente.

2721 — Jésus-Christ en croix entre les deux larrons
(B. 79). Cl. 84. C. B. 54.
Superbe épreuve; elle a de la marge.

2722 — La grande Descente de croix (B. 81). Cl. 83.
C. B. 56.
Superbe épreuve avant l'adresse de Hendricus Ulenburgensis.
(Collection Durand.)

2723 — La même estampe.
Très-belle épreuve du même état que la précédente.

2724 — La même estampe.
Belle épreuve avec l'adresse effacée.

2725 — Descente de croix (B. 82). Cl. 86. C. B. 57.
Superbe épreuve d'une estampe qu'on trouve habituellement
faible.

2726 — Le Transport de Jésus-Christ au tombeau (B. 84).
Cl. 88. C. B. 60.
Belle épreuve.

2727 — Jésus-Christ au tombeau (B. 86). Cl. 90. C. B. 61.
Superbe épreuve, tirée sur parchemin, d'un ton très-noir.

2728 — Les petits Disciples d'Emmaüs (B. 88). Cl. 92.
C. B. 62.
Superbe épreuve.

2729 — Le bon Samaritain (B. 90). Cl. 94. C. B. 44.
Belle épreuve.

REMBRANDT (Paul Van Rhyn)

2730 — La même estampe.
Très-belle épreuve.

2731 — Pierre et Jean à la porte du temple (B. 94). Cl. 97. C. B. 66.
Très-belle épreuve du 2ᵉ état.

2732 — La Décollation de saint Jean-Baptiste (B. 95). Cl. 96. C. B. 40.
Très-belle épreuve.

2733 — Le Martyre de saint Étienne (B. 97). Cl. 100. C. B. 68.
Superbe épreuve.

2734 — La Mort de la Vierge (B. 99). Cl. 102. C. B. 70.
Belle épreuve.

2735 — Saint Jérôme (B. 100). Cl. 103. C. B. 71.
Très-belle épreuve.

2736 — La même estampe.
Superbe épreuve.

2737 — Saint Jérôme (B. 102). Cl. 105. C. B. 73.
Belle épreuve.

2738 — La même estampe.
Belle épreuve.

2739 — Saint Jérôme (B. 103). Cl. 106. C. B. 74.
Superbe épreuve. (Collection Camberlyn.)

2741 — Saint Jérôme (B. 104). Cl. 107. C. B. 75.
Superbe épreuve.

2742 — Saint Jérôme (B. 105). Cl. 108. C. B. 76.
Très-belle épreuve.

2743 — La Fortune contraire (B. 111). Cl. 113. C. B. 81.
Très-belle épreuve.

2744 — La Médée ou le Mariage de Jason et de Creuse (B. 112). Cl. 114. C. B. 82.
Magnifique épreuve du 1ᵉʳ état avant la couronne sur la tête de Junon; sur papier du Japon. Rare.

REMBRANDT (Paul Van Rhyn)

2745 — La même estampe.
Superbe épreuve du 2ᵉ état avec la couronne et avant les vers et le nom de Rembrandt, sur papier du Japon. Très-rare

2746 — La même estampe.
Belle épreuve du 3ᵉ état.

2747 — Chasse au lion (B. 116). Cl. 118. C. B. 88.
Très-belle épreuve.

2748 — Sujet de bataille (B. 117). Cl. 119. C. B. 89.
Très-belle épreuve.

2749 — Trois Figures orientales (B. 118). Cl. 120. C. B. 7.
Superbe épreuve.

2750 — La même estampe.
Belle épreuve.

2751 — Les Musiciens ambulants (B. 119). Cl. 121. C. B. 90.
Très-belle épreuve.

2752 — Le Vendeur de mort aux rats (B. 121). Cl. 123. C. B. 95.
Très-belle épreuve.

2753 — Le petit Orfèvre (B. 123). Cl. 125. C. B. 94.
Superbe épreuve.

2754 — La même estampe.
Très-belle épreuve.

2756 — La Faiseuse de kouks (B. 124). Cl. 126. C. B. 93.
Belle épreuve.

2757 — Le Jeu du kolf (B. 125). Cl. 127. C. B. 97.
Très-belle épreuve.

2758 — La même estampe.
Très-belle épreuve.

2759 — Synagogue des juifs (B. 126). Cl. 128. C. B. 98.
Superbe épreuve; elle a de la marge.

REMBRANDT (Paul Van Rhyn)

2760 — Le Maître d'école (B. 128). Cl. 129 C. B. 22.
Très-belle épreuve.

2761 — Le Dessinateur (B. 130). Cl. 131.
Belle épreuve.

2762 — Juif à grand bonnet (B. 133). Cl. 133. C. B. 101.
Belle épreuve.

2763 — La même estampe.
Belle épreuve.

2764 — Paysan les mains derrière le dos (B. 135). Cl. 135.
C. B. 103.
Très-belle épreuve.

2765 — Le Joueur de cartes (B. 136). Cl. 136. C. B. 104.
Première et superbe épreuve avant le raccord à l'angle supérieur de la droite. (Collection du prince de Parr.)

2766 — La même estampe.
Très-belle épreuve du même état que la précédente.

2767 — Homme à cheval (B. 139). Cl. 138. C. B. 106.
Bonne épreuve.

2768 — Figure polonaise (B. 140). Cl. 139.
Belle épreuve.

2769 — Vieillard vu par le dos (B. 143). Cl. 142. C. B. 109.
Belle épreuve.

2770 — Paysan et paysanne marchant (B. 144). Cl. 143.
C. B. 110.
Belle épreuve.

2771 — La même estampe.
Belle épreuve.

2772 — Le Persan (B. 152). Cl. 149. C. B. 105.
Très-belle épreuve.

2773 — La même estampe.
Belle épreuve.

REMBRANDT (Paul Van Rhyn)

2774 — Le Cochon (B. 157). Cl. 154. C. B. 350.
Superbe épreuve ; elle a une petite marge.

2775 — La même estampe.
Très-belle épreuve.

2776 — Gueux debout (B. 162). Cl. 159. C. B. 125.
Très-belle épreuve.

2777 — Gueux debout (B. 162). Cl. 159. C. B. 125.
Belle épreuve.

2778 — La même estampe.
Bonne épreuve.

2779 — Gueux et Gueuse (B. 164). Cl. 161. C. B. 168.
Très-belle épreuve.

2780 — La même estampe.
Belle épreuve.

2781 — Deux Mendiants, homme et femme à côté d'une butte (B. 165). Cl. 162. C. B. 129.
Belle épreuve.

2782 — La Femme à la calebasse (B. 168). Cl. 165. C. B. 132.
Très-belle épreuve.

2783 — La même estampe.
Belle épreuve.

2784 — Vieille Mendiante debout (B. 170). Cl. 167. C. B. 134.
Belle épreuve.

2785 — Gueux assis au bord d'un mur (B. 173). Cl. 170. C. B. 135.
Très-belle épreuve.

2786 — La même estampe.
Bonne épreuve.

2787 — Gueux assis sur une motte de terre (B. 174). Cl. 171. C. B. 136.
Belle épreuve.

REMBRANDT (Paul Van Rhyn)

2789 — Deux Gueux en pendant (B. 177, 178). Cl. 174, 175. C. B. 140, 141.
Très-belles épreuves.

2790 — Les mêmes estampes.
Très-belles épreuves.

2791 — Gueux estropié (B. 179). Cl. 166. C. B. 142.
Belle épreuve.

2792 — La même estampe.
Belle épreuve.

2793 — L'Espiègle (B. 188). Cl. 185. C. B. 153.
Superbe épreuve du premier état de Bartsch, avec la tête au milieu du haut du sujet, et avant les travaux autour du chapeau de la bergère ; elle a une petite marge. Très-rare.

2794 — L'Espiègle (B. 188). Cl. 185. C. B. 153.
Très-belle épreuve.

2795 — La même estampe.
Belle épreuve.

2796 — L'Homme qui pisse (B. 190). Cl. 187. C. B. 155.
Très-belle épreuve.

2797 — La Femme qui pisse (B. 191). Cl. 188. C. B. 156.
Très-belle épreuve.

2798 — Le Dessinateur d'après le modèle (B. 192). Cl. 189. C. B. 157.
Très-belle épreuve.

2799 — La même estampe.
Belle épreuve.

2800 — Figures académiques d'hommes (B. 194). Cl. 191. C. B. 159.
Très-belle épreuve.

2801 — La même estampe.
Belle épreuve.

REMBRANDT (Paul Van Rhyn)

2802 — Femme nue assise sur une butte (B. 198). Cl. 195.
C. B. 162.
Très-belle épreuve.

2803 — Femme nue les pieds dans l'eau (B. 200). Cl. 197.
C. B. 164.
Très-belle épreuve.

2804 — Vénus au bain (B. 201). Cl. 198. C. B. 165.
Superbe épreuve.

2805 — Femme nue dormant (B. 204). Cl. 281. C. B. 168.
Belle épreuve.

2806 — Vue d'Omval, près d'Amsterdam (B. 209). Cl. 206.
C. B. 312.
Superbe épreuve.

2807 — La même estampe.
Très-belle épreuve.

2808 — La même estampe.
Très-belle épreuve.

2809 — Vue ancienne d'Amsterdam (B. 210). Cl. 207.
C. B. 313.
Très-belle épreuve.

2810 — Le Chasseur (B. 211). Cl. 208. C. B. 314.
Superbe épreuve.

2811 — La même estampe.
Très-belle épreuve.

2812 — Le Paysage aux trois arbres (B. 212). Cl. 209.
C. B. 315.
Superbe épreuve avec une petite marge.

2813 — Le Paysage au dessinateur (B. 219). Cl. 216.
C. B. 320.
Très-belle épreuve.

2814 — La même estampe.
Belle épreuve.

REMBRANDT (Paul Van Rhyn)

2815 — Le Bouquet de bois (B. 222). Cl. 219. C. B. 323.
Très-belle épreuve. Très-rare.

2816 — La Chaumière au grand arbre (B. 226). Cl. 223.
C. B. 326.
Superbe épreuve.

2817 — L'Obélisque (B. 227). Cl. 224. C. B. 328.
Superbe épreuve.

2819 — Le Canal aux cygnes (B. 235). Cl. 232. C. B. 335.
Très-belle épreuve.

2821 — Le Paysage au bateau (B. 236). Cl. 233. D. B. 336.
Très-belle épreuve.

2822 — L'Abreuvoir de la Vache (B. 237). Cl. 234.
C. B. 337.
Superbe épreuve, collection du comte de Fries.

2823 — Homme sous une treille (B. 257). Cl. 254.
C. B. 262.
Superbe épreuve.

2824 — La même estampe.
Très-belle épreuve.

2825 — La même estampe.
Belle épreuve.

2826 — Vieillard portant la main à son bonnet (B. 259).
Cl. 256. C. B. 268.
Belle épreuve du 1er état, avant que le sujet ait été terminé par Schmidt.

2827 — La même estampe.
Belle épreuve.

2828 — Vieillard à grande barbe (B. 260). Cl. 257.
C. B. 281.
Très-belle épreuve.

REMBRANDT (Paul Van Rhyn)

2829 — Homme à barbe courte et bonnet fourré (B. 263).
Cl. 260. C. B. 267.
Très-belle épreuve.

2830 — Portrait de Jean-Antoine Vander Linden (B. 264).
Cl. 261. C. B. 181.
Très-belle épreuve du 2ᵉ état.

2831 — Vieillard à barbe carrée (B. 265). Cl. 262. C. B. 271.
Très-belle épreuve ; collection Camberlyn.

2832 — La même estampe.
Superbe épreuve.

2833 — Portrait de Janus Silvius (B. 266). Cl. 263.
C. B. 186.
Très-belle épreuve.

2834 — Jeune Homme assis et refléchissant (B. 268).
Cl. 265. C. B. 258.
Superbe épreuve.

2835 — La même estampe.
Belle épreuve.

2836 — Portrait de Menassé Ben-Israël (B. 269). Cl. 266.
C. B. 183.
Très-belle épreuve.

2837 — La même estampe.
Belle épreuve.

2838 — Portrait de Faustus (B. 270). Cl. 267.. C. B. 84.
Superbe épreuve avant le travail à la pointe sèche, notamment
sur l'épaule du personnage.

2839 — Portrait de Renier Ansloo (B. 271). Cl. 268. C. B. 170.
Très-belle épreuve.

2840 — Portrait d'Abraham France (B. 273). Cl. 270.
C. B. 176.
Superbe épreuve du 3ᵉ état.

REMBRANDT (Paul Van Rhyn)

2841 — La même estampe.
Belle épreuve.

2842 — Portrait de Jean Lutma (B. 276). Cl 273. C. B. 181.
Superbe épreuve.

2843 — Portrait du docteur Ephraïm-Bonus, dit le Juif
à la rampe (B. 278). Cl. 275. C. B. 172.
Très-belle épreuve.

2844 — Portrait de Utenbogardus (B. 279). Cl. 276.
C. B. 190.
Très-belle épreuve.

2845 — La même estampe.
Belle épreuve.

2846 — Portrait d'Utenbogard, connu sous le nom du
Peseur d'or (B. 281). Cl. 278. C. B. 190.
Superbe épreuve.

2847 — La même estampe.
Très-belle épreuve.

2848 — Le petit Coppenol (B. 282). Cl. 279. C. B. 174.
Superbe épreuve.

2849 — Le grand Coppenol (B. 283). Cl. 289. C. B. 175.
Superbe épreuve.

2850 — Le bourgmestre Six (B. 285). Cl. 282. C. B. 184.
Très-belle épreuve du 3e état, avec une grande marge.

2851 — Portrait de Jacques Cats (B. 286). Cl. 283. C. B. 173.
Superbe épreuve.

2852 — La même estampe.
Superbe épreuve.

2853 — Homme en cheveux (B. 289). Cl. 286. C. B. 255.
Très-belle épreuve.

2854 — Vieillard à grande barbe (B. 290). Cl. 287. C. B. 286.
Superbe épreuve.

REMBRANDT (Paul Van Rhyn)

2855 — Vieillard à grande barbe et tête chauve (B. 291). Cl. 288. C. B. 285.
Superbe épreuve.

2856 — Tête d'homme chauve (B. 294). Cl. 291. C. B. 274.
Belle épreuve.

2857 — La même estampe.
Belle épreuve.

2858 — Vieillard à grande barbe et calotte (B. 295).
Très-belle épreuve.

2859 — La même estampe.
Belle épreuve.

2860 — Vieillard à barbe courte (B. 300). Cl. 295. C. B. 291.
Superbe épreuve. Collection Camberlyn.

2861 — La même estampe.
Belle épreuve.

2862 — Esclave à grand bonnet (B. 302). Cl. 298.
Belle épreuve.

2893 — Vieillard à grande barbe blanche (B. 309).
Superbe épreuve.

2864 — Jeune homme à mi-corps (B. 310). Cl. 306. C. B. 177.
Magnifique épreuve. Le fond de la planche est sale.

2865 — Homme avec chapeau à grands bords (B. 311). Cl. 307. C. B. 260.
Superbe épreuve.

2866 — La même estampe.
Très-belle épreuve.

2867 — La même estampe.
Belle épreuve.

REMBRANDT (Paul Van Rhyn)

2868 — Portrait de Rembrandt avec trois crocs (B. 319).
Cl. 28. C. B. 224.
Bonne épreuve.

2869 — La même estampe.
Belle épreuve.

2870 — Homme à moustaches et grand bonnet (B. 321).
Cl. 314. C. B. 266.
Superbe epreuve du 1er état.

2871 — La même estampe.
Très-belle épreuve du même état que la précédente.

2872 — Profil de vieillard grotesque (B. 326). Cl. 319.
C. B. 301.
Très-belle épreuve.

2873 — Etude pour la grande Mariée juive (B. 341). Cl. 331.
C. B. 289.
Très-belle épreuve.

2874 — La même estampe.
Belle épreuve.

2876 — Vieille femme assise (B. 344). Cl. 334. C. B. 197.
Très-belle épreuve.

2877 — Buste de la mère de Rembrandt, la main sur la
poitrine (B. 349). Cl. 339. C. B. 195.
Très-belle épreuve.

2878 — La même estampe.
Très-belle épreuve.

2879 — La même estampe.
Très-belle épreuve.

2880 — Vieille bien caractérisée, regardant en bas (B. 351).
Cl. 344. C. B. 191.
Belle épreuve.

REMBRANDT (Paul Van Rhyn)

2881 — La même estampe.

2882 — Tête de la mère de Rembrandt (B. 354). Cl. 343.
C. B. 193.
   Superbe épreuve. Elle a de la marge.

2883 — Mauresse blanche (B. 357). Cl. 347. C. B. 241.
   Très-belle épreuve.

2884 — La même estampe.
   Belle épreuve.

2885 — La même estampe.
   Belle épreuve.

2886 — Tête de femme (B. 358). Cl. 348. C. B. 243.
   Belle épreuve.

2887 — Griffonnement où se voit la tête de Rembrandt
(B. 363). Cl. 353. C. B. 237.
   Très-belle épreuve.

2888 — Feuille avec six têtes, au milieu desquelles est le
portrait de la femme de Rembrandt (B. 365). Cl. 355.
C. B. 249.

2889 — Trois têtes de femmes, dont une qui dort (B. 368).
Cl. 358. C. B. 251.
   Très-belle épreuve.

2890 — La même estampe.
   Bonne épreuve.

2891 — Griffonnements gravés sur différents sens de la
planche (B. 369). Cl. 359. C. B. 122.
   Superbe épreuve. Rare.

2892 — Saint Pierre délivré de la prison par l'ange (B. 13).
Cl. 18 des pièces douteuses.
   Très-belle épreuve.

REMBRANDT (Paul Van Rhyn)

2893 — Buste d'homme (B. 27). Cl. 33. Ce morceau est
attribué à Van den Eckout.
> Superbe épreuve.

2894 — Le Tailleur de plumes (B. 28 des pièces gravées
par différents maîtres).
> Très-belle épreuve.

2895 — Vieillard à grande barbe, assis (B. 38 des pièces
gravées par différents maîtres).
> Très-belle épreuve.

REMBRANDT (D'après)

2896 — Tobie et l'ange, par Marc Ardell.
> Très-belle épreuve.

2897 — Tobie et l'ange, par Marc Ardell.
> Très-belle épreuve.

2898 — Le Denier de César, par Marc Ardell.
> Très-belle épreuve.

2899 — Le Denier de César, par Marc Ardell.
> Très-belle épreuve.

2900 — Intérieur hollandais, par Marc Ardell.
> Très-belle épreuve avant la lettre, plus la même estampe avec la
> lettre. 2 pièces.

2901 — La Nativité, par Bernart.
> Très-belle épreuve. Rare.

2902 — La Juive fiancée, par Corbutt.
> Belle épreuve.

2903 — David et Bethzabée, par J.-M. Moreau.
> Belle épreuve.

REMBRANDT (D'après)

2904 — L'Ange qui disparaît devant la famille de Tobie.
— Le Bon Samaritain. Deux pièces, par De Frey.
Très-belles épreuves.

2905 — Portrait de la femme de Rembrandt, par Earlom.
Très-belle épreuve.

2906 — Portrait de Van Tromp, par Graham.
Très-belle épreuve.

2907 — Portrait du père de Rembrandt, par Greenwood.
Très-belle épreuve.

2908 — Les Syndics d'Amsterdam, par Houston.
Très-belle épreuve.

2910 — L'Homme tenant un sabre, par J.-G. Haid.
Très-belle épreuve avant la lettre.

2911 — L'Homme tenant un sabre, par J.-G. Haid.
Très-belle épreuve.

2912 — Soldat tenant une hallebarde, par J.-G. Haid.
Très-belle épreuve avant la lettre.

2913 — Portrait de la maîtresse de Rembrandt, par
J.-G. Haid.
Belle épreuve.

2914 — La Fille occupée à écrire, par J.-G. Haid.
Très-belle épreuve.

2915 — Vieille Femme assise se coupant les ongles, par
Haid.
Très-belle épreuve avant la lettre.

2916 — Laissez venir à moi les petits Enfants, — Jésus
au milieu des docteurs, par Hess.
Très-belles épreuves.

2917 — Le Tailleur de plumes. — Femme plumant un
coq, par Houston. Deux pièces.
Très-belles épreuves.

REMBRANDT (D'après)

2918 — Homme tenant un couteau. — Homme assis.
Deux pièces, par Houston.
Très-belles épreuves.

2919 — La Madeleine, par Kleine.
Très-belle épreuve.

2920 — Le grand Rabbin juif, par Pether.
Très-belle épreuve.

2921 — Le studieux Philosophe, par Ch. Phillips.
Très-belle épreuve.

2922 — Portrait d'homme tenant un papier roulé, par
W. Pether.
Très-belle épreuve avant la lettre.

2923 — Portrait de Rembrandt.
Très-belle épreuve avant la lettre.

2924 — L'Ange qui disparaît devant la famille de Tobie.—
Les Ouvriers de la vigne, etc. Quatre pièces.

2925 — Les Disciples d'Emmaüs, par Defrey.
Superbe épreuve avant la lettre.

2926 — Portraits, Paysages, etc., soixante-sept pièces copies, d'après Rembrandt.

RENI (Guido)

2927 — Adam et Ève (B. 1). — Repos en Égypte
(B. 2, 4, 5, 7, 10 et 13). Sept pièces.
Belles épreuves.

2928 — Le Portement de croix (B. 20). — Saint Jérôme.—
Saint Jean (B. 23). — Saint Sébastien (B. 24). —
L'Ange gardien (B. 28). — Mercure et Argus (B. 31).
— Mars, Vénus et l'Amour (B. 32). Six pièces.
Belles épreuves.

REVEL

2929 — La Cruche cassée, d'après Greuze.
Très-belle épreuve avant la lettre.

REVERDINO

2930 — Marc Curce. Pièce non décrite.
Très-belle épreuve.

REYNOLDS (Sir JOSUA), D'après

2931 — Élisabeth, comtesse de Berkley, par Marc Ardell.
Très-belle épreuve.

2932 — Lady Charlotte Fitz-William, par Marc Ardell.
Très-belle épreuve.

2933 — Charles Saundérs, lieutenant-général de la marine, par Marc Ardell.
Très-belle épreuve.

2934 — Lady Caroline Russell, par Marc Ardell.
Très-belle épreuve.

2935 — Charles, marquis de Rockingham, par Fisher.
Très-belle épreuve.

2936 — Ugolin dans sa prison, par Denon.
Très-belle épreuve avant la lettre.

2937 — Garrick et deux tragédiennes dans une scène du théâtre de Shakespeare, par Fisher.
Très-belle épreuve.

2938 — Lord Hugh Percy, comte de Northumberland. — Élisabeth, comtesse de Northumberland, sa femme, par Fisher. Deux pièces.
Très-belles épreuves.

2940 — Sr Charles Pratt, par Haid.
Très-belle épreuve.

REYNOLDS (Sir. Josua) D'après

2941 — Barbara, comtesse de Coventrey, par Spicer.
Très-belle épreuve.

2942 — Master Herbert, sous la figure de Bacchus, par Smith.
Très-belle épreuve.

2943 — Lieut.-Col. Tarleton, par Smith.
Très-belle épreuve.

2944 — John Manners, marquis de Granby, par Watson.
Belle épreuve.

2945 — Sir Jeffery Amherst, par Watson.
Très-belle épreuve avant la lettre.

2946 — James Beattie, par Watson.
Très-belle épreuve.

2948 — Miss Bosville, par Wastson.
Superbe épreuve.

2950 — Le marquis de Granby, par Watson.
Très-belle épreuve avant toutes lettres.

2951 — La même estampe.
Très-belle épreuve.

2952 — Le marquis de Granby, par Watson.
Très-belle épreuve.

2954 — Dame anglaise. — Dame allemande. Deux pièces, d'après Lawrence.
Très-belles epreuves.

2955 — E. Bickerstetch, d'après Mosses. — R. Newcome, d'après Allen. — Matthew Boulton, d'après Breda. Trois pièces.
Très-belles épreuves.

RIBERA (JOSEPH)

13.50 2956 — Le Corps mort de Jésus-Christ (B. 1).
Superbe épreuve.

7.0 2957 — La même estampe.
Belle épreuve.

7.50 2958 — Saint Jérôme (B. 4).
Très-belle épreuve.

9 2959 — Saint Jérôme (B. 5).
Superbe épreuve.

61 2960 — Le Martyre de saint Barthélemy (B. 6).
Superbe épreuve.

20 2961 — La même estampe.
Belle épreuve.

8 2962 — Saint Pierre (B. 7).
Superbe épreuve.

5.50 2963 — La même estampe.
Très-belle épreuve.

31 2964 — Le Poëte (B. 10).
Superbe épreuve.

18 2965 — La même estampe.
Très-belle épreuve.

5 2966 — Le Satyre fouetté (B. 12).
Belle épreuve.

5.50 2967 — La même estampe.
Belle épreuve.

26 2968 — Silène (B. 13).
Très-belle épreuve du 1er état.

15 2970 — La même estampe.
Très-belle épreuve.

17.50 2971 — Saint Jérôme (B. 4). — Saint Barthélemi (B. 6). —
Saint Pierre (B. 7). — Le Satyre fouetté (B. 12). Cinq
pièces dont une double.
Belles épreuves.

RIBERA (JOSEPH)

2972 — Saint Jérôme lisant (B. 3). — Tête d'homme à poireaux (B. 9). — Principes de dessin (B. 15, 17), etc. Six pièces.
Superbes épreuves; elles ont toute leur marge.

2973 — Repos en Egypte, d'après Charles Saroceno (B. Pièce douteuse).
Très-belle épreuve.

2974 — La même estampe.
Très-belle épreuve.

2975 — Études d'oreilles.
Morceau inconnu à Bartsch. Très-rare et superbe épreuve du 1er état, avant le nom du maître.

2976 — La même estampe.
Belle épreuve avec le nom.

RICHOMME (J.-T.)

2977 — Sainte Famille, d'après le tableau de Raphaël au Musée du Louvre.
Très-belle épreuve avant la lettre.

2978 — La même estampe.
Très-belle épreuve.

2979 — La Vierge de Lorette, d'après Raphaël.
Très-belle épreuve avant la lettre (lettres grises).

2980 — La même estampe.
Très-belle épreuve.

2981 — La même estampe.
Très-belle épreuve.

2982 — Neptune et Amphitrite, d'après J. Romain.
Superbe épreuve avant la lettre.

RICHOMME (J.-T.)

2983 — Henri IV et ses enfants, d'après Ingres.
Très-belle épreuve.

2984 — Portrait de Napoléon, d'après Gérard.
Superbe épreuve avant toutes lettres, sur papier de Chine.

2985 — Le même portrait.
Très-belle épreuve avant la lettre.

2986 — Portrait de Marc-Antoine, d'après Raphaël.
Très-belle épreuve, sur papier de Chine.

RIVERA (G.)

2988 — Jésus au Jardin des Oliviers, d'après Carlo Dolci.
Belle épreuve.

ROBETTA

2989 — L'homme attaché à un arbre par l'Amour (B. 25.)
Très-belle épreuve.

2990 — La même estampe.
Belle épreuve.

2991 — Mucius Scevola (B. 26).
Superbe épreuve; elle est doublée.

ROGER

2992 — L'Amour séduit l'Innocence que le Plaisir en-
traîne, etc. — L'Innocence préférant l'Amour à la
Richesse. Deux pièces faisant pendant, d'après Pru-
d'hon et Mlle Gérard.
Très-belles épreuves avant la lettre.

ROOS (JEAN-HENRI)

2993 — Différents Moutons et Chèvres. Suite de neuf estampes gravées en 1671 (B. 1-9).
Superbes épreuves.

2994 — Différents Animaux (B. 18-30). Suite de 12 estampes dont nous n'avons que dix.
Bonnes épreuves.

2995 — L'Ane et les Moutons.
Très-belle épreuve du 1er état, avant le numéro.

2996 — La Bergère (B. 31).
Superbe épreuve du 1er état, avant que le coin supérieur gauche ait été arrondi, et avant le trait échappé près de la croisée qui se voit au haut de la ruine, à droite. Très-rare.

2997 — Le Mouton tondu et le Bélier (B. 36).
Superbe épreuve. Très-rare.

2998 — Les Chèvres (B. 37).
Très-belle épreuve. Rare.

2999 — Les Chèvres et les Chevreaux (B. 22). — L'Anesse et le Bouc (B. 29). — Les Moutons au pied de l'arbre (B. 30). Trois pièces.
Belles épreuves avant les numéros.

ROQUEPLAN

3000 — Seigneur du temps de Louis XV caressant une bergère. Petite pièce de forme ronde, gravée à l'eau forte.
Très-belle épreuve.

ROSA (S.)

3001 — Platon et ses disciples (B. 3). — Alexandre dans l'atelier d'Apelles (4). — Diogène et son écuelle (5). — Diogène et Alexandre (6). — Démocrite (7). — Le Génie de S. Rosa (24). — Apollon et la Sibylle de Cumes (17). — Cérès et Phytalus (19). Plus l'Adoration des bergers, d'après Véronèse, et quatre pièces, Paysages et animaux, par Castiglione. Treize pièces. Très-belles épreuves.

ROSASPINA (F.)

3002 — Le Christ descendu de la croix, d'après le Corrège. Très-belle épreuve avant la lettre.

ROTA (Martin)

3003 — Le Jugement dernier, d'après Michel-Ange (B. 28). Très-belle épreuve.

3004 — Le Jugement dernier, d'après Titien (B. 29). Très-belle épreuve.

3005 — Charles V, empereur (B. 61). Belle épreuve.

3006 — Clusius (Charles), fameux botaniste (B. 62). Superbe épreuve.

3007 — Fichard (Jean), jurisconsulte de Francfort, à mi-corps (B. 69). Belle épreuve.

3009 — Valette (Jean de la), grand maître de l'ordre de Saint-Jean de Jérusalem, d'après Titien (B. 100). Très-belle épreuve.

ROULLET

3010 — Le Corps de Jésus-Christ descendu de la croix, d'après Carrache.

Belle épreuve.

3011 — La Vierge aux raisins, d'après Mignard.

Très-belle épreuve.

3012 — Touchelée (Catherine), d'après Cotelle.

Très-belle épreuve avant la lettre.

3013 — Le même portrait.

Très-belle épreuve; même état que la précédente.

3014 — Colbert (Edouard, marquis de Villacerf.

Très-belle épreuve.

RUBENS (P.-P.)

3015 — Saint François recevant les Stigmates (B. 9 des sujets de saints). La Madeleine qui s'arrache les cheveux (B. 28 des sujets de saintes). (La Madeleine est double). Trois pièces.

Très-belles épreuves.

PIÈCES GRAVÉES D'APRÈS RUBENS

ANONYME

3016 — La Nativité (B. 9 du N. T.).
Très-belle épreuve.

BOLSWERT (S.-A.)

3017 — Le Jugement de Salomon (B. 24 de l'A. T.).
Très-belle épreuve.

3018 — Le Jugement de Salomon (B. 24 de l'A. T.
Superbe épreuve.

3019 — L'Adoration des Rois (B. 15 du N. T.).
Très-belle épreuve.

3020 — Saint Ignace de Loyola et saint François-Xavier
(B. 27 du N. T.).
Très-belle épreuve.

3021 — Le Christ en croix (B. 85 du N. T.).
Très-belle épreuve.

3022 — La même estampe.
Très-belle épreuve.

3023 — La Résurrection (B. 109 du N. T.).
Très-belle épreuve du premier état, avec l'adresse de Martin Van
den Enden.

3024 — L'Ascension du Christ (B. 118 du N. T.).
Très-belle épreuve du premier état, avec l'adresse de Martin
Van den Enden; plus, une épreuve avec l'adresse de Gillis Hen-
drix.

BOLSWERT (S.-A.)

3025 — La même estampe.
Très-belle épreuve. Même état.

3026 — Trinité où l'on voit Jésus-Christ mort sur les genoux du Père Éternel (B. 123 du N. T.).
Très-belle épreuve avec l'adresse de Martin Van den Enden.

3027 — La même estampe.
Très-belle épreuve. Même état.

3028 — Les quatre Évangélistes (B. 128 du N. T.).
Superbe épreuve.

3029 — La Conversion de saint Paul (B. 129 du N. T.).
Superbe épreuve, avec S. a Bolswert sculpsit et excudit. Rare dans cet état.

3030 — L'Assomption (B. 4 des sujets de Vierges).
Superbe épreuve du premier état, avec l'adresse de Martin Van den Enden.

3031 — L'Assomption de la Vierge, où l'un des disciples lève la pierre du Sépulcre (B. 5 des sujets de Vierges).
Superbe épreuve du premier état, avec l'adresse de Martin Van den Enden.

3032 — L'Assomption, où l'un des disciples lève la pierre du Sépulcre (B. 5 des sujets de Vierges).
Superbe contre-épreuve du premier état.

3033 — La même estampe.
Belle épreuve avec l'adresse de G. Huberti.

3034 — La sainte Vierge que l'Enfant Jésus embrasse (B. 30 des sujets de Vierges).
Superbe épreuve du premier état, avec l'adresse de Martin Van den Enden.

3035 — La même estampe.
Très-belle épreuve.

3036 — L'Enfant Jésus sur une table, et caressant la sainte Vierge (B. 34 des sujets de Vierges).
Superbe épreuve avec l'adresse du graveur.

BOLSWERT (S.-A.)

3037 — La sainte Vierge et l'Enfant Jésus sur ses genoux (B. 36 des sujets de Vierges).
Belle épreuve.

3038 — Sainte Famille, où l'Enfant Jésus et saint Jean caressent un agneau (B. 44 des sujets de Vierges).
Superbe épreuve du premier état, avec l'adresse de Martin Van den Enden.

3039 — La même estampe.
Très-belle épreuve. Même état que la précédente.

3040 — Retour de Chasse (B. 26 des sujets de la fable).
Epreuve avec l'adresse de G. Hendrix.

3041 — Les petits Paysages de Rubens. Suite de vingt et une pièces (les nᵒˢ 2, 4, 10, 14, 20, 21 manquent). Quatorze pièces.
Superbes épreuves. Le nᵒ 13 est avant les figures.

3042 — Huit pièces doubles de la suite précédente; plusieurs sont doubles.
Superbes épreuves.

3043 — Une Forêt où se voit la chasse de Méléagre et d'Atalante (B. 26, 3 des différentes suites). — Un Paysage où se voit une grande étable (B. 26, 5 des différentes suites. Deux pièces.
Très-belles épreuves.

3044 — Paysage où se voient plusieurs ruines (B. 27, 1 des différents suites).
Superbe épreuve avant toutes lettres.

3045 — La même estampe.
Très-belle épreuve du même état.

3046 — Paysage avec un petit pont de bois (B. 27, 4 des différentes suites.
Superbe épreuve avant toutes lettres.

3047 — Paysage à l'homme qui tire un coup de fusil (B. 27, 19 des différentes eintes).
Superbe épreuve avant toutes lettres.

3047 bis

BOLSWERT (S.-A.)

3048 — Paysage représentant une forêt, où se fait une chasse (B. 27, 17 des différentes suites).
Superbe épreuve avant toutes lettres.

3049 — La même estampe.
Même état.

BLOEMAERT (C.)

3050 — Méléagre qui présente la hure du sanglier de Calédonie à Atalante (B. 21 des sujets de la fable).
Très-belle épreuve.

CAUKERKEN (C. Van)

3051 — Le Martyre de saint Lievin, évêque de Gand (B. 36 des sujets de saints).
Superbe épreuve du premier état, avant l'adresse de G. de Hollander.

CLOUWET (P.)

3052 — La Descente de croix (B. 97 du N. T.).
Très-belle épreuve avec une belle marge.

DALEN (C. Van)

3053 — Les quatre pères de l'Eglise (B. 3 de l'Histoire e All. sacrées).
Très-belle épreuve.

3054 — La même estampe.
Très-belle épreuve.

EARLOM (R.)

3055 — L'Adoration des Mages, d'après Rubens.
Très-belle épreuve avant la lettre.

GALLE (C.)

3056 — L'Enfant Jésus et saint Jean, jouant avec un agneau (B. 41 du n. T.).
Très-belle épreuve.

3057 — Une Vierge dans une niche, à laquelle des enfants attachent des guirlandes de fruits (B. 63 des sujets de Vierges).
Très-belle épreuve.

JEGHERS (Ch.)

3058 — Suzanne surprise par les Vieillards (B. 36 de l'An. T.).
Très-belle épreuve avec l'adresse de Rubens.

3059 — La même estampe.
Très-belle épreuve avec l'adresse de Rubens.

3060 — La Tentation de Jésus-Christ dans le désert (B. 37 du N. T.). Couronnement de la Vierge (B. des sujets de Vierges). Deux pièces.
Très-belles épreuves.

3061 — La Tentation de Jésus-Christ dans le désert (B. 37 du N. T.).
Très-belle épreuve.

3062 — Hercule exterminant la fureur et la Discorde (14) des sujets de la fable.
Superbe épreuve.

JODE (Pierre de)

3063 — Jésus-Christ remettant les clefs à saint Pierre (B. 49 du N. T.).
Très-belle épreuve avec l'adresse de Martin Van den Enden.

3064 — L'Alliance de la Mer et de la Terre (B. 28 des All.).
Très-belle épreuve avant la lettre.

NEEFS (J.)

3073 — Le Martyre de saint Thomas (B. 48 des sujets de
saints).
Superbe épreuve.

3074 — La même estampe.
Très-belle épreuve.

ORLEY (H. Van)

3075 — Bacchus ivre (B. 59 des sujets de la fable).
Très-belle épreuve.

PONTIUS (Paul)

3076 — Jésus-Christ mort sur les genoux de la Vierge
(B. 109 du N. T.).
Superbe épreuve.

3077 — La même estampe.
Très-belle épreuve.

3078 — La Descente du saint Esprit sur les Apôtres (B.
119 du N. T.
Superbe épreuve.

3079 — La même estampe.
Très-belle épreuve.

RYCKEMANS

3080 — L'Adoration des Rois (B. 12 du N. T.).
Superbe épreuve du premier état, avec l'adresse du graveur.

3081 — L'Adoration des Rois (B. 12 du N. T.).
Très-belle épreuve.

LASNE (MICHEL)

3065 — La Vierge et l'Enfant Jésus qui est appuyé sur un
berceau (B. 32 des sujets de Vierges).
Très-belle épreuve.

LAUWERS (N.)

3066 — Les Pères de l'Eglise et sainte Claire (B. 4 des sujets d'histoire et Allég. sacrées).
Superbe épreuve.

3067 — Le Triomphe de la nouvelle loi (B. 7 des sujets
d'histoire et Allégories sacrées).
Très-belle épreuve.

LEUW (W.)

3068 — Daniel dans la fosse aux lions (B. 30 de l'A. T.).
Très-belle épreuve,

3069 — Chasse au Loup (B. 21, 6 des différentes suites).
Très-belle épreuve du premier état, avant l'adresse de C. Van
Merlen.

3070 — Abigaïl venant fléchir la colère de David (B. 23 de
l'ancien Testament).
Très-belle épreuve du deuxième état, avec l'adresse de G. Huberti.

3071 — Fuite en Egypte (B. 26 du N. T.).
Très-belle épreuve.

3072 — Saint François-Xavier et saint Ignace de Loyola
(B. 16 et 24 des sujets de saints). Deux pièces faisant
pendant.
Superbes épreuves.

SCHMUTZER

3082 — Saint Ambroise, archevêque de Milan, refusant l'entrée de l'Eglise à l'empereur Théodose.
Très-belle épreuve avant la lettre avec tout sa marge.

SNYERS

3083 — Une Vierge assise sur le haut d'un degré, qu'environnent plusieurs saints et saintes (B. 61 des sujets de Vierges).
Très-belle épreuve.

SOMPEL (P. VAN)

3084 — Christ en croix (B. 82 du N. T.).
Très-belle épreuve.

3085 — Erichtonius dans la Corbeille (11 des sujets de la fable).
Très-belle épreuve.

SOUTMAN

3086 — Sennachérib épouvanté du carnage que l'ange exterminateur fait dans son armée (B. 25 de l'An. T.).
Superbe épreuve.

3087 — La même estampe.
Très-belle épreuve.

3088 — La Pêche miraculeuse (B. 47 du N. T.). — Le Sacre d'un Evêque (B. 47 des sujets de saints). — Jésus saisi par les Juifs, d'après Van Dyck. Trois pièces.
Très-belles épreuves.

3089 — La Cène (B. 64 des sujets du N. T.).
Belle épreuve.

3090 — Chasse au Lion et à la Lionne (B. 21, 3 des différentes suites).
Très-belle épreuve.

SOUTMAN

3091 — Silène ivre, soutenu par un satyre et une Négresse (B. 64 des sujets de la fable.
Très-belle épreuve.

3092 — Chasse au Lion et à la Lionne (B. 24, 3 des différentes suites).
Très-belle épreuve.

SUYDERHOEF

3093 — Bacchanale (54).
Superbe épreuve. Rare.

3094 — Chasse aux Lions et aux Tigres (B. 24, 2 des différentes suites).
Très-belle épreuve.

VAN KESSEL

3095 — La Chasse au Sanglier de Calédonie (B. 21, 10 des différentes suites).
Très-belle épreuve.

VISSCHER (C.)

3096 — Saint François d'Assise recevant l'Enfant Jésus des mains de la Vierge (B. 13 des sujets de saints).
Très-belle épreuve.

VORSTERMAN (L.)

3097 — La Nativité (B. 5 du N. T.).
Très-belle épreuve.

3098 — Retour d'Egypte (B. 30 du N. T.).
Très-belle épreuve.

VORSTERMAN (L.)

3099 — La même estampe.
Très-belle épreuve.

3100. — La Descente de croix (B. 99 du N. T.).
Superbe épreuve du premier état, avant l'adresse de C. Van Merlen.

3101 — Sainte Famille, où l'Enfant Jésus caresse la sainte Vierge (B. 54 des sujets de Vierges). Plus la même composition par un graveur anonyme. Deux pièces.
Très-belles épreuves.

3102 — Saint François d'Assise recevant les stigmates (B. 11 des sujets de saints).
Très-belle épreuve.

3103 — Le Martyre de saint Laurent (B. 37 des sujets de saints).
Superbe épreuve.

WITDOUG

3104 — Melchisedeck ayant béni du pain et du vin, le présente à Abraham (B. 10 des sujets de l'A. T.).
Superbe épreuve.

3105 — La même estampe.
Très-belle épreuve.

3106 — La Nativité (B. 11 du N. T.).
Très-belle épreuve, avec le nom de Bolswert.

3107 — L'Adoration des Rois (B. 18 du N. T.).
Magnifique et très-rare épreuve avant toutes lettres.

3108 — Jésus-Christ à table avec les pèlerins d'Emmaüs (B. 114 du N. T.).
Très-belle épreuve.

3109 — Sainte Famille où la Vierge assise tient l'Enfant Jésus qui dort sur son sein (B. 50 des sujets de Vierges).
Très-belle épreuve.

WYNGAERDE (F. VANDEN)

3110 — Des Soldats faisant tapage (B. 63 des All., etc.).
Superbe épreuve.

RUBENS (D'après)

3111 — Loth et ses filles, par Soutman. — Jésus chez le
pharisien, par Panneels, etc. Six pièces.
Belles épreuves.

3112 — La Galerie du palais du Luxembourg, peinte par
Rubens et gravée par différents graveurs. Suite de 25
pièces renfermées en un vol. in-fol. relié en veau e^t
publié à Paris en 1710.
Superbe exemplaire avec marge et avant les numéros.

RUGGIERI (G.)

3113 — L'Assemblée des dieux, composition pour un pla-
fond, d'après le Primatice.
Très-belle épreuve.

RUHIERRE (E.)

3114 — L'Arioste, d'après Mauzaisse. — Les Moines ran-
çonnés, par Thouvenin. Deux pièces.
Très-belle épreuve.

3115 — Reddition d'Ulm, d'après V. Adam.
Très-belle épreuve avant la lettre.

3116 — Reddition d'Ulm, d'après V. Adam.
Belle épreuve.

RUSCHEWEYH

3117 — Elie et Elysée. — Agar dans le désert, etc. Quatre
pièces d'après Overbeck et Raphaël.
Très-belles épreuves, sur chine.

RUYSDAEL (Jacques)

3118 — Le petit Pont (B. 1).
Très-belle épreuve.

3119 — Les deux Paysans et leur chien (B. 2).
Très-belle épreuve.

3120 — La même estampe.
Belle épreuve.

3121 — La Chaumière au sommet de la montagne (B. 3).
Très-belle épreuve.

3122 — Le Champ de blé bordé d'arbres (B. 5).
Belle épreuve.

3123 — La même estampe.
Bonne épreuve.

RYSBRAECK

3124 — Suite de six Paysages (B. 1-6).
Très-belles épreuves.

SADELER (R.)

3125 — Adam et Eve. — Sainte Famille. — David portant la tête de Goliath, etc. Cinq pièces.
Belles épreuves.

SADELER (R.)

3126 — La Chute des anges rebelles. — Adam et Eve chassés du paradis terrestre. — Dieu apparaissant à Isaac. — Le Déluge, etc. Suite de six estampes d'après Martin de Vos et autres.
Très-belles épreuves.

3127 — Le Mariage de sainte Catherine, d'après Raphaël. — Sainte Famille, d'après Van Aken. Deux pièces.
Très-belles épreuves.

3128 — La Nativité. — Moïse exposé sur le Nil. — L'Adoration des Mages. — La Nativité, etc. Sept pièces tirées de différentes suites.
Très-belles épreuves.

3129 — Présentation au temple.
Superbe épreuve.

SADELER (J.)

3130 — Les quatre Parties du monde, d'après M. de Vos. Suite de quatre estampes.
Très-belles épreuves.

SADELER (E.)

3131 — Charles de Longueval, comte de Buquoy.
Superbe épreuve.

3132 — Rudolphe II, empereur d'Autriche, et Mathieu Wackenfels. Deux portraits.
Très-belles épreuves.

3133 — Petrus Breugel, peintre. — Charles de Longueval, comte de Buquoy. Deux portraits.
Très-belles épreuves.

3134 — Rudolphe II, empereur d'Autriche, Sigismond Bathori, prince de Transylvanie. Deux pièces.
Très-belles épreuves.

SAENREDAM (J.)

3135 — Jésus-Christ assistant à un banquet chez Simon le pharisien, d'après P. Véronèse (B. 34).
Très-belle épreuve.

3136 — Suzanne au bain, surprise par les deux Vieillards, d'après C. Cornelis (B. 35).
Très-belle épreuve.

3137 — Pâris assis près d'Enone, d'après C. Cornelis (B. 37).
Très-belle épreuve.

3138 — Vertumne et Pomone, d'après C. Cornelis (B. 38).
Très-belle épreuve.

3139 — L'Antre de Platon, d'après C. Cornelis (B. 39).
Superbe épreuve.

3140 — Pallas, Vénus et Junon, d'après Goltzius. Trois pièces de forme ovale (B. 62-64).
Superbes épreuves.

3141 — Des Amants et leurs Maîtresses implorant l'assistance de Vénus, d'après H. Goltzius (B. 71).
Superbe épreuve.

3142 — Les quatre Parties du jour, d'après H. Goltzius. Suite de quatre estampes (B. 91, 94).
Superbes épreuves avec une belle marge.

3143 — Vénus couchée sur un lit, d'après Pierre Isaac (B. 104).
Très-belle épreuve.

3144 — Vertumne et Pomone. — Suzanne au bain, surprise par les deux Vieillards. Deux pièces, d'après C. Cornelis. — Vertumne et Pomone, d'après Bloemaert. Trois pièces.
Belles épreuves.

SAFT-LEVEN (Herman)

3145. — Les quatre Saisons. Suite de quatre estampes.
(B. 22, 25).
Très-belles épreuves avant divers travaux ajoutés.

3146 — Le Bois (B. 27).
Superbe épreuve.

3147 — La porte des Femmes-Blanches à Utrecht (B. 29).
Superbe épreuve du 1er état, avant que le ciel ait été chargé de
nuages. Extrêmement rare.

3148 — Le Porcher (B. 30).
Superbe épreuve. Elle a une belle marge. Rare de cette qualité.

3149 — Les Eléphants (B. 33).
Estampe de la plus grande rareté.

3150 — La Femme trayant la vache (B. 34).
Superbe épreuve du 1er état, avant le nom, à l'eau forte pure.

3151 — La même estampe.
Très-belle épreuve.

3152 — Les Moissonneurs (B. Pièce attribuée à H. Saft-
Leven).
Très-belle épreuve.

3153 — Les Moissonneurs (B. Pièce attribuée à H. Saft-
Leven).
Très-belle épreuve.

3154 — Le Berger et la Bergère conversant, pièce attribuée à H. Saft-Leven.
Très-belle épreuve.

SAFT-LEVEN (Cornelis)

3155 — Douze figures de Paysans et Paysannes. Suite de
douze estampes.
Très-belles épreuves.

SAFT-LEVEN (Cornelis)

3156 — Les cinq Sens. Suite de cinq estampes.
Très-belles épreuves.

3157 — Différents animaux. Suite de douze estampes,
dont nous n'avons que six.
Très-belles épreuves.

SAILLIAR (L.)

3158 — Forman (Helena), seconde femme de Rubens,
d'après Van Dick.
Très-belle épreuve avant la lettre.

3159 — Le même portrait.
Très-belle épreuve.

SAINT-AUBIN (G.)

3160 — Conférence de l'ordre des avocats (P. de B. 21).
Très-belle épreuve du 1er état.

SAINT-AUBIN (A.)

3161 — Le Kain, acteur du Théâtre-Français, d'après Le
Noir.
Très-belle épreuve.

3162 — Comptez sur mes Serments. — Au moins soyez
discret. Deux pièces.
Très-belles épreuves.

3163 — Adrienne-Sophie, marquise de....
Très-belle épreuvs.

SAINT-NON

3164 — La Jeune Malade. Pièce gravée à l'eau forte.
Très-belle épreuve.

SANDRART (J.)

3165 — Portrait de l'Arioste, d'après Titien.
Très-belle épreuve.

3166 — Jean-Casimir, roi de Pologne.
Belle épreuve.

SANDRART (Attribué à)

3167 — L'Histoire de la Création et de la Chute du premier homme. Suite de treize pièces de deux compositions sur chaque feuille, séparés par une colonne.
Très-belles épreuves.

SART (C. DU)

3168 — Le Couple ivre (B. 7).
Superbe épreuve.

3169 — La même estampe.
Très-belle épreuve.

3170 — Le Violon assis (B. 15).
Très-belle épreuve. Elle a de la marge.

3171 — La même estampe.
Très-belle épreuve.

3172 — La Fête du village (B. 16).
Très-belle épreuve.

3173 — Le Tabac présenté (B. 19). Pièce connu sous le
nom de Musico.
Superbe épreuve.

SAUNDERS (J.)

3174 — La Piété, grande composition, d'après Fra Bartho-
lomeo.
Belle épreuve avant la lettre, avec toutes marges.

SAUVE

3175 — Henriette-Adélaïde de Savoye, duchesse électrice de Bavière. Charmant petit portrait.
Très-belle épreuve.

SAVART

3176 — Alembert (Jean le Rond d') (F. 1).
Belle épreuve.

3177 — Catinat (Nicolas de), maréchal de France (F. 10).
Très-belle épreuve.

3178 — Colbert (Jean-Baptiste), ministre d'Etat, d'après Champaigne (F. 14).
Très-belle épreuve du 2e état, avec l'adresse de la barrière Font arabie.

3179 — La même portrait.
Très-belle épreuve du 3e état. L'adresse a été changée.

3180 — Fénelon (François de Salignac de Lamotte), d'après Vivien (F. 18).
Très-belle épreuve du 1er état, avec l'adresse de l'auteur, barrière Fontarabie.

3181 — Le même portrait.
Belle épreuve du 2° état. L'adresse a été changée.

3182 — Portraits de Bayle, Boileau, Fontenelle, Louis XIV, etc. Six pièces.
Bonnes épreuves.

SCHALL (D'après)

3183 — Le Modèle disposé, par Chaponnier.
Très-belle épreuve avant la lettre.

SCHENCK

3184 — Frédéric-Auguste, roi de Pologne. Portrait gravé
en manière noire.
Très-belle épreuve.

SCHIAVONE (André)

3185 — Panneau d'ornement en largeur (B. 26). — Pan-
neau d'ornement en hauteur. Pièce non décrite.
Deux pièces.
Très-belles épreuves.

SCHIAVONETTI

3186 — Scènes de la Révolution française. Trois pièces
publiées à Londres.
Très-belles épreuves.

SCHIAVONI

3187 — L'Assomption de la Vierge, d'après Titien.
Magnifique épreuve avant toutes lettres et avec toute sa marge.
Très-rare.

SCHILLENER (F.)

3188 — Jean Huysen, d'après Mirevelt.
Superbe épreuve.

SCHLEICH (Ad.)

3189 — Sainte Marie, d'après Hesse.
Très-belle épreuve sur papier de Chine.

SCHMIDT (G.-F.)

3190 — Louis de la Tour-d'Auvergne, comte d'Evreux, d'après Rigaud (42).
Très-belle épreuve.

3191 — Maurice Quentin de la Tour, peintre, d'après lui-même (50).
Rare épreuve avant toutes lettres.

3192 — Jean-Baptiste Silva, d'après Rigaud (52).
Très-belle épreuve.

3193 — Mignard (Pierre), premier peintre du roi, d'après Rigaud (59).
Très-belle épreuve avant l'astérique, au milieu du bas de la planche.

3194 — Cocceji (Samuel), ministre du roi de Prusse, d'après Ant. Pesne (66).
Très-belle épreuve. Elle a de la marge.

3195 — Anhalt-Bernbourg (Christian-Auguste d'), d'après Ant. Pesne (66).
Très-belle épreuve.

3196 — Auguste III, roi de Pologne, vu jusqu'aux genoux, d'après L. de Silvestre (71).
Très-belle épreuve.

3197 — Auguste III, roi de Pologne, vu jusqu'aux genoux. — Marie Josèphe de Saxe, sa femme. Deux portraits faisant pendant, d'après L. de Silvestre. (71, 72).
Très-belles épreuves.

3198 — Les mêmes portraits.

3199 — Grapendorf (Louise-Albertine de Brandt, baronne de), d'après M. Lesueur (74).
Très-belle épreuve.

3200 — Esterhasy (Nicolas), ambassadeur d'Autriche, d'après L. Tocqué (78).
Très-belle épreuve ayant le burin gravé au bas de la droite de l'encadrement.

SCHMIDT (G.-F.)

3201 — Elisabeth, impératrice de Russie, en pied et en
costume impérial, d'après Tocqué (L. B. 82).
Superbe épreuve; elle a de la marge.

3202 — La même estampe.
Très-belle épreuve.

3202 bis. — Portrait du peintre de La Tour, d'après lui-
même (89).
Superbe épreuve avec de la marge.

3203 — Pesne (Antoine); d'après lui-même. — Jean-
Baptiste Rousseau, d'après Aved, etc. Trois pièces.
Très-belle épreuve.

3204 — Buste d'un Vieillard (111). — Autre buste d'un
Vieillard (112). — Buste de Mme Schmidt (136). Trois
pièces.
Très-belles épreuves.

3205 — Le Buste d'un Oriental (114).
Très-belle épreuve.

— La Tête d'un Vieillard (115).
Très-belle épreuve.

3207 — Le Buste d'un vieux Guerrier (116).
Très-belle épreuve.

3208 — Buste d'un jeune Homme, d'après Rembrandt
(117).
Superbe épreuve.

3209 — Buste d'un Homme de moyen âge, d'après Rembrandt (118). — Une vieille Femme, dite la Pouil-
leuse, d'après Rembrandt (119). Deux pièces.
Très-belles épreuves.

3210 — Un Vieillard habillé en persan, d'après Rembrandt
(120).
Superbe épreuve.

SCHMIDT (G.-F.)

3211 — Buste d'un Vieillard à moustache, d'après Rembrandt (121).
Superbe épreuve.

3212 — Portrait d'une jeune Femme, d'après Rembrandt. (123).
Superbe épreuve.

3133— Le Portrait d'un jeune Seigneur, d'après Rembrandt (124).
Superbe épreuve.

3214 — Buste d'un Homme de moyen âge. En ovale, d'après Flinck (125).
Superbe épreuve.

3215 — Jeune Fille dans un ovale, d'après Flinck (126).
Superbe épreuve.

3216 — Buste d'un Homme à tête nue, d'après Rembrandt (127).
Superbe épreuve.

3217 — La Fiancée juive, d'après Rembrandt (128).
Superbe épreuve.

3218 — Buste d'un Vieillard, d'après Flinck (131).
Superbe épreuve.

3219 — Portrait de Schmidt dessinant (134).
Superbe épreuve.

3220 — Portrait de Mme Schmidt, en couseuse (135). — Le patriarche Jacob, d'après Rembrandt (139).
Superbes épreuves.

3221 — Le prince de Gueldre menaçant son père emprisonné, d'après Rembrandt (137).
Superbe épreuve ; plus, le même sujet gravé par Daniel Berger. Deux pièces.

SCHMIDT (G.-F.)

3222 — Portrait de Schmidt avec l'Araignée (141).
Superbe épreuve.

3223 — Portrait de Mme Schmidt (142).
Superbe épreuve.

3224 — Portrait du juif Hirsch Michel (144).
Superbe épreuve.

3225 — La mère de Rembrandt, d'après lui-même (145).
Superbe épreuve.

3226 — Portrait d'une dame appelée la princesse d'Orange, d'après Rembrandt (147).
Superbe épreuve.

3227 — Portrait du joaillier Dinglinger de Dresde, d'après Ant. Pesne (148).
Superbe épreuve.

3228 — Portrait de Rembrandt, d'après lui-même (150).
Superbe épreuve.

3229 — Portrait de Rembrandt dans son moyen âge, d'après lui-même (151).
Superbe épreuve.

3230 — Le prince d'Orange, Guillaume second, à qui Cats explique un trait de l'histoire de ses ancêtres (152).
Superbe épreuve.

3231 — Portrait de la mère de Rembrandt, d'après lui-même (153).
Superbe épreuve.

3232 — Jésus présenté au peuple, d'après Rembrand (159).
Superbe épreuve.

3233 — Les deux Fumeurs, d'après Ostade (160).
Superbe épreuve.

3234 — Le buste de la sainte Vierge, d'après Sasso Ferrato (163).
Superbe épreuve.

SCHMIDT (G.-F.)

3235 — Résurrection de la fille de Jaïre, d'après Rembrandt (165).
Superbe épreuve.

3236 — Le Philosophe dans sa grotte, d'après Rembrandt (166).
Superbe épreuve.

3237 — La Présentation au temple, d'après Dietrich (167).
Superbe épreuve.

3238 — Saint Pierre après le reniement de son maître, d'après F. Bol.
Superbe épreuve.

3239 — Loth avec ses filles, d'après Rembrandt (173).
Superbe épreuve.

3240 — Agar présentée à Abraham, d'après Dietrich (175).
Superbe épreuve avant la lettre.

3241 — Le vieux Tobie raillé par sa femme, d'après Rembrandt (177).
Superbe épreuve.

3242 — Buste de vieille Femme, d'après Rembrandt (113).
Très-belle épreuve.

3243 — Buste d'un Oriental. — Tête d'un vieillard. — Buste d'un vieux guerrier (114, 115 et 116). Trois pièces.
Très-belles épreuves.

3244 — Buste d'un vieillard à moustache, d'après Rembrandt (121).
Superbe épreuve.

3245 — Buste d'un Homme de moyen âge, d'après Flinck (125).
Très-belle épreuve.

3246

SCHMIDT (G.-F.)

3246 — Portrait de Schmidt dessinant (134).
Très-belle épreuve.

3247 — Buste de vieillard, d'après G. Flinck (131).
Très-belle épreuve.

3248 — Mlle Clairon, actrice de la Comédie-Française d'après Cochin (140).
Très-belle épreuvs.

3249 — Portrait de Mme Schmidt (142).
Superbe épreuve.

3250 — Portrait du juif Hirsch Michel (144).
Très-belle épreuve.

3251 — Portrait de la mère de Rembrandt, d'après lui même (145).
Snperbe épreuve.

3252 — Portrait du joaillier Dinglinger, d'après A. Pesne (148).
Très-belle épreuve.

3253 — Le prince Guillaume second d'Orange, à qui Cats explique un trait de l'histoire de ses ancêtres, d'après G. Flinck (152).
Superbe épreuve.

3254 — Le Philosophe dans sa grotte, d'après Rembrandt (166).
Très-belle épreuve.

3255 — La Présentation au temple, d'après Dietrich (167).
Superbe épreuve.

3256 — Loth et ses filles, d'après Rembrandt (173).
Très-belle épreuve.

3 57 — Le vieux Tobie raillé par sa femme d'après Rembrandt (177).
Superbe épreuve.

SCHMIDT (G.-F.)

3258 — Portrait de Anna-Louisa Durbach.
Très-belle épreuve. Rare.

3259 — Les deux Fumeurs, d'après Ostade.
Superbe épreuve.

3260 — Jean-Baptiste Rousseau, d'après Aved.
Très-belle épreuve.

3261 — Tubières de Caylus (Charles-Gabriel de), évêque d'Auxerre, d'après Fontaine.
Très-belle épreuve.

3262 — Les Enfants vendangeurs.
Très-belle épreuve. Rare.

3263 — Kaunitz (Wenceslas-Antoine comte de), d'après Tocqué.
Très-belle épreuve.

SCHONGAUER (Martin)

3264 — L'Ange de l'Annonciation (B. 1).
Superbe épreuve.

3265 — L'Annonciation (B. 3).
Superbe épreuve.

3266 — La Flagellation (B. 12).
Superbe épreuve.

3267 — La Descente aux limbes (B. 19).
Superbe épreuve.

3268 — La Résurrection (B. 20).
Très-belle épreuve.

3269 — Le Portement de croix (B. 21).
Très-belle épreuve.

3270 — Jésus-Christ à la croix (B. 25).
Bonne épreuve.

SCHONGAUER (Martin)

3271 — Jésus-Christ à la croix (B. 22).
Superbe épreuve.

3272 — Jésus-Christ en jardinier apparaissant à Madelein[e]
(B. 26).
Belle épreuve.

3273 — La Mort de la Vierge (B. 33).
Superbe épreuve.

3274 — Saint Pierre (B. 34).
Très-belle épreuve.

3275 — Saint Etienne (B. 49).
Très-belle épreuve.

3276 — Saint Jean l'Evangéliste (B. 55).
Superbe épreuve.

3277 — Saint Etienne (B. 56).
Belle épreuve.

3278 — Saint Martin (B. 57).
Très-belle épreuve.

3279 — Sainte Catherine (B. 64).
Très-belle épreuve.

3280 — Le petit Sauveur (B. 67).
Superbe épreuve. Très-rare de cette beauté.

3281 — Le Sauveur (B. 68).
Belle épreuve.

3282 — Le Symbole de saint Mathieu (B. 73).
Très-belle épreuve.

3283 — Le Symbole de saint Jean (B. 76).
Très-belle épreuve.

3284 — Les cinq Vierges sages. Suite de cinq estampes
(B. 77-81).
Très-belles épreuves.

3285 — La première des Vierges sages (B. 78).
Superbe épreuve.

SCHONGAUER (Martin)

3286 — La deuxième des Vierges sages (B. 78).
Belle épreuve.

3287 — La troisième des Vierges folles (B. 84).
Belle épreuve.

3288 — Jeune Femme soutenant de ses deux mains un écu au butor (B. 98).
Superbe épreuve.

2969 — La même estampe.
Superbe épreuve.

3290 — Ecusson à l'Homme tenant deux écus accolés (B. 101).
Très-belle épreuve.

3291 — Un Paysan assis, portant la main gauche sur un écu parti, à deux demi-vols adossés (B. 102).
Très-belle épreuve.

3292 — Un Sauvage tenant une massue (B. 103).
Superbe épreuve.

3293 — L'Encensoir (B. 107).
Superbe épreuve.

3294 — La même estampe.
Superbe épreuve.

3295 — Trois figures sur une même planche (B. app. 15).
Très-belle épreuve.

SCHREHET (M.)

3296 — Portrait d'un personnage russe.
Très-belle épreuve avant la lettre.

SCHREYER

3297 — Pierre le Grand, empereur de Russie, d'après Leroi.
   Très-belle épreuve.

SCHULTZE

3298 — Beloselsky (Alexandre, prince).
   Très-belle épreuve.

SCHULTZ ET VITALI

3299 — Vénus liant les ailes de l'Amour, d'après Mme Lebrun. — L'Amour désarmé, d'après P. Veronèse. Deux pièces.
   Belles épreuves.

SCHUPPEN (P. Van)

3300 — Alexandre VII, pape, d'après Mignard.
   Très-belle épreuve.

3301 — Barbot (Joseph-Simon). — Philibert, marquis de Nerestaing. — Hamon (Jean), docteur en médecine, etc. Quatre pièces.
   Belles épreuves.

3302 — Bautersen (messire Jean-Jacques, baron de), d'après François.
   Très-belle épreuve.

3303 — Bazin (Claude), conseiller du roi, d'après C. Lefebure.
   Très-belle épreuve.

SCHUPPEN (P. Van)

3304 — Bouillaud (Ismaël), astronome. — Barcos (Martinus de). Plus le portrait de Pasquier Quesnel, par Pitau. Trois pièces.
Très-belles épreuves.

3305 — Bouillaud (Ismaël), astronome, d'après J. Van Schuppen. — Monchy (Pierre). Deux pièces.
Très-belles épreuves.

3306 — Bourlemont (Charles d'Anglure de), d'après Ferdinand.
Superbe épreuve.

3307 — Braux (Pierre-Ignace de), conseiller du roi en ses conseils, d'après Beaubrun.
Superbe épreuve.

3308 — Chasse (dom Antoine).
Très-belle épreuve.

3309 — Courtenay (Anne de), duchesse de Sully.
Très-belle épreuve

3310 — Foucault (Nicolas-Joseph), d'après Largillière.
Très-belle épreuve.

3311 — Philippe de Gueldres, religieuse de Sainte-Claire de Pont-à-Mousson.
Très-belle épreuve.

3312 — La Reynie (conseiller du roi), d'après Mignard.
Très-belle épreuve ; avant l'inscription dans le haut de la gravure.

3313 — Le Tellier (Michel), ministre d'État, garde des sceaux de France, d'après Nanteuil.
Superbe épreuve.

3314 — Louis XIV, roi de France, d'après Mignard.
Très-belle épreuve.

SCHUPPEN (P. Van)

3315 — Le même personnage, d'après Le febure.
Très-belle épreuve.

3316 — Le même personnage, d'après Lebrun.
Belle épreuve.

3317 — Maistre (Isaac-Louis Le) de Sacy, d'après Després.
Très-belle épreuve.

3318 — Mazarin (Jules), cardinal, ministre d'État, d'après Mignard.
Superbe épreuve.

3319 — Portrait de Mazarin, d'après Mignard.
Superbe épreuve.

3320 — Mercier (Pierre), général de l'ordre de la Rédemption, d'après Fr. Lemaire.
Très-belle épreuve.

3321 — Le même portrait.
Belle épreuve.

3322 — Nesmond (François), évêque de Bayeux, d'après Lefebure.
Superbe épreuve.

3323 — Anne-Jules de Noailles, maréchal de France, d'après de Troy.
Très-belle épreuve avant la lettre ; plus, le même portrait épreuve avec la lettre.

3324 — Pinson (François), avocat, Barbot (Siméon-Joseph). Deux portraits.
Très-belles épreuves.

3326 — Séguier (Pierre), chancelier du roi.
Très-belle épreuve.

3327 — Seiglière (Joachim de), chancelier de France.
Très-belle épreuve.

SCHUPPEN (P. VAN)

3329. — Vander Meulen (François), peintre, d'après Largillière.
Très-belle épreuve.

3330 — Saint Vincent de Paul, d'après Turonen.
Très-belle épreuve avant la lettre.

SCHURMAN (ANNE-MARIE)

3331 — Son portrait à mi-corps, dans une bordure ovale.
Superbe épreuve; elle a de la marge.

3332 — Le même personnage. Portrait de plus petite di-
mension, également dans un ovale.
Très-belle épreuve.

SÉBASTIEN D'UL

3333 — Repos en Égypte (B. 1). — Mercure et Argus, par
Nucci (B. 30), etc. Trois pièces.
Belles épreuves.

SCHARP (W.)

3334 — Les Docteurs de l'Eglise discourant sur l'Immaculée Conception, d'après le Guide.
Très-belle épreuve avant la lettre; seulement, les armes et les
noms d'auteurs tracés.

3335 — Les Docteurs de l'église discourant sur l'Immaculée conception, d'après le Guide.
Superbe épreuve avant la lettre.

SCHARP (W.)

3336 — La Vierge avec l'Enfant Jésus, d'après C. Dolci. —
La Toilette de Vénus. — Le Sommeil de Jésus. Trois
pièces.
Très-belles épreuves ; deux sont avant la lettre.

3337 — La Sainte Famille, d'après J. Reynolds.
Très-belle épreuve.

3338 — Lucrèce prête à se percer le sein, d'après le Dominiquin.
Très-belle épreuve avant la lettre.

3339 — Sujets tirés du théâtre de Shakspeare, d'après
B. West. Deux pièces dont une avant la lettre.
Belles épreuves.

3340 — Différents portraits de Charles Ier sur la même
feuille, d'après Van Dyck.
Belle épreuve.

3341 — Portrait de Matthew Boulton, d'après Beachey.
Très-belle épreuve.

3342 — Thadaeus Kosciuszko, assis sur un canapé, d'a-
près Andras.
Très-belle épreuve avant toutes lettres.

3343 — Le même portrait.
Très-belle épreuve.

SICHEM (C. VAN)

3344 — Albert, archiduc d'Autriche et Isabelle, sur la
même feuille, en pied et en grand costume.
Très-belle épreuve.

3345 — Portrait d'homme, d'après L. de Leyde (B. vol.
3, p. 126. 3).
Très-belle épreuve.

SIMON (P.)

3346 — Colbert (Louis-François), comte de Mauleuvrier.
Très-belle épreuve.

3347 — Hotman (Vincent), chevalier, seigneur de Fontenay.
Très-belle épreuve.

SIXDENIERS

3348 — Honneurs rendus à Raphaël après sa mort, d'après Bergeret.
Très-belle épreuve avant la lettre, sur papier de Chine.

3349 — La même estampe.
Très-belle épreuve avant la lettre (lettres tracés).

3350 — La même estampe.
Belle épreuve.

3351 — Properzia de Rossi, sculptant son dernier ouvrage, d'après Ducis.
Très-belle épreuve avant la lettre, sur Chine.

3352 — Portrait du frère Philippe, supérieur général des frères des Écoles chrétiennes.
Très-belle épreuve avant la lettre.

SMITH

3353 — Les Amours des dieux, d'après Titien. Cinq pièces.
Très-belles épreuves.

3354 — Diane et ses nymphes surprises par Actéon, d'après Berchet. — Les quatre Éléments, par Sens, d'après Clerck. Deux pièces.
Très-belles épreuves.

3356 — Charles Ier, roi d'Angleterre, d'après Van Dyck.
Très-belle épreuve.

SMITH

3357 — George, prince de Danemarck. — Henri, comte de Nassau. — Henriette, comtesse de Rochester, etc. Huit pièces.

Belles épreuves.

3358 — Naufrage, d'après Louterbourg. Deux épreuves avant la lettre, une n'est pas entièrement terminée.

Très-belles épreuves.

SNYDERS

3359 — Samson et Dalila, d'après Van Dyck.

Très-belle épreuve.

SOLIS (V.), attribué à

3360 — Différents Triomphes. — Trois pièces.

SOMPEL (P. Van)

3361 — Isabelle-Claire-Eugénie, infante d'Espagne, d'après Van Dyck.

Très-belle épreuve.

SOMER (J. Van)

3362 — Louis XIV, roi de France, couronné de lauriers, gravure en manière noire.

Très-belle épreuve.

SOUTMAN

3363 — Jupiter et Antiope, d'après Van Dyck.

Très-belle épreuve.

STALBURCH

3364 — Pièce allégorique, 1556 (B. 2).
Superbe épreuve. Rare.

VAN STAR (Thiéry)

3365 — Jésus-Christ appelant à lui saint Pierre et saint André, 1523 (B. 3).
Très-belle épreuve.

3366 — Jésus-Christ tenté par le démon, 1525 (B. 5).
Très-belle épreuve ; elle a une petite marge.

STEFFELAAR (C.)

3367 — Son Œuvre en cinquante-neuf pièces dont beaucoup de doubles en différents états.
Très-belles épreuves.

STEINLA

3367 bis — Le Christ descendu de la croix, d'après Fra Bartolomeo.
Très-belle épreuve avant la lettre.

3368 — Le Massacre des innocents, d'après Raphaël.
Superbe épreuve avant toutes lettres ; sur papier de Chine.

3369 — Sanctissima mater Dei. Les personnages qui sont à droite et à gauche de la Vierge sont le bourgmestre Meier, sa femme et ses enfants, d'après Holbein.
Superbe épreuve avant toutes lettres.

3370 — La même estampe.
Très-belle épreuve d'artiste, avec les noms tracés à la pointe.

3371 — La même estampe.
Très-belle épreuve avant la lettre et avec les armes.

STELLA (CL..

3372 — La Passion de Jésus-Christ, suite de quatorze estampes, d'après N. Poussin..
Très-belles épreuves.

STEMMER (A.)

3373 — Portrait de Johannis Marbachiy, docteur en théologie.
Très-belle épreuve.

STOOP (THIERRY)

3374 — Différents Chevaux. Suite de douze estampes dont
nous n'avons que dix (B. 1. 12).
Superbes épreuves avant les numéros et avec l'adresse de Clément de Jonghe sur le premier morceau.

3375 — La même suite complète.
Belles épreuves avec les numéros.

3376 — Le Renard et la Cigogne (W. 34).
Belle épreuve.

3377 — Le Roi égyplien et ses singes (W. 44).
Très-belle épreuve.

3378 — Vista do santo Amaro e Prospectiva do Lugar de
Bellem. Cette pièce ainsi que les suivantes sont res-
tées inconnues à Bartsch (W. 21).
Superbe épreuve.

3379 — O Palacio Reyal de Lixboa (W. 23).
Superbe épreuve.

3380 — O Palacio do infante dom Pedro em o corpus
sancto em Lixboa (W. 25).
Superbe épreuve.

STOOP (Thierry)

3381 — A Torre e. entrada da Barra de Bellem (W. 26).

3382 — O Convento de santo Hieranimo em Bellem (W. 27).
Superbe épreuve.

STRANGE (Robert)

3383 — Abraham renvoyant Agar, d'après le Guerchin (L. B. 1). — Esther devant Assuérus, d'après le Guerchin (L. B. 2). Deux pièces.
Très-belles épreuves. une a toute sa marge.

3384 — Les mêmes estampes.
Belles épreuves.

3385 — L'Ange de l'Annonciation, d'après le Guide (L. B. 5). — Sainte Madeleine L. B. 18). Deux pièces.
Belle épreuve.

3386 — La sainte Famille, d'après le Corrège (L. B. 7).
Très-belle épreuve.

3387 — La même estampe.
Belle épreuve.

3388 — Prémices d'amour, d'après le Guide (L. B. 8). — L'Enfant Jésus dormant, d'après Van Dyck (L. B. 11). Deux pièces.
Belles épreuves.

3389 — Marie embrassant Jésus-Christ, d'après le Guerchin (L. B. 12). — Sainte Marie-Madeleine, d'après le Guide (L. B. 17). Deux pièces.
Très-belles épreuves:

3390 — Le Sommeil de l'Enfant Jésus, d'après C. Maratti.
Très-belle épreuve avant la lettre.

STRANGE (ROBERT)

3391 — Le Sommeil de l'Enfant Jésus, d'après C. Maratte
(L. B. 9). — L'Amour (L. B. 32). Deux pièces.
Très-belles épreuves.

3392 — Sainte Agnès, d'après le Dominiquin (L. B. 13).—
La Chasteté de Joseph, d'après le Guide (L. B. 3). —
Vénus bandant les yeux de l'Amour, d'après Titien
(L. B. 28). Trois pièces.
Belles épreuves.

3393 — L'Enfant Jésus tressant une couronne d'épines,
d'après Murillo.
Très-belle épreuve.

3394 — Sainte Madeleine, d'après le Guide (L. B. 16). —
Cléopâtre, d'après le Guide (L. B. 22). Deux pièces.
Très-belles épreuves ; elles ont de la marge.

3395 — Les mêmes estampes.
Belles épreuves.

3396 — Romulus et Rémus sur les bords du Tibre
(L. B. 21). — César répudie Pompéia pour épouser
Calpurnia (L. B. 24). — Vénus parée par les Grâ-
ces (L. B. 30) — La Mort de Didon (L. B. 20). Qua-
tre pièces.
Très-belles épreuves.

3397 — Cléopâtre (L. B. 23). — La Fortune (L. B. 44).
Deux pièces, d'après le Guide.
Très-belles épreuves.

3398 — La Fortune.
Très-belle épreuve ; elle a de la marge.

3399 — L'Amour endormi, d'après le Guide (L. B. 31).
Superbe épreuve avant toutes lettres. Rare.

3400 — Vénus bandant les yeux de l'Amour, d'après Titien.
Très-belle épreuve, avec toute sa marge.

STRANGE (ROBERT)

3401 — Danaë, d'après Titien.
Très-belle épreuve.

3402 — Charles Ier, roi de la grande Bretagne, en pied et en manteau royal, d'après Van Dyck.
Très-belle épreuve ; elle a toute sa marge.

3403 — La même estampe.
Très-belle épreuve.

3404 — Charles Ier, roi d Angleterre. — Henriette-Marie, reine d'Angleterre, et ses enfants (L. B. 47. 48). Deux pièces faisant pendant.
Très-belles épreuves.

3405 — Les mêmes estampes.
Superbes épreuves.

3406 — Les Enfants de Charles Ier, d'après Van Dyck (L. B. 49).
Très-belle épreuve ; elle a de la marge.

3407 — La même estampe.
Superbe épreuve.

3408 — Apothéose d'Octave et Alfred, princes d'Angleterre, d'après West (L. B. 50).
Très-belle épreuve avant toutes lettres, avec toute sa marge.

3409 — Portrait de Raphaël, d'après lui-même.
Belle épreuve.

SUBLEYRAS

3410 — Le Serpent d'airain (B. D. 2).
Superbe épreuve avant la lettre.

SUYDERHOEF (Jonas)

3411 — Samuel Ampsing, d'après Hals (6).
Belle épreuve.

3412 — Johann Beenius, d'après J. Livens (10).
Magnifique épreuve.

3413 — Le même portrait.
Très-belle épreuve.

3414 — Augustin Bloemaert, d'après J. Ver Spronck (12).
Superbe épreuve.

3415 — Charles V, d'après Titien (15).
Très-belle épreuve avant le numéro.

3416 — Jean de la Chambre, d'après F. Hals (18).
Belle épreuve.

3417 — Jacob Crucius (21).
Superbe épreuve.

3418 — Ludwig de Dieu, d'après P. Dubordieu (22).
Très-belle épreuve du premier état; avec l'adresse de Banheinnigh.

3419 — Constantin l'Empereur, d'après Baudrigeen (24).
Superbe épreuve du second état.

3420 — Gillis de Glarges, d'après Mirevelt (29).
Très-belle épreuve du second état, avec l'adresse de Clément de Jonghe.

3421 — Le même portrait avec l'adresse de J. de Ram.

3422 — Heinrich Goltzius, célèbre peintre et graveur (30).
Superbe épreuve du second état, avec l'adresse de P. Soutman.

3423 — Rudolph Hegger, d'après J.-D. Vos (34).
Belle épreuve.

3424 — Daniel Heinsius, d'après Merck (35).
Superbe épreuve du second état, avec l'adresse de Banheinningh.

SUYDERHOEF (Jonas)

3425 — Jacob Hollebeeck (39).
Très-belle épreuve,

3426 — Johann Hoornbeeck (40).
Superbe épreuve du second état, avec l'adresse de Pieter Goos.

3427 — Le même portrait.
Très-belle épreuve du même état que le précédent.

3428 — Le même portrait.
Belle épreuve avec l'adresse de Tangena,

3429 — Albert Kiper, d'après Bailly (49).
Très-belle épreuve du premier état, avec l'adresse de Banheyning.

3430 — Jacob Maestertius, d'après Van Nègre (51).
Très-belle épreuve.

3431 — Le même portrait.
Belle épreuve.

3432 — Jean, comte de Nassau, d'après Van Dyck.
Très-belle épreuve.

3433 — David Nuyts (61).
Superbe épreuve.

3434 — Le même portrait.
Très-belle épreuve.

3435 — Franciscus Plante, d'après Santvoort (67).
Très-belle épreude.

3436 — Godard Van Rede (69).
Très-belle épreuve du secood état, avec l'adresse de Waesberge.

3437 — Jacob de Reves, d'après F. Hals (74).
Très-belle épreuve.

3438 — Le même portrait.
Belle épreuve.

3439 — Andreas Rivet, d'après Dubordieu (72).
Très-belle épreuve.

SUYDERHOEF (JONAS)

3440 — Le même portrait.
Très-belle épreuve du second état, avec l'adresse de Banheinningh.

3441 — Johann Schade, d'après Van Uliet (76).
Superbe épreuve

3442 — Tegularius, d'après F. Hals (88).
Magnifique épreuve avec une belle marge.

3443 — Wikenburg, d'après F. Hals (97).
Belle épreuve.

3444 — Peter Winsem (100).
Très-belle épreuve; elle a de la marge

3445 — Vladislas VI, roi de Pologne, d'après Soutman (101).
Superbe épreuve du prémier état; avant le n. 9.

3446 — Le même portrait.
Très-belle épreuve du même état que le précédent,

3447 — Les Bourgmestres d'Amsterdam recevant un envoyé de Marie de Médicis d'après T. Keyser (102).
Superbe épreuve.

3448 — La même estampe.
Très-belle épreuve.

3449 — La Querelle des paysans, ou le coup de couteau, d'après Ostade.
Très-belle épreuve, avant que l'adresse de Clément de Jonghe ait été effacée et remplacée par celle de F. de Wit.

3450 — La même estampe, avec l'adresse de F. de Wit.

3451 — Les Joueurs de tric-trac, d'après Ostade.
Superbe épreuve du premier état avant l'adresse dè Clément de Jonghe; elle a de la marge.

3452 — La même estampe.
Très-belle épreuve avec l'adresse de Valck.

SUYDERHOEF (Jonas)

3453 — La même estampe, avec l'adresse effacée.

3454 — Les trois Commères, d'après Ostade (121).
> Très-belle épreuve, tirée avant que les angles de la planche aient été couverts de tailles horizontales.

SUYDERHOEF (Attribué à)

3455 — Arnoldus Vinnius, professeur de la faculté de Leyde, d'après Dubordieu.
> Très-belle épreuve.

SWANEVELT

3456 — Diverses vues de Rome (B. 58, 65). Suite de treize estampes dont nous n'avons que douze.
> Très-belles épreuves.

3457 — Le petit Pont de bois (B. 82).
> Superbe épreuve du premier état avant la lettre; elle a de la marge.

3458 — L'Histoire d'Adonis. Suite de six paysages (B. 101, 106).
> Très-belles épreuves du premier état, avec l'adresse du maître.

3459 — La même suite.
> Très-belles épreuves.

3460 — Balaam monté sur son ânesse (B. 111).
> Superbe épreuve avant le nom du maître et l'adresse de K. Audran, au haut de la droite de l'estampe.

3461 — La même estampe.
> Très-belle épreuve du même état.

3462 — L'Ange apparaissant à Agar. Pièce non décrite par Bartsch.
> Très-belle épreuve.

SWANENBURG

3463 — La Madeleine. Saül et quatre des Apôtres. Suite de six estampes, d'après A. Bloemaert.
Superbes épreuves.

TARDIEU (P.-A.)

3465 — La Communion de saint Jérôme, d'après le Dominiquin.
Superbe épreuve avant la lettre avec de la marge.

3466 — Le comte d'Arondel, d'après Van Dyck.
Trés-belle épreuve avant la lettre.

3467 — Le même portrait.
Très-belle épreuve.

3468 — Audibert de Luèsan (Jacquet Louis d'), Archevêque de Bordeaux, d'après Restout.
Très-belle épreuve.

TARDIEU (J.)

3469 — Marie Leczinska, princesse de Pologne, reine de France, d'après Nattier.
Très-belle épreuve.

3470 — Le même portrait.
Très-belle épreuve.

TARDIEU (N.)

3471 — Pardaillon de Gondrin (Antoine de), d'après Rigaud.
Très-belle épreuve.

3472 — Dimitry, prince de Gallitzin, d'après Drouais.
Belle épreuve.

TENIERS (David)

3473 — **La Fête flamande.**
Superbe épreuve du premier état.

3474 — **La même estampe.**
Très-belle épreuve du même état.

3475 — **Le Sabbat.**
Très-belle épreuve.

3476 — **Le Charcutier.**
Très-belle épreuve.

3477 — **Les Joueurs de boules.**
Très-belle épreuve.

3478 — **Le Paysan galant.**
Très-belle épreuve.

3479 — **Deux Singes jouant aux cartes.**
Très-belle épreuve.

TENIERS (D., d'après)

3480 — **Fêtes flamandes, par le Bas, quatre pièces.**
Très-belles épreuves.

THÉODORE

3481 — **La Fuite en Egypte (R. D. 10). Les filles de Cécrops (R. D. 12). Deux pièces.**
Très-belles épreuves.

THOMAS (Jean)

3482 — **Le Mariage mystique de sainte Catherine. Pièce en largeur.**
Très-belle épreuve. Rare.

3483 — **Pastorale où un berger et une bergère se tiennent par la main. Pièce en hauteur.**
Superbe épreuve du premier état, avant toutes lettres. Rare.

THOMAS (J.)

3484 — La même estampe.
Superbe épreuve du même état que la précédente.

TIEPOLO

3485 — Soixante-dix-neuf pièces tirées de différentes suites.
Très-belles épreuves.

TITIEN

3486 — Le Passage de la mer Rouge. Estampe en douze feuilles gravées sur bois.
Très-belle épreuvs.

TORTOREL ET PERRISSIN

3487 — Retraite de la bataille de Dreux (R. D. 22.) — L'Entreprise de Bourges en Berri (39). Trois pièces dont une double.
Très-belles épreuves du premier état, avec le texte en français.

TOSCHI (Paolo)

3488 — La Madona della Tenda, d'après Raphaël.
Très-belle épreuve avant toutes lettres sur papier de Chine.

3489 — La même estampe.
Superbe épreuve avant la lettre. Le titre et les noms d'auteurs tracés.

3490 — La Madona della Scodella, d'après le Corrège.
Superbe épreuve avant toutes lettres, sur papier de Chine.

TOSCHI (PAOLO)

3491 — La Vierge della Scala, d'après le Corrège.
Magnifique épreuve avant toutes lettres. Très-rare.

3492 — Lo Spasimo di Sicilia, d'après Raphaël.
Superbe épreuve avant toutes lettres. Avant les lettres S. P. Q. R. sur l'étendard que tient l'homme à cheval à la gauche de l'estampe, avec des essais de burin dans la marge ; elle est sur papier de Chine.

3493 — La même estampe.
Superbe épreuve avant la lettre ; seulement les armes.

3494 — La Descente de croix, d'après Daniel de Volterre.
Superbe épreuve avant toutes lettres, avec la cheville blanche sur le bout de la croix et avec des essais de burin dans la marge ; elle est sur papier de Chine.

3495 — La même estampe.
Très-belle épreuve avant toutes lettres.

3496 — La même estampe.
Très-belle épreuve.

3497 — Entrée de Henri IV dans Paris, d'après Gérard.
Magnifique épreuve avant toutes lettres, sur papier de Chine, avant les tailles sur le collet de l'homme qui est à gauche. le plus près du bord de l'estampe et avant les travaux sur la lettre H, qui se trouvent sur l'étendard à la droite de la composition. Elle est en feuille.

3498 — La même estampe.
Magnifique épreuve du même état que la précédente.

3499 — Portrait du comte de Cazes, d'après Gérard.
Superbe épreuve d'artiste, sur papier de Chine.

3500 — La même estampe.
Très-belle épreuve.

TROUVAIN (A.)

3501 — La cinquième et la sixième chambre des appartements de Louis XIV à Versailles. Deux pièces.
Très-belles épreuves. Rares.

TROUVAIN (A.)

3502 — Colbert (André), évêque d'Auxerre.
Très-belle épreuve.

3503 — La Trémouille (Caliope de), abbesse du Pont-aux-Dames, d'après de Troy.
Très-belle épreuve.

3504 — Marie-Jeanne-Baptiste de Savoye. — Elisabeth-Sophie Cheron, portrait gravé par elle-même. Deux pièces.
Très-belles épreuves.

3504 — Petit (Mme Le).
Superbe épreuve avant la lettre ; elle a de la marge.

3505 — Rohan (Armand-Gaston de), d'après Jouvenet.
Très-belle épreuve.

TURNER

3506 — Le duc de Northumberland, d'après Stuart.
Très-belle épreuve.

UDEN (L. Van)

3507 — Petit Paysage (B. 6).
Très-belle épreuve.

3508 — Paysage (B. 15).
Très-belle épreuve.

3509 — Différents Paysages. Suite de six estampes, deux pièces de cette suite (B. 31, 32).
Très-belles épreuves.

3510 — Paysage (B. 47).
Très-belle épreuve.

3511 — Paysage traversé par une rivière, d'après Rubens (B. 56).
Très-belle épreuve.

ULIET (J. Van).

3512 — Loth et ses filles, d'après Rembrandt (B. 1). Cl. 1.
Magnifique épreuve ; elle a de la marge.

3513 — La même estampe.
Belle épreuve.

3514 — La même estampe.
Belle épreuve.

3515 — Saint Jérôme en prières, d'après Rembrandt (B. 13). Cl. 13.
Superbe épreuve.

3516 — La même estampe.
Très-belle épreuve.

3518 — Buste d'officier, d'après Rembrand (B. 26).
Très-belle épreuve.

3519 — Etudes de six têtes d'hommes, d'après Rembrandt. Suite de six pièces (B. 19-24).
Superbes épreuves du 1er état.

3520 — Deux pièces doubles de la suite précédente.
Belles épreuves du 1er état.

VALCK (G.)

3522 — Jean-Georges Graevius, d'après G. Hoet.
Très-belle épreuve.

VALDOR (Jean)

3523 — Bellarmini (Robert, cardinal de). Petit portrait dans un ovale, en bas les armes et les attributs du personnage.
Très-belle épreuve.

3524 — Ferdinand, archevêque et électeur de Cologne, etc.
Très-belle épreuve.

3525 — Thomas Morus, chancelier d'Angleterre.
Superbe épreuve. Très-rare.

VALEGGIO (F.)

3526 — Les quatre Éléments et les quatre Saisons, repré-
sentées par huit femmes en costumes Louis XIII.
Huit pièces.
Très-belles épreuves.

VALLOT

3528 — Napoléon visitant le champ de bataille d'Eylau,
d'après Gros.
Très-belle épreuve.

3529 — Réveil de Jésus, d'après Carrache.
Très-belle épreuve.

VELDE (A. VAN DE)

3530 — Le Vacher et le Taureau (1). — La Vache cou-
chée (2). — Les trois Vaches (5). — Le Cheval (7).
Cinq pièces dont une double.
Belles épreuves.

3531 — Les Chiens (B. 9).
Belle épreuve.

3532 — La Vache et les deux Moutons au pied d'un arbre
(B. 11). — Le Bœuf pie et les trois Moutons (B. 12).
— Les deux Vaches au pied d'un arbre (B. 13). —
La Brebis (B. 14). Quatre pièces.
Très-belles épreuves.

3533 — Le Bœuf pie et les trois Moutons (B. 12).
Très-belle épreuve.

3534 — Le Berger et la Bergère avec leur troupeau (B. 17).
Superbe épreuve du premier état ; à droite une place blanche où
l'eau-forte n'a pas mordu. Très-rare.

VELDE (Jean Van)

3535 — Adelbertus Eggius, pasteur à Harlem.
Superbe épreuve. Rare.

3536 — Le même portrait.
Très-belle épreuve.

3537 — Jean Torrentius d'Amsterdam, peintre.
Superbe épreuve. Rare.

3538 — Le même portrait.
Très-belle épreuve.

3539 — Portrait de Van de Velde, représenté à l'âge de cinquante-trois ans, en l'année 1621.
Superbe épreuve. Collection Camberlyn

3540 — Fête de village hollandaise.
Belle épreuve.

VERBOOM

3541 — Le Hameau (B. 1). — La Pièce d'eau (B. 2). Deux pièces.
Très-belles épreuves.

3542 — La Pièce d'eau (B. 2).
Très-belle épreuve. Elle a de la marge.

VERKOLYE (N.)

3543 — Auguste III, roi de Pologne, d'après Ellig. Portrait gravé en manière noire.
Très-belle épreuve.

VERMEULEN (C.)

3545 — Bertin (Pierre-Vincent), d'après Largillière.
Très-belle épreuve.

22

VERMEULEN (C.)

3546 — Meyercron, d'après Rigaud. — P. Vincent Bertin, d'après Largillière. Deux pièces.
Très-belle épreuve.

3547 — Este (Isabelle d'), sœur de Lucrèce Borgia, d'après Holbein.
Très-belle épreuve avant la lettre.

3548 — Maria Luissa de Tassis, d'après Van Dyck.
Très-belle épreuve.

3549 — Eugène Alexandre, prince de la Tour et Tassis. Anna-Adélaïde, princesse de la Tour et Tassis. Deux portraits faisant pendant, d'après Cock.
Très-belles épreuves.

3550 — Louis XIV, roi de France, d'après Geuslin.
Très-belle épreuve.

3551 — Mignard (Pierre), premier peintre du roi, d'après Rigaud.
Très-belle épreuve.

3552 — Montmorency (François de), duc de Luxembourg. — Piney, maréchal de France, d'après Rigaud.
Très-belle épreuve.

VERNET (J.), d'après

3553 — Les Ports de France, par C.-N. Cochin. Suite de seize estampes.
Superbes épreuves avec de grandes marges.

VICO (Eneas)

3554 — Lucrèce prête à se donner la mort, d'après le Parmesan (B. 17).
Belle épreuve.

VICO (Eneas)

3555 — Les Amours de Mars et Vénus (B. 24).
Magnifique épreuve.

3556 — La même estampe.
Belle épreuve.

3557 — Le dieu Mars jouissant des embrassements de Vénus (B. 27).
Belle épreuve du second état.

3558 — Une Femme debout, tendant la main droite à un hibou, d'après le Parmesan (B. 45).
Très-belle épreuve.

3559 — L'Académie de Baccio Bandinelli (B. 49).
Superbe épreuve du premier état avant l'inscription; Enca Erigo Parmegiano sculpsit, et avec l'adresse de P. P. Palumbus qui a été remplacée par celle de Gaspar Albert.

3560 — La même estampe.
Belle épreuve.

3561 — Buste de Jean de Médicis. Dans un ovale (B. 254).
Très-belle épreuve.

3562 — Portrait de Charles-Quint. Dans un ovale placé au milieu de figures allégoriques (B. 255).
Très-belle épreuve.

3563 — La même estampe.
Très-belle épreuve.

VIGNON (C.)

3564 — Miracles accomplis par Notre-Seigneur Jésus-Christ. Suite de treize estampes.
Très-belles épreuves.

VILLEROY

3565 — L'Innocence poursuivie, d'après Prud'hon.
Superbe épreuve avant la lettre.

VISSCHER (C.)

3566 — Le Départ et l'Arrivée d'Abraham à Sichem. Deux
pièces, d'après le Bassan (Smith 1 et 2).
Très-belles épreuves.

3567 — Suzanne et les deux Vieillards, d'après le Guide (3).
Très-belle épreuve avant la lettre.

3568 — La Vierge avec l'Enfant Jésus, d'après le Titien (4).
Très-belle épreuve avant la lettre.

3569 — Sainte Famille, d'après Palma Vecchio (6).
Très-belle épreuve avant la lettre.

3570 — La Mise au tombeau, d'après le Tintoret (8).
Superbe épreuve du second état, auant l'adresse de F. Visscher.
Rare.

3571 — L'Ascension du Christ, d'après Paul Véronèse (9).
Très-belle épreuve du premier état, avant les noms des artistes.

3572 — Enée portant son père, d'après B. Breenberg.
Petite pièce (38).
Très-belle épreuve. Rare.

3573 — La Fricasseuse ou Faiseuse de beignets (42).
Superbe épreuve avant l'adresse de Clément de Jonghe, placée
à la gauche du nom de Visscher. Extrêmement rare de cette con-
servation.

3574 — La même estampe.
Très-belle épreuve avant l'adresse de Clément de Jonghe.

3575 — Le Vendeur de mort aux rats (43).
Magnifique épreuve avant la lettre.

3576 — La Bohémienne (44).
Très-belle épreuve avec l'adresse de Clément de Jonghe.

VISSCHER (C.)

3577 — Les Enfants à la souricière (45).
Très-belle epreuve avant le nom de C. Visscher. Rare.

3578 — Le petit Chat dormant (47).
Très-belle épreuve d'une pièce de la plus grande rareté.

3579 — Buste de femme, d'après le Parmesan (51).
Très-belle épreuve du premier état, avant le nom de l'auteur ;
elle a toute sa marge.

3580 — La même pièce.
Belle épreuve avec le nom, mais avant l'adresse de G. Valk.

3581 — L'Antiquaire, d'après le Corrège (52).
Superbe épreuve du premier état, avant les inscriptions.

3582 — Le Convoi attaqué, d'après P. de Laer (67).
Très-belle épreuve du premier état, avant tontes lettres.

3583 — Le Four, d'après P. de Laer (69).
Très-belle épreuve du premier état, avant toutes lettres.

3584 — Le Matin et le Soir. Deux pièces d'après P. de
Laer (72, 73).
Belles épreuves.

3585 — Les Joueurs, d'après P. de Laer (74).
Très-belle épreuve.

3586 — Les Chevaux à l'écurie, d'après P. de Laer (76).
Très-belle épreuve du second état, avant l'adresse de F. de
Widt.

3587 — Le Maréchal-Ferrant, d'après P. de Laer (77).
Très-belle épreuve du premier état avant le numéro, à la droite
du bas.

3588 — Les Patineurs, d'après Ostade (79).
Très-belle épreuve avant la lettre.

3589 — La même estampe.
Très-belle épreuve du troisième état avec l'adresse de N. Visscher.

3590 — Les Musiciens ambulants, d'après Ostade (80).
Superbe épreuve du premier état, avant l'adresse de Clément de
Jonghe.

VISSCHER (C.)

3591 — Cornelius Visscher (84).
Très-belle épreuve.

3592 — John Bœlensz (87).
Très-belle épreuve.

3593 — Gellius de Bouma (89).
Très-belle épreuve du troisième état, avec l'année 1656.

3594 — Le même portrait.
Très-belle épreuve avec l'année.

3595 — Lieven van Coppenol (93).
Très-belle épreuve du premier état, avant la lettre.

3596 — Le même portrait.
Très-belle épreuve du second état, avant la lettre.

3597 — Le même portrait.
Très-belle épreuve.

3598 — Robert Junius (99).
Superbe épreuve.

3599 — Le même portrait.
Très-belle épreuve.

3600 — Jean Mérius, pasteur de Spanbroeck (103).
Très-belle épreuve.

3601 — Portrait de Jean de Paep (112).
Très-belle épreuve.

3602 — Adrian Pauw, d'après Ger van Honthorst (113).
Magnifique épreuve, elle porte au verso la signature de P. Mariette 1670. Collection John Barnard. Ce portrait est le plus rare de l'œuvre de Visscher et manque dans la plupart des Collections.

3603 — William de Ryck, célèbre occuliste d'Amsterdam (115).
Superbe épreuve du second état.

3604 — Peter Scrivérius (116).
Superbe épreuve du second état, avec le mot Hoec, écrit Hac, au commencement de la vingtième ligne du titre. Très-rare.

VISSCHER (C.)

3605 — Peter Scrivérius (116).
Superbe épreuve.

3606 — Le même portrait.
Très-belle épreuve.

3607 — Jacobus Vermœlen (119).
Superbe épreuve avec marge. Collection Camberlyn.

3608 — Vondel (120).
Très-belle épreuve avant l'adresse de J. Danckers.

3609 — Le même portrait.
Belle épreuve avec l'adresse ; plus une épreuve avec l'adresse de Schenck. Deux pièces.

3610 — Portrait de Vieille que l'on dit être la mère de C. Visscher (129).
Superbe épreuve du second état ; elle a de la marge.

3611 — Charles V, avec la couronne royale sur la tête, d'après Titien.
Très-belle épreuve.

3612 — Anne-d'Autriche, reine de France, d'après Van Loo.
Superbe épreuve. Le quatrin au bas des armes écrit en français et avec l'adresse de Vanloo.

3613 — Le même portrait.
Belle épreuve avec le quatrin changé et l'adresse effacée.

3614 — Christine, reine de Suède.
Très-belle épreuve.

3615 — Stanislas de Lubienietz, d'après Scheits.
Très-belle épreuve.

VISSCCHER (*Excudit*)

3616 — Adrien Junius, médecin hollandais.
Très-belle épreuve.

VISSCHER (Jean de)

3617 — Le Bal dans la grange, d'après N. Berghem.
Très-belle épreuve.

3618 — La Fileuse, d'après Ostade.
Très-belle épreuve.

3619 — Noce de villageois, d'après A. Van Ostade.
Très-belle épreuve. avant que la planche qui offre ici la composition en largeur, ait été divisée par le milieu pour faire deux pen-
dants en hauteur.

3620 — Portrait d'un Nègre, tenant un arc d'une main et
une flèche de l'autre, d'après C. Visscher.
Belle épreuve.

3621 — Hulst (Abraham Vander), vice-amiral de Hollande.
Superbe épreuve.

3622 — Le même portrait.
Très-belle épreuve.

VISSCHER (J. et L. de)

3623 — Thadœus Lantmannus. — Petrus Proëlius. —
Saint François de Sales. Trois portraits.
Très-belles épreuves.

VISSCHER (Lambert)

3624 — Nicolas Tulpius.
Superbe épreuve avant la lettre.

3625 — Le même portrait.
Très-belle épreuve.

VISSCHER, FALCK ET DALEN

3626 — Suite de trente-trois estampes, d'après les peintures du cabinet Reynst. Dans cet ouvrage se trouvent les quatre portraits de Van Dalen, d'après Titien. Ces portraits, ainsi que les autres pièces, sont tous avant la lettre et avec de grandes marges, renfermés dans un vol. in-fol.
Superbes épreuves. Très-rare.

VITALI

3627 — Vénus désarmant l'Amour, d'après P. Véronèse.
Superbe épreuve avant toutes lettres.

VIVIER (G. DE)

3628 — Le Corps du Christ dans le sépulcre (R. D. 1). — La Tentation de saint Antoine (R. D. 3) — Deux pièces, d'après A. Van Heuvel.
Très-belles épreuves.

3629 — Cuisine flamande, d'après Van Heuvel (R. D. 5).
Très-belle épreuve.

3630 — La même estampe.
Très-belle épreuve.

VLIEGER (S. DE)

3631 — Le Transport du blé (B. 5).
Très-belle épreuve.

2632 — La Montagne verte (B. 7).
Très-belle épreuve.

3633 — La Porte de l'auberge (B. 8).
Très-belle épreuve. Collection Camberlyn.

VLIEGER (S. DE)

3634 — Les Pourceaux gras (16).
Superbe épreuve. Plus, le chien enchaîné (20). Deux pièces.

3635 — Les Pourceaux gras (B. 16).
Très-belle épreuve.

VOLPATO (J.)

3636 — Le Christ en croix, d'après le Guide.
Très-belle épreuve.

VOLPATO ET MORGHEN

3637 — Les Stances peintes par Raphaël dans les deuxième, troisième et quatrième chambres de la signature au Vatican. Suite de huit estampes.
Superbes épreuves avant la lettre et avec toutes leurs marges.

3638 — Les Stances peintes par Raphaël dans les deuxième, troisième et quatrième chambres de la signature au Vatican. Suite de huit estampes. Plus quatre pièces faisant suite, aux précédentes également ment, d'après Raphaël, par Fabri. En tout douze pièces.
Très-belles épreuves.

3639 — L'École d'Athènes, d'après Raphaël.
Très-belle épreuve avant toutes lettres.

3640 — Héliodore chassé du Temple, d'après Raphaël.
Très-belle épreuve avant la lettre.

3641 — La Mise au tombeau, d'après Raphaël.
Très-belle épreuve avant la lettre.

3642 — La même estampe.
Belle épreuve.

3643 — Le Char de la nuit, d'après le Guerchin.
Belle épreuve.

VOLPATO et OTTAVIANI

3644 — Les Arabesques, d'après Raphaël. Suite de quatorze pièces, coloriées et gouachées. On les trouve rarement aussi bien coloriées. Il nous manque une pièce pour que la suite soit complète.

3645 — Les Loges de Raphaël au Vatican. Suite complète de quarante-quatre estampes, divisées en trois séries, savoir : les Arabesques, les Stucs et les Voûtes.
Superbes épreuves, avec de belles marges.

3646 — La même suite.
Superbes épreuves.

VOLPATO et FOLO

3647 — Le Martyre de saint André, deux compositions différentes, d'après le Guide et le Dominiquin. Deux pièces.
Belles épreuves.

VORSTERMAN (L.)

3648 — La Vierge au rosaire, d'après Michel-Ange de Caravage.
Superbe épreuve.

3649 — Saint Georges combattant le Dragon, d'après Raphaël.
Très-belle épreuve.

3650 — La même estampe.
Superbe contre-épreuve.

3651 — La Mise au tombeau, d'après Raphaël.
Superbe épreuve.

VORSTERMAN (L.)

3652 — La Querelle des paysans. Pièce connue sous le nom du *coup de fléau*, d'après Breughel.
Superbe épreuve. *A 12*

3653 — La même estampe.
Très-belle épreuve. *A 12*

3654 — François Silvius Baetens, de l'Académie de Douai.
Superbe épreuve du premier état, avec la marge blanche: on y voit seulement le monogramme du maître, à l'angle gauche intérieur. Rare. Collection Camberlyn.

3655 — Paulus Bernardus, comte de Fontaine.
Bonne épreuve.

3656 — Le Connétable de Bourbon, représenté à mi-corps, d'après le Titien.
Superbe épreuve. *A 12*

3657 — Le même portrait.
Très-belle épreuve.

3658 — Jérôme de Bran, d'après J. Levens.
Bonne épreuve.

3659 — Portrait de Charles-Quint, d'après le Titien.
Superbe épreuve. *A 12*

3660 — Portrait de Charles V, en cuirasse; vu jusqu'aux genoux, d'après Titien.
Superbe épreuve. *A 12*

3661 — Thomas Howard, duc de Norfolk, d'après H. Holbein.
Superbe épreuve. *A 12*

3662 — Thomas Howard, comte d'Arondel, d'après Van Dyck.
Très-belle épreuve. *A 10*

VORSTERMAN (L.)

3663 — Thomas Howard, comte d'Arondel, d'après Van Dyck.
Superbe épreuve.

3664 — Constantin Hugénius, d'après J. Livens.
Très-belle épreuve avec l'adresse de Martin Van den Enden.

3665 — Nicolas Lanier, maître de chapelle du roi Charles Ier, d'après J. Livens.
Très-belle épreuve du premier état avec l'adresse de Martin Van den Enden.

3666 — Jean Cramueli de Lobkonitz, fameux prédicateur, d'après Bloemaert.
Très-belle épreuve.

3667 — Claude Maugis, abbé de Saint-Ambroise, d'après Champagne.
Très-belle épreuve.

3668 — Thomas Morus, d'après Holbein.
Très-belle épreuve.

3669 — Nicolas Rockhox, assis, d'après Van Dyck.
Superbe épreuve avant la lettre, dans la marge et sur le buste à gauche, avant les médaillons et avant plusieurs travaux. Rare.

3670 — Le même portrait.
Très-belle épreuve avec la lettre.

3671 — Antoine Triest, d'après A. de Vries.
Belle épreuve.

3672 — Portrait du pape Urbain VIII.
Très-belle épreuve.

3673 — Jean III, roi de Pologne. Dans un ovale entouré de figures allégoriques, d'après Rubens.
Très-belle épreuve.

WAEL (J. DE)

3674 — Danse villageoise.
Première épreuve avant l'adresse de Wyngaerde. Très-rare.

WARD

3675 — Bal des Matelots, d'après Ibbetson. Estampe imprimée en couleur.
Très-belle épreuve.

WATERLOO (A.)

3676 — Petits Paysages (B. 7, 18). Suite de douze estampes dont nous n'avons que dix.
Très-belles épreuves avec toutes leurs marges.

3677 — Les deux Ponts (B. 97).
Très-belle épreuve.

3678 — La Paysanne et la fille sur le petit pont de bois.
(B. 114). — Le Chemin à travers le bois (B. 115).
Deux pièces.
Belles épreuves.

3679 — Le Chien buvant dans le ruisseau (B. 120). — Le
petit Bossu (B. 121). Les deux Voyageurs en repos
dans le bois. Trois pièces.
Très-belles épreuves.

3680 — Le Départ d'Agar (B. 131).
Très-belle épreuve.

3681 — Agar consolée par l'ange (B. 132).
Très-belle épreuve. Elle a de la marge.

3682 — Le Prophète de Juda (B. 133).
Très-belle épreuve.

WATSON

3683 — Pompadour (Mᵐᵉ la marquise de), portrait gravé en manière noire, d'après Boucher.
Très-belle épreuve.

3684 — Portrait de Mᵐᵉ de Colbert, sous la figure de Vertumne et Pomone, d'après Netscher.
Très-belle épreuve avant la lettre.

WATT (W.-H.)

3685 — La Madonna della Torre, d'après Raphaël.
Très-belle épreuve.

WATTEAU (Antoine)

3686 — Figures de modes, dessinées et gravées à l'eauforte par Watteau, et terminées au burin par Thomassin le fils. Suite de douze pièces dont sept gravées par Watteau (R. D. 1-7).
Très-belles épreuves.

3687 — Son Portrait, par Lépicié.
Très-belle épreuve.

3688 — Portraits de Watteau et M. de Julienne, par Tardieu.
Superbe épreuve.

3689 — Les Comédiens italiens, par Simoneau.
Très-belle épreuve.

3690 — Spectacle français, par Dupin.
Très-belle épreuve.

3691 — Retour de campagne, par Cochin.
Très-belle épreuve.

WATTEAU (Antoine)

3692. — Portrait de Antoine de La Roque, par Lépicié.
Très-belle épreuve.

3693 — Pierrot jaloux. — Le Donneur de sérénade. Deux
pièces, par Surugue.
Très-belles épreuves.

3694 — La Mariée de village, par Cochin.
Superbe épreuve.

3695 — L'Accordée de village, par N. de Larmessin.
Très-belle épreuve.

3696 — L'Enseigne, par Aveline.
Très-belle épreuve.

3697 — Les Plaisirs du bal, par Scotin.
Très-belle épreuve.

3697 bis — La Sérénade italienne, par Scotin.
Très-belle épreuve.

3698 — La Cascade.
Superbe épreuve avant toutes lettres.

3698 bis — L'Indiscret, par Hubert.
Superbe épreuve avec toute sa marge.

3699 — Panneaux et autres décorations. Trois pièces.
Très-belles épreuves.

WAUMANS (C.)

3700 — L'Enfant Jésus donnant la bénédiction à l'abbé
Scaglia, d'après Van Dyck.
Très-belle épreuve.

WEBER (Fr.)

3701 — Napoléon et le roi de Rome, d'après Steuben.
Très-belle épreuve avant la lettre sur papier de Chine.

WENIX (Jean-Baptiste), Attribué à

3702 — Chevreuil suspendu, sur le côté deux chiens.
Très-belle épreuve.

WICK (Thomas)

3703 — Les Joueurs (B. 2). — Le Mendiant mangeant du raisin (B. 12). Deux pièces.
Très-belles épreuves.

WIERIX (Les)

3704 — Guillaume, prince d'Orange, comte de Nassau.
Très-belle épreuve.

3705 — Guillaume, comte palatin du Rhin, duc de Bavière.
Très-belle épreuve.

3706 — Philippus Nerius, fondateur de la congrégation de l'Oratoire.
Très-belle épreuve.

3707 — Orange (Philippe-Guillaume, prince d').
Belle épreuve.

3708 — Othon (Frédéric).
Superbe épreuve.

23

WIERIX (Les)

3709 — André d'Autriche, capitaine-général des Pays-Bas.
Très-belle épreuve.

3710 — D. Alvarez Nonius.
Belle épreuve.

3711 — Louis, roi de Hongrie et de Bohême.
Très-belle épreuve.

3712 — Le même portrait.
Très-belle épreuve.

3713 — Hôpital (Michel de l'), chancelier de France.
Belle épreuve.

3714 — Portrait d'homme, un rouleau de papier à la main ; en bas, on lit : *Nemo Repente, sapit, Mera Æ 52 Anno 1579.*
Très-belle épreuve.

3715 — Rudolphe II, empereur d'Allemagne.
Très-belle épreuve,

3716 — Philippe, prince d'Orange, comte de Nassau.
Très-belle épreuve.

3717 — Très-Long (Guillaume de Bloys, dit), amiral de Hollande.
Très-belle épreuve.

3718 — Albert, archiduc et cardinal d'Autriche.
Superbe épreuve.

3719 — Sainte Gertrude. — Saint François Xavier. — Le Sauveur, etc. Cinq pièces.
Très-belles épreuves.

WILLE (J.-G.)

3720 — Son portrait gravé par J.-G. Muller, d'après Greuze.
Très-belle épreuve.

WILLE (J.-G.)

3721 — Le même personnage, gravé par Ingouf, d'après P.-A. Wille.

3722 — Agar présentée à Abraham par Sara (L. B. 1).
Magnifique épreuve avant toutes lettres et avant les armes ; elle imprimée sur papier de Chine non collé.

3723 — La même estampe.

3723 bis — Le Repos de la Vierge (L. B. 2).
Très-belle épreuve, avant la dédicace.

3724 — La Mort de Cléopâtre (L. B. 5).
Très-rare et superbe épreuve avant toutes lettres, la bordure et les armes ; elle a toute sa marge.

3725 — La même estampe,
Très-belle épreuve avant toutes lettres, avec les armes.

3726 — Le Maréchal-des-logis (14).
Très-belle épreuve avant toutes lettres.

3727 — Les Musiciens ambulants (L. B. 52).
Superbe et très-rare épreuve avant toutes lettres, avec les armes. Elle a de la marge.

3728 — La même estampe.
Très-belle épreuve avec la lettre.

3729 — L'Instruction paternelle. Estampe connue sous le nom de la robe de satin (L. B. 54).
Superbe et très-rare épreuve avant toutes lettres, avec les armes.

3730 — La même estampe.
Très-belle épreuve avec la lettre ; elle a une grande marge.

3731 — Le Concert de famille (L. B. 54).
Très-belle épreuve avant toutes lettres, la bordure et les armes. Très-rare dans cet état.

3732 — La même estampe.
Très-belle épreuve avant toutes lettres, avec les armes.

WILLE (J.-G.)

3733 — La même estampe.
Très-belle épreuve avec la lettre.

3734 — Le Jeune joueur d'instrument (L. B. 57).
Très-belle épreuve. Elle a toute sa marge.

3735 — Les Délices maternels (L. B. 58). — Les Soins maternels (L. B. 59). Deux pièces.
Très-belles épreuves avant toutes lettres ; une est avec les armes.

3736 — La Tante de Gérard Dow, d'après Gérard Dow (60).
Superbe épreuve avant toutes lettres et les armes.

3737 — La Tricoteuse hollandaise (L. B. 64).
Magnifique et très-rare épreuve, avant toutes lettres. Elle a de grandes marges.

3738 — La même estampe.
Très-belle épreuve avec la lettre

3739 — L'Observateur distrait (L. B. 65).
Magnifique épreuve avant toutes lettres, avec les armes, avec des essais de burin dans la marge du bas.

3740 — Le petit Physicien (L. B. 66).
Magnifique épreuve avant toutes lettres. Elle a de la marge.

3741 — La même estampe.
Très belle épreuve, même état que la précédente.

3742 — La même estampe.
Très-belle épreuve avec la lettre.

3743 — La Cuisinière hollandaise (L. B. 67).
Belle épreuve avec la lettre. Elle a de la marge.

3744 — La Gazetière hollandaise (L. B. 68).
Superbe épreuve avant toutes lettres ; avec les armes.

3745 — La même estampe.
Très-belle épreuve avec la lettre. Elle a de la marge.

WILLE (J.-G.)

3746 — La Maîtresse d'école (L. B. 70).
Superbe épreuve avant toutes lettres.

3747 — La Maîtresse d'école (L. B. 70). — La Ménagère hollandaise (L. B. 63). — Le petit Physicien (L. B. 66). Trois pièces.
Belles épreuves.

3748 — Bonne femme de Normandie. — Sœur de la bonne femme de Normandie (L. B. 71, 12). Deux pièces.
Très-belles épreuves avant toutes lettres. Une est avec les armes.

3749 — Les mêmes estampes.
Belles épreuves avec la lettre.

3750 — Louis XV, à cheval, d'après Parrocel (104).
Très-belle épreuve.

3751 — Tencin (Pierre de), cardinal-archevêque de Lyon, d'après Parrocel (109).
Très-belle épreuve.

3752 — Le même personnage (110).
Belle épreuve.

3753 — Neufville (François de), duc de Villeroy, maréchal de France, d'après J. Chevalier (119).
Très-belle épreuve.

3754 — Lowendal (Woldemar de), maréchal de France, d'après de la Tour (122).
Très-belle épreuve.

3755 — Saint Florentin (Louis Phelyppeaux. comte de), chancelier de la reine, d'après Tocqué (L. B. 124).
Superbe épreuve du second état, dite ainsi aux maillets blancs; elle a toute sa marge.

3756 — Le même portrait.
Superbe épreuve du même état que la précédente.

WILLE (J.-G.)

3757 — Le même portrait.
Très-belle épreuve.

3758 — Poisson (Albel-François), marquis de Marigny, d'après Tocqué (125).
Très-belle épreuve.

3759 — Le même portrait.
Très-belle épreuve.

3760 — Berrier (Nicolas-René), lieutenant de police, d'après J. de Leyen (127).
Très-belle épreuve.

3761 — Gouy (Elisabeth de), femme de H. Rigaud, d'après Rigaud (145).
Très-belle épreuve.

3762 — Le même portrait.
Très-belle épreuve.

3763 — Charles, prince de Galles, d'après Tocqué (148).
Très-belle épreuve. Elle a de la marge.

3764 — Le même portrait.
Très-belle épreuve.

3765 — Chicoyneau (François), d'après Le Sueur.
Très-belle épreuve.

3766 — La même estampe.
Très-belle épreuve

3767 — Berregard (F.), gentilhomme danois, d'après Tocqué (164).
Superbe épreuve du premier état, avant l'entourage et l'année 1645. Les noms des artistes sont gravés à la pointe.

3768 — Le même portrait.
Epreuve avec l'entourage

3769 — Louis, dauphin de France, fils de Louis XV. — Marie-Thérèse d'Espagne, dauphine de France. Deux portraits faisant pendant, d'après Klein.
Très-belles épreuves avec de la marge.

WŒIRIOT (PIERRE)

3770 — Duaren (François), jurisconsulte, professeur de droit à Bourges (R. D. 282).
Très-belle épreuve.

WOLFF

3771 — Frédéric Auguste, prince de Pologne, d'après Bernigeroth.
Très-belle épreuve.

WOOLLETT (WILLIAM)

3772 — Rubens (P.-P.), d'après Van Dyck.
Superbe épreuve avant la lettre (lettres tracées).

3773 — La même estampe.
Très-belle épreuve du même état.

3774 — La même estampe.
Très-belle épreuve avec la lettre.

3775 — The Jocund Peasants. The Cottagers. Deux pièces, d'après Dusart.
Très-belles épreuves ; elles ont toute leur marge.

3775 — Les mêmes estampes.
Belles épreuves.

3777 — Jacob et Laban. Pièce connue sous le nom du Grand-Pont, d'après Cl. Lorrain.
Très-belle épreuve, avant toutes lettres. Les figures ne sont pas entièrement terminées.

3778 — Cicéron à sa maison de campagne, d'après Wilson.
Très-belle épreuve avant la lettre ; les armes, les titres et les noms d'auteurs tracés.

WOOLLETT (William)

3779 — La même estampe.
Très-belle épreuve

3780 — Solitude d'après Wilson.
Très-belle épreuve avant la lettre ; les armes, les titres et les noms d'auteurs tracés.

3781 — La même estampe.
Très-belle épreuve.

3782 — Didon et Enée, d'après Jones et Martimer.
Superbe épreuve avant la lettre ; les armes, le titre et les noms d'auteurs tracés.

3783 — Niobé d'après Wilson.
Très-belle épreuve, plus la même estampe, à l'état d'eau forte. Deux pièces.

3784 — La Pêche, d'après Wright.
Très-belle épreuve avant la lettre, sur chine.

3784 bis — La Pêche, d'après Wright.
Belle épreuve avant la lettre ; elle est sans marge.

3785 — La même estampe.
Très-belle épreuve.

3786 — La première scène de la Fille du Moulin, d'après Richard.
Très-belle épreuve.

3787 — Vue intérieure d'une forêt, d'après G. Poussin.
Magnifique et très-rare épreuve avant toutes lettres ; seulement les noms d'auteurs tracés. Elle a une grande marge

3788 — La petite Chaumière, pièce dite l'Hiver, d'après Smith.
Très-belle épreuve avant la lettre ; les noms d'auteurs tracés.

3789 — La même estampe.
Très-belle épreuve.

3790 — Le Chien d'arrêt espagnol, d'après G. Stubbs.
Très-belle épreuve.

WOOLLETT (WILLIAM)

3791 — La Mort du général Wolfe, d'après B. West.
Très-belle épreuve.

3792 — La Bataille de la Hogue, d'après B. West.
Très-belle épreuve.

WYNGAERDE

3793 — Le Christ mort sur les genoux de la Vierge, d'après Van Dyck.
Superbe épreuve.

WYCK (THOMAS)

3794 — Le Coffre ouvert. Pièce inconnue à Bartsch. (W. 25).
Superbe épreuve.

ZAGEL (MARTIN)

3795 — Salomon adorant les idoles (B. 1).
Très-belle épreuve.

3796 — La Vierge (B. 2).
Très-belle épreuve.

3797 — Saint George (B. 6).
Très-belle épreuve.

3798 — Saint Christophe (B. 7).
Superbe épreuve.

3799 — Sainte Ursule (B. 10).
Très-belle épreuve.

ZAGEL (MARTIN)

3800 — Les Soldats (B. 20).
Très-belle épreuve.

3801 — Lueur et Obscurité (B. 21).
Très-belle épreuve.

3802 — Vues de Paris et de ses environs. Suite de huit estampes (B. 55-62).
Magnifiques épreuves. Rares.

3803 — La même suite.
Très-belles épreuves.

3804 — Apothéose du célèbre amiral hollandais, Marten Harpertsz Tromp. Pièce inconnue à Bartsch (W. 175). Estampe de la plus grande rareté.
Superbe épreuve.

ZIARNKO

3805 — Feu d'artifice tiré sur la place Royale à Paris; sur le devant, grande quantité de personnages. Pièce curieuse et rare.
Très-belle épreuve.

3806 — Louis XIII à cheval et foulant aux pieds des dépouilles guerrières. Ce portrait, gravé par Mellan sert de frontispice pour Tacite.
Très-belle épreuve.

ZUCCHI

3807 — Sobieski (Jean), roi de Pologne, d'après Silvestre.
Très-belle épreuve avant toutes lettres.

LIVRES A FIGURES

3808 — Monographie de l'œuvre de Bernard Palissy et de ses continuateurs. Cent planches coloriées, dessinées et lithographiées, par MM. C. Delange et C. Bornéman. Texte par MM. Sauzay et H. Dèlange. 1 vol. in-fol., demi-reliure.

3809 — Recueil des Faïences italiennes. Cent planches coloriées, dessinées et lithographiées, par MM. C. Delange et C. Berneman. Texte par MM. Darcel et H. Delange. 1 vol. in-fol., demi-reliure.

Renou et Maulde, imprimeurs de la Compagnie des Commissaires-Priseurs, rue de Rivoli, 144. 31115

50.
12.50
12.50
————

www.ingramcontent.com/pod-product-compliance
Lightning Source LLC
LaVergne TN
LVHW050138030726
842520LV00002B/258